JOHN GRAY

●

MARTE Y VENUS
HACEN LAS PACES

Traducción de Servanda de Hagen

John Gray

•

Marte y Venus
hacen las paces

EMECÉ EDITORES

Diseño de tapa: *Eduardo Ruiz*
Foto de tapa: *Luis Rosendo Producciones Fotográficas*
Fotocromía: *Moon Patrol S.R.L.*
Título original: *Men, Women and Relationship*
Copyright © 1993 by Dr. John Gray
First published by Beyond Words Publishing, Inc., Hillsboro, Oregon.
All Rights Reserved.
Publicado mediante convenio con Linda Michaels Limited,
International Literary Agency.
© Emecé Editores S.A., 1996
Impreso en Verlap S.A.,
Comandante Spurr 653, Avellaneda, noviembre de 1996

IMPRESO EN LA ARGENTINA / PRINTED IN ARGENTINA
Queda hecho el depósito que previene la ley 11.723
I.S.B.N.: 950-04-1671-9

Prefacio

La muerte de mi padre se ha convertido, en mi mente, en una alegoría para este libro. Mi padre generoso y compasivo fue asaltado por un hombre que hacía autostop y que luego lo dejó morir de asfixia por calor en el baúl de su auto. Estuvo varias horas tratando de salir. Durante ese lapso, varios residentes de la zona denunciaron dos veces que había un auto abandonado. La policía respondió a ambas llamadas pero no encontró el auto porque las indicaciones de su ubicación no eran claras. Después de la tercera llamada lograron encontrarlo, pero era demasiado tarde.

En cierto sentido, la muerte de mi padre fue un símbolo, no sólo de su vida, sino también de la de otros. Siempre brindaba ayuda a otras personas pero no sabía cómo expresar sus sentimientos o permitir que alguien entrara en su corazón. Como él, muchas personas se están muriendo de tristeza, solas y abandonadas. No pueden ser rescatadas porque las indicaciones no son claras. No sabemos cómo encontrarlas o ayudarlas. Este libro puede ayudar a disipar la confusión en las relaciones y reemplazarla con claridad y esperanza.

Sin embargo, esta historia aún tiene otra parte importante. Al regresar a casa después del funeral, fui hasta el auto para ver cómo había muerto mi padre. Me metí en el baúl y lo cerré para sentir lo mismo que él debió sentir. Recorrí con los dedos las abolladuras que había hecho al golpear el baúl para conseguir ayuda. Sentí su soledad. Mi padre había pedido ayuda en raras ocasiones.

Aún dentro del baúl, vi el lugar en donde había roto la luz trasera para recibir aire. Instintivamente pasé la mano por el hueco que había hecho. Uno de mis hermanos, que estaba fuera del auto, dijo:

—A ver si alcanzas el botón para abrir el baúl.

Estiré la mano un poco más y lo abrí.

Si mi padre hubiera pensado en abrir el baúl con la mano, habría vivido. Al estar dentro del baúl y tratar de salir, yo tampoco pensé en abrirlo desde el exterior. Hizo falta que mi hermano, que estaba afuera, me dijera cómo hacerlo.

La muerte de mi padre me inspiró en la vida de un modo muy profundo. Me impulsó a ver mi responsabilidad para ayudar a aquellos que tal vez están encerrados dentro de su corazón, mostrándoles el "botón" con el que pueden liberarse.

Los hombres, las mujeres y las relaciones está dedicado a todos los que están encerrados dentro de su corazón. Espero que, al leer este libro, el lector descubra algunos de esos botones que se le pasan por alto cuando está encerrado dentro de sí mismo. Le deseo que logre abrir su corazón al amor y la compasión. Espero que con su ejemplo inspire a los demás a salir de sus respectivos baúles y compartir su amor.

Este libro también está dedicado a aquellas personas portadoras de luz que están del lado de afuera tratando de ayudar a los demás a liberarse. Que estas páginas apoyen su esfuerzo y mejoren su trabajo.

Para mí, escribir este libro y poner a prueba sus conocimientos, métodos y estrategias ha sido un viaje fructífero y maravilloso. Gracias a él, pude llegar a grandes alturas, crucé muchos valles y tormentas, llegué a tierras soleadas, de belleza, amor y confianza.

Agradezco a Bonnie, mi mujer, por compartir este viaje conmigo y por su constante amor y apoyo. Al desarrollar el material para este libro, ella fue mi principal maestra. Muchos de los conceptos sobre los que escribí los aprendí directamente por escucharla a ella. Su amor, vulnerabilidad y honestidad me ayudaron a respetar la femineidad y me impulsaron a ser un hombre mejor y más afectuoso. A través de su amor aprendí a confiar, aceptar y apreciar mi propia masculinidad. Lo que es más importante, aprendí a experimentar el poder transformador del amor.

También quiero agradecer a mi hija Lauren por enseñarme a amar comò nunca había soñado. Agradezco a mis hijastras Shannon y Julie por aceptarme y brindarme su amor.

Agradezco a mi hermano menor Jimmy. Su amor incondicional me apoyó a lo largo de mis viajes y su desafortunado suicidio me enseñó a valorar la vida. Gracias a su sufrimiento aprendí lo que es la compasión, mientras que su infinito amor llena mi corazón y me motiva a ponerme al servicio de otros menos afortunados que yo.

Quiero agradecer también de todo corazón a mi madre, Virginia Gray, cuya aceptación incondicional y constante apoyo me ayudaron a convertirme en el hombre que soy. Le agradezco por su espiritualidad y por ser un ejemplo de entrega desinteresada. No podría imaginarme una madre mejor. Mi reconocimiento también va para Lucille por su constante devoción hacia mi éxito y por creer siempre en mí.

Agradezco a mis clientes, cuyas historias comparto en esta publicación, y a los miles de participantes de mis seminarios que confiaron en las ideas que expongo en ella y demostraron su eficacia. Quiero expresarles a todos ellos mi profunda apreciación por compartir sus historias y su sabiduría. La mayoría de los mejores ejemplos y los estudios de casos de esta obra aparecen gracias a que los compartieron de todo corazón. Su apoyo hizo posible este libro y los que vendrán.

Agradezco a Ann Weyman, a Sara Steinberg y a Julie Livingston por su experta ayuda al editar este libro. Gracias también a Richard Cohn, a Cindy Black y al personal de Beyond Words Publishing por su amable persistencia para dar origen a este libro.

En conclusión, agradezco al lector por permitirme marcar una diferencia en sus vidas. Gracias por su coraje y sincero compromiso para encontrar la luz del amor dentro de su corazón y para compartir ese amor, llevar la luz a la oscuridad de su mundo, llevar compasión para curar nuestro dolor colectivo y llevar alegría para curar nuestro pesar. Siempre debemos recordar que somos especiales y que nuestro amor marca la diferencia.

Introducción

Una gran relación requiere trabajo, pero también requiere vacaciones. No todo debe ser trabajo. Ambas cosas son igualmente importantes. Las mujeres entienden intuitivamente que para tener una buena relación hay que esforzarse. Por otra parte, los hombres nacen con el conocimiento de que "en su oficina es donde se trabaja". Un hombre va a trabajar, pasa el día en la oficina y, cuando vuelve a su casa, es el momento de tomarse vacaciones. Y somos expertos en eso. Durante miles de años, el hombre salía a cazar, esperaba pacientemente y luego, con un arranque de energía, corría tras el animal que estaba persiguiendo. Las cualidades que convertían al hombre en un buen cazador —esperar, observar, conservar la energía— ahora son consideradas como vagancia y pereza. La mujer no entiende que esta es la forma masculina de relajarse del día. Cuando ve al hombre sentado frente al televisor, control remoto en mano, lo toma como algo personal y equivocadamente supone que él en realidad no se preocupa por la relación.

A decir verdad, necesitamos una nueva descripción de nuestro trabajo para las relaciones. Y uso el término *descripción de nuestro trabajo* en particular para los hombres, porque el hombre está condicionado para aprender un trabajo.

Históricamente, la forma en que un hombre apoyaba a su familia y demostraba amor a la mujer de su vida, era saliendo y trayendo algo al regresar. En la actualidad, eso no siempre funciona, pues en muchos casos, ella también tiene que salir a cazar y cuando el hombre regresa hay más trabajo pendiente: el trabajo de la relación. En una época, quizá bastaba que el hombre apoyara a la mujer proveyendo a sus necesidades físicas, pero esto ya no es así. Ahora las mujeres saben que son capaces de mantenerse solas en sentido material: necesitan que el hombre las apoye emocionalmente. Ese es todo el secreto. Ahora bien, los hombres quieren brindar apoyo y cariño, pero es un proceso de ajuste. Estamos aprendiendo el arte de la comunicación que va, además de la transferencia de información, hasta la expresión de amor. En general, cuando una mujer dice que necesitamos hablar, el hombre piensa: "Ah, no, hablar no. Eso no". Es la misma reacción que tuvimos la primera vez que salimos de caza. "Ah, no. ¿Tengo que matar a ese animal? ¿Tengo que hacerlo? ¿Y si me ataca?" De modo que sentíamos temor, aprensión, no sabíamos qué hacer. Pero aprendimos y aún podemos aprender qué hace falta en una relación, qué hace falta para la descripción del nuevo trabajo.

El problema de las relaciones de hoy no es el dinero, aunque a veces pensemos que lo es. Es la comunicación. Las relaciones modernas se centran en alimentar las necesidades emocionales de los dos, y las necesidades emocionales de la mujer no son las mismas que hace cincuenta años. Las necesidades emocionales del hombre también son diferentes en la actualidad. Somos una generación distinta de personas. Ahora el mundo es un lugar diferente y las expectativas cambiaron por completo.

Para un hombre, hay amor verdadero cuando uno no trata de cambiar a los demás. Cuando da con la persona "adecuada", muchas veces después de numerosos encuentros, permitirá que su corazón se abra y ame a esa mujer tal como es. El hombre espera lo mismo a cambio, pero la mayoría de las mujeres no lo sabe.

Cuando una mujer está buscando a su compañero, busca a alguien que la haga sentirse bien, alguien a quien cuidar y amar. Pero en alguna parte se está formando la convicción: "Tiene potencial; lo veo. Podría hacer muchas cosas con él. El amor va a superar todo. Me limitaré a amarlo. Le brindaré todo y él va a cambiar".

Por desgracia, señores, no hay nada que podamos hacer para cambiar esa actitud en las mujeres. Así son, pero ellas pueden aprender a trabajar con eso, de la misma manera que los hombres pueden aprender a aceptarlo en las mujeres. Una mujer va a querer cambiarnos. En este libro y en *Los hombres son de Marte y las mujeres son de Venus*, hablo de este aspecto en forma divertida, con términos amistosos y, lo que es más importante, de un modo positivo. No hay nada malo en los hombres o las mujeres si enfocamos las relaciones desde un punto de vista positivo y con el compromiso de esforzarnos por entendernos los unos a los otros y lograr que las cosas funcionen. En última instancia, el objetivo que tengo al ayudar a incontables parejas es que aprendan a respetar las diferencias de cada uno y, como resultado, se unan más.

Hay una forma divertida de mirar nuestras relaciones. Durante los momentos en que queremos arrancarnos el pelo, cuando nos preguntamos qué está saliendo mal, por qué no está funcionando, y pensamos que tal vez no somos el uno para el otro, que tal vez somos demasiado distintos, debemos recordar que quizá nuestra pareja sea de otro planeta. Los hombres son de Marte y las mujeres son de Venus y, en estos planetas, las costumbres son diferentes. Si aprendemos a honrar y respetar las costumbres de los dos planetas, entonces las cosas saldrán bien, pero si no honramos ni respetamos las costumbres, estaremos todo el tiempo pisoteándonos unos a otros.

Descubrí que el secreto del éxito al ayudar a las parejas es buscar las cosas más fáciles de cambiar en lugar de las más difíciles. Recuerdo haber pedido a una pareja que hablara de sus problemas. Como buena representante de Venus, la mujer recordó cada detalle de sus problemas. Ellas no se olvidan. Por otra parte, el hombre parecía encogerse cada vez más en su silla, porque los marcianos son famosos por resolver problemas. Lo que hace que un hombre se sienta a gusto en Marte es sentirse competente y que los demás reconozcan su capacidad. Por eso es que los hombres, por regla general, no se detienen a pedir instrucciones. "Mira qué competente soy, puedo llevarte hasta allá." Lo último que un marciano quiere oír de su compañera es que está perdido. Recordemos que durante miles de años los hombres fueron cazadores y guías y movilizaban a toda la tribu. Tenían que saber a dónde ir. Perderse no estaba dentro de sus opciones. De modo que los hombres tienen una interpretación muy precisa con respecto a la competencia y las mujeres. Si se quiere recargar sus baterías cuando se sienten débiles, sólo hay que brindarles reconocimiento. No hay que recordarles que sus baterías están bajas o que estuvieron quince minutos dando vueltas alrededor del mismo lugar. Yo se lo aseguro, él lo sabe.

Hay algunas cosas pequeñas que una mujer de Venus puede cambiar en un hombre de Marte, pero hay una gran cosa que las mujeres tienen que reconocer, porque los hombres nunca cambiarán en este aspecto: cuando un hombre pasó todo el día resolviendo este problema y aquél, y se siente estresado, vuelve a su casa y, como hombre sano que es, se mete en su cueva. Todos los hombres de Marte tienen una cueva donde hay un cartel escrito en marciano. La traducción es la siguiente: "No entrar, dragón feroz adentro". Todos los hombres conocen ese cartel, pero las mujeres no, y un hombre no entiende que tiene que explicar con suavidad a las mujeres este aspecto de sí mismo. Hay otro cartel en la cueva que dice: "Saldré pronto". Es muy importante saber que va a salir y que no está desperdiciando su tiempo allí adentro cuando podría estar haciendo algo que una mujer de Venus consideraría como útil, como por ejemplo hablar.

Para una mujer, la forma de sentirse mejor es hablando. Hay muchas mujeres hoy en día que se visten de marcianos, trabajan sin sentir satisfacer su necesidades emocionales. Ahora, más que en ninguna otra época de la historia, las mujeres necesitan hablar para encontrar el equilibrio y la plenitud.

La dificultad que usted y su compañero enfrentan es que si le habla de sus problemas, su naturaleza inherente es brindarle soluciones. En ese momento, las soluciones no hacen sentir mejor a la mujer. Ella está buscando empatía, alguien que la oiga.

14

Cuando el hombre sale de su cueva, es posible que usted esté furiosa por dentro por haber tenido que esperar tanto para estar con él. Tal vez hasta quiera alejarse a su propia cueva para castigarlo por no querer hablar con usted. Cuando me pasó esto en mi propio matrimonio hace ocho años, estaba empezando a aprender sobre cuevas y las necesidades de mi mujer.

Yo salía de mi cueva y mi mujer se alejaba. Yo pensaba: "Genial, puedo mirar televisión". No sabía que me estaba castigando. Los días pasaban y casi no hablábamos. Pensé: "Esto sí que es tranquilidad. Es como salir de pesca". Unos días más tarde cuando me acerqué a ella con intenciones sexuales, descubrí que había estado callada porque estaba molesta conmigo.

El regalo que podemos hacernos es saber que también somos humanos, que los hombres y las mujeres a veces olvidan que estas diferencias existen. También debemos recordar que no cambiamos de la noche a la mañana. Cuando las personas cometen errores, necesitan otra oportunidad, en particular cuando saben que no deben tomar todo lo que la otra persona dice como algo personal. Al saber que soy de Marte, mi mujer me dice: "No tienes que resolver este problema, no es tu culpa. Simplemente necesito hablar de esto. Ya me estoy sintiendo mejor". Y yo digo: "¿De verdad?". Ella contesta: "Sí". Y yo pienso: "¡Qué bien!".

Espero que este libro le permita comprender y le proporcione las herramientas para mejorar todas sus relaciones, para lograr una mayor autoestima, entender los cambios que sufren los hombres y mujeres y apreciar las cualidades únicas que nos hacen quienes somos.

John Gray, Ph. D.
30 de septiembre de 1993
Mill Valley, California.

Capítulo 1

El arte de amar a un extraño

LAS PERSONAS SON DIFERENTES

Reconocer esta verdad fundamental es esencial para crear relaciones positivas basadas en el amor.

Sin embargo, en la práctica, no llegamos a reconocer que los demás son diferentes de nosotros. En cambio, tendemos a cambiarnos los unos a los otros. Exigimos que las personas que nos rodean sientan, piensen y se comporten como lo haríamos nosotros. Y cuando reaccionan de manera distinta, las interpretamos mal o las invalidamos; tratamos de cambiarlas cuando en realidad necesitan comprensión y amor; tratamos de mejorarlas cuando, en cambio, necesitan aceptación, apreciación y confianza.

Nos quejamos de que, si cambiaran, las amaríamos; si estuvieran de acuerdo, las amaríamos; si sintieran como nosotros, las amaríamos; si hicieran lo que les pedimos, las amaríamos.

Entonces, ¿qué es el amor? ¿Acaso el amor es aceptar y apreciar a una persona sólo cuando satisface nuestras expectativas? ¿Es el acto de cambiar a una persona y convertirla en lo que nosotros queremos más que permitirle ser lo que desea? ¿Es amar y confiar en una persona porque piensa y siente como nosotros?

Por supuesto que eso no es amor. Es posible que a la persona que lo da le parezca que sí es amor pero no sucede lo mismo con la que lo recibe. El amor verdadero es incondicional. No exige sino que afirma y valora. El amor incondicional no es posible sin el reconocimiento y la aceptación de nuestras diferencias. Mientras creamos equivocadamente que nuestros seres queridos estarían mejor pensando, sintiendo y comportándose como nosotros, surgen obstáculos para el amor verdadero. Una vez que nos demos cuenta de que las personas no sólo son diferentes sino que así debe ser, los obstáculos para el amor verdadero empezarán a desaparecer.

DE QUÉ FORMA SOMOS DIFERENTES

Una vez que aceptamos que las personas son diferentes, podemos comenzar a explorar seriamente de qué forma lo somos. En última instancia, todos los seres humanos somos únicos y es imposible dividirnos en categorías. Pero si creamos una mayor conciencia de nuestras posibles diferencias, estos sistemas resultan inmensamente útiles.

El estudio de la morfología divide a las personas en tres tipos que están asociados con tres diferencias psicológicas principales: orientadas hacia la acción, orientadas hacia los sentimientos y orientadas hacia la mente.

Hipócrates, Adickes, Kretschner, Spranger, Adler y Jung clasificaron nuestras diferencias según cuatro temperamentos, que algunos generalizaron como "físico, del sentimiento, del pensamiento, intuitivo". El conocido indicador de Myers-Brigg aumenta estos cuatro a dieciséis.

La antigua práctica de la astrología describe doce tipos psicológicos. Las enseñanzas sufi reconocen nueve tipos psicológicos básicos llamados eneagrama. Muchos seminarios contemporáneos sobre el crecimiento personal y los negocios describen los siguientes cuatro tipos: el que brinda apoyo, el que fomenta, el que controla y el que analiza. Se dice que el individuo potencialmente tiene todas estas cualidades y, con una mayor conciencia, él o ella puede elegir desarrollarlos e integrarlos.

Sin embargo, algunos se oponen a clasificar a las personas por categorías. Decir que una persona es analítica mientras que otra es emocional puede suscitar juicios. Este temor surge porque la experiencia nos dice que cuando nos juzgan como "menos que otro", es porque de alguna manera nos encierran dentro de una categoría; nos ven diferentes. Y tememos ser diferentes.

Desde una perspectiva, los juicios y el prejuicio están asociados con las diferencias. Pero a un nivel más profundo podemos ver con claridad que la causa original de estos juicios es no aceptar y no apreciar nuestras diferencias.

Por ejemplo, una "persona analítica" podría juzgar a otra como "demasiado emocional" con la expectativa errada de que todas las personas deberían ser como ella. Esta creencia la vuelve incapaz de apreciar o respetar de verdad a una persona emocional. De un modo similar, una persona "emocional" podría juzgar a una analítica como "demasiado analítica", porque la persona emocional no aprecia sus diferencias.

A pesar de que reconocer las diferencias puede parecer una amenaza, no lo es. Al aceptar que las personas son diferentes, nos liberamos del impulso de cambiarlas. Cuando no nos preocupamos por cambiar a los demás, tenemos la libertad de apreciar sus valores únicos. En última instancia, el reconocimiento de las diferencias entre las personas nos permite liberar nuestros juicios.

UNIDAD EN LA DIVERSIDAD

Aceptar nuestras diferencias psicológicas nos libera para experimentar una unidad implícita que penetra nuestras relaciones. De un modo abstracto, todos somos iguales. En todas las enseñanzas espirituales hay un reconocimiento de esa unidad. En lo profundo de nuestro ser sentimos una unidad espiritual con los demás humanos. Cuando leemos acerca de niños que mueren de hambre, en nuestro corazón sentimos el dolor que sentiríamos si fueran nuestros hijos.

En última instancia, todos deseamos liberarnos de las cadenas que nos separan y tomar conciencia de nuestra unidad. Este abrir nuestro corazón en realidad es una conciencia de que lo que está fuera de nosotros también está en nuestro interior. La búsqueda para abrir el corazón cobra una serie de formas: el camino hacia el esclarecimiento, la búsqueda de Dios, el sueño de un matrimonio feliz, encontrar el alma gemela o crear una familia llena de amor. En cada ejemplo, uno se siente inexplicablemente atraído hacia algo y alguien más.

Aquel que busca un esclarecimiento se siente atraído hacia un maestro porque éste representa algo dentro del estudiante que el que busca debe realizar. Amando y comprendiendo al maestro o las enseñanzas, el buscador indirectamente está amando y comprendiendo esas mismas cualidades dentro de sí mismo. Poco a poco, el buscador encuentra lo que busca dentro de su propio ser. De esta manera, inevitablemente nos sentimos atraídos hacia lo que necesitamos despertar dentro de nosotros.

Un hombre separado de sus cualidades femeninas se vuelve indiferente y frío. Busca alivio a través de la unión con la delicadeza y la calidez de una mujer. Sus diferencias innatas crean una atracción o química. Cuando él fusiona sus energías masculinas con las energías femeninas de ella, momentáneamente experimenta la dicha de su propia plenitud. Al tocar la delicadeza de la femineidad de la mujer con amor, se vuelve suave y amable, pero sigue manteniendo su fuerza e impulso masculinos.

Es posible que busquemos aun una unión más profunda con nuestra alma gemela, una persona especial con quien compartir nuestra vida, como si el cielo lo hubiera dispuesto. Nos sentimos atraídos hacia esa persona no porque sea parecida a nosotros sino porque es diferente. Nuestra alma gemela personifica cualidades y atributos que inconscientemente deseamos encontrar dentro de nosotros. Al amar a esa persona, empezamos a aceptar las mismas cualidades ocultas dentro de nuestro ser. Este descubrimiento de nosotros mismos nos brinda una mayor satisfacción. Nuestro desafío es comprender, aceptar y apreciar estas diferencias y luego emergerán dentro de nosotros en forma natural.

Es un desafío porque el proceso no siempre es fácil. La intensa atracción hacia alguien es un signo de que hay muchas diferencias que armonizar, muchos conflictos que resolver. La atracción no está bajo nuestro control. Sin embargo, podemos estar seguros de que cuando existe atracción, hay lecciones que aprender y descubrimientos que hacer. Como nos sentimos atraídos hacia personas que son distintas de nosotros, la base fundamental para relaciones enriquecedoras es reconocer que las personas son diferentes.

Este libro explorará las diferencias corrientes entre hombres y mujeres. Al respetar, aceptar y apreciar estas diferencias, pueden resolverse muchos de los problemas que interfieren en nuestras relaciones.

Ciertamente, no todas las mujeres son iguales, como tampoco lo son todos los hombres. Pero en modos muy generales, los hombres y las mujeres difieren entre sí. Al cobrar mayor conciencia de estas diferencias y de las formas en que conciernen a las personas de nuestra vida, empieza a desaparecer la confusión entre los sexos. Pueden responderse preguntas importantes, pueden liberarse juicios, los conflictos pueden resolverse mejor y, con el tiempo, pueden evitarse.

COMPRENDER NUESTRAS DIFERENCIAS

Kathy, de 32 años, es una exitosa música y compositora. Su carrera despegó con oportunidades que se abrían en todas las direcciones. Como tantas mujeres exitosas, no está casada y, por momentos, le gustaría estarlo. "No sé qué hago para espantar a los hombres", dice. "De alguna manera, los alejo. Quizá soy muy exigente. ¿Qué se puede esperar de un hombre? Resultan muy confusos. Las relaciones son confusas. Ni siquiera sé cómo es una buena relación."

Alise, de 36 años, es consultora, y Henry, de 40, es urbanizador. Se casaron hace seis años. "Cuando nos casamos, Henry era atento, considerado y muy romántico", explica Alise. "Ahora todo es rutinario y aburrido. Ni siquiera hablamos. A veces, de noche, después que Henry se queda dormido en el sofá, lloro hasta dormirme recordando cuánto lo amaba y lo especial que me hacía sentir. No entiendo por qué ahora todo es tan difícil. Ni siquiera podemos mantener una conversación. A veces, él se abre y me cuenta sus cosas pero luego algo pasa y vuelve a cerrarse. Me gustaría saber por qué."

Patrick, de 42 años, diseñador de restaurantes, está frustrado con su novia Jennifer, de 36, que es artista. Vive con ella, la ama y piensa en casarse con ella, pero no está seguro porque se pelean mucho. "Cada vez que digo algo constructivo o trato de ayudarla", dice Patrick, "Jen reacciona como si estuviera atacándola. Luego, cuando le explico lo que quiero decirle, se molesta más. No tengo idea de qué hacer. Me siento frustrado porque de verdad quiero apoyarla. La amo pero cuando sus reacciones ante todo lo que hago son tan exageradas, me vuelvo vulgar y me pongo a la defensiva. No sé cuánto tiempo más voy a soportarlo."

Lo que falta en cada una de estas relaciones es un profundo entendimiento de las diferencias entre los hombres y la mujeres. Sin este entendimiento, es casi imposible apreciar y respetar totalmente las diferencias que hacen que cada sexo sea especial y único. Con esto en mente, revisemos los tres ejemplos que mencionamos:

KATHY QUIERE EXPRESAR SUS SENTIMIENTOS
TOM QUIERE SU "ESPACIO"

Kathy está frustrada porque no puede satisfacer sus deseos y necesidades con un hombre sin ofenderlo. Por ejemplo, cuando ella y su compañero Tom se reúnen después de trabajar, ella quiere hablar de sus respectivos días mientras que él quiere olvidarse del suyo y leer una revista o mirar televisión. Cuanto más trata ella de mantener una conversación, y él más se resiste, más tensión sienten ambos.

Ella dice:

—¿Qué tal tu día?

—Bien —contesta él, mientras piensa: "Ah... ahora puedo sentarme, mirar las noticias y evadirme".

Ella pregunta:

—¿Cómo te fue en la reunión?

—Bien —dice él, mientras piensa: "Ah, no. Ya empezamos. Quiere interrogarme acerca de mi día. No quiero hablar de eso. Si quisiera hacerlo, hablaría. Quiero olvidarme de mi día y mirar las noticias".

Ella prosigue:

—¿Te acordaste de renovar la patente del auto?

—Sí —responde él, y piensa: "Me acordé, pero todavía no la renové. No puedo creer que controle todo lo que hago. Me siento ahogado. ¿Acaso no confía en que pueda hacerme cargo de la patente del auto?".

Ella vuelve a intentarlo:

—¿Cómo estuvo el tráfico esta mañana?

—Como siempre —contesta él, y piensa: "¿A quién le importa el tráfico? ¿Por qué me molestará de esta manera? Tal vez me está diciendo que salga al trabajo con más tiempo. Detesto cuando trata de mejorarme y cambiarme. Basta, quiero mirar televisión".

—¿Llegaste a tiempo a la reunión?

—Sí —asiente él. Piensa: "Por favor, sal de encima. Nunca me tienes confianza. De acuerdo, me perdí una parte de la reunión, pero lo último que quiero oír es un sermón sobre cómo debo hacer las cosas con más tiempo. Apuesto a que está esperando la oportunidad para decirme 'Te lo dije'".

Kathy percibe la irritación de Tom pero no tiene idea de por qué está tan enojado. Se siente herida y pregunta:

—¿Estás enojado conmigo?

—¡No! —contesta él, mientras piensa: "Sólo quiero un poco de paz y ahora ella quiere hablar sobre sentimientos. Detesto cuando hace esto. Estaba perfectamente con ella hasta que empezó con esto. Ahora ni siquiera puedo disfrutar del noticiario porque ella está fastidiada conmigo. ¿Por qué no puede limitarse a apoyarme cuando estamos juntos? ¿No se da cuenta de que tuve un día difícil? ¡Yo no la atosigo con un montón de preguntas!"

Tom no se da cuenta de que Kathy está tratando de apoyarlo tratándolo como le gustaría que la trataran a ella. No está intentando mejorarlo con sus preguntas; simplemente está tratando de mantener una conversación. En última instancia, quiere que él le brinde su apoyo haciéndole preguntas cariñosas. Por desgracia, él piensa que la está apoyando al no hacerle preguntas y dándole "espacio", y no entiende por qué ella no respeta su "espacio".

Por otro lado, Kathy siente que no la quiere, que la pasa por alto y que da por sentado todo lo que ella hace. Piensa: "No puedo creer que no quiera compartir sus sentimientos. Él solía hablar conmigo. Lo que pasa es que ya no me ama como antes. Tal vez le resulto aburrida. Me duele ya no ser especial para él. Estoy furiosa. Nunca me escucha. Esta no es la clase de relación que quiero. ¿Por qué no podré encontrar un hombre que me ame? Él sabe que tuve un día difícil y que necesito hablar. Me mostré tan atenta con él y ni siquiera me preguntó por mi día. No es justo".

Kathy no se da cuenta de que, a causa de sus intentos por apoyarlo, Tom en realidad siente que no lo apoya. En diversas maneras, ella erradamente trata a su compañero como quiere que la traten a ella, y luego no entiende por qué eso no camina. Kathy se equivoca al suponer que los hombres van a responder como ella u otra mujer lo haría.

ALISE TRATA DE COMPLACER, HENRY NECESITA APRECIACIÓN

Alise está molesta porque siente que todo lo que hace por ayudar a Henry es desvalorado y rechazado. En realidad, gran parte de lo que hace sí es valorado, pero si el resultado es que ella está agotada y siente resentimiento contra la relación, Henry preferiría que Alise hiciera menos.

Por ejemplo, antes que Henry llegue a su casa, Alise hace una serie de cosas para complacerlo. Saca la basura, le ordena el escritorio, limpia la casa, le lava y le dobla las remeras y la ropa interior, piensa en sus platos favoritos y le prepara la comida, recoge las cosas que él deja tiradas, lava los platos, recoge los mensajes del contestador y hace todo lo que se le ocurre para complacerlo y tratar de que su vida sea más plena. En una palabra, Alise se anticipa a cada necesidad de Henry y trata de satisfacerla. Luego se resiente con él porque no hace lo mismo con ella.

Henry llega a casa cansado de trabajar; cuando siente el resentimiento de su mujer, se cansa todavía más. No aprecia por completo todo lo que Alise hace por él porque ella se resiente mucho con él. Preferiría que hiciera menos y apreciara más todo lo que él hace para que su vida sea más fácil. Él necesita que ella esté feliz y le ofrezca respuestas más cálidas. Henry se aleja debido a su actitud de mártir con respecto a su relación.

Alise está confundida porque se está comportando de un modo que sabe que a ella misma le gustaría. En una palabra, "le está haciendo a él lo que le gustaría que él le hiciera a ella". Por desgracia, no le pide más apoyo a Henry. Supone que como se está esforzando tanto por complacerlo, él debería tener la misma actitud sin que ella tuviera que pedírselo. También supone que si Henry la amara, entonces tendría que adelantarse a sus necesidades. No entiende por qué el hecho de que ella haga más en la relación y a la vez demuestre resentimiento, hace que él quiera hacer menos en la relación. Cuando sí le pide ayuda —en general con tono exigente—, Henry se enfurece y se queda con toda la ira en su interior, sin expresarla.

Hablan pocas veces excepto sobre cosas prácticas. Cada vez que Henry habla de su día, Alise, en un intento por complacerlo, trata de ayudarlo a que se sienta mejor. Eso aleja aún más a Henry; luego no quiere abrir su corazón a Alise y hablarle de su día. Por ejemplo:

—No nos dieron esa nueva cuenta. Tengo que despedir casi a la mitad del personal. Es una decisión muy difícil.

Alise contesta entusiasmada:

—Bueno, ahora tienes que decidir quiénes son tus mejores empleados y despedir a los demás.

Henry reacciona callando. Perdió interés. Piensa: "No le estaba pidiendo su consejo. Soy perfectamente capaz de ocuparme de este problema. Por supuesto que voy a quedarme con mis mejores empleados. ¿Por qué no podrá limitarse a escucharme y valorar lo mucho que trabajo? ¿Y por qué está tan entusiasmada?"

Alise está perpleja. Quiere ayudar y no se da cuenta de que Henry se siente insultado por su esfuerzo por resolver su problema. Se muestra entusiasmada porque quiere ayudarlo de todo corazón y ésta parece una buena oportunidad. En momentos como este, no tiene la mínima noción de lo que él realmente necesita. No entiende que él sólo quiere que ella lo escuche y valore lo mucho que trabaja. Así como ella desea sentirse especial, él desea sentir que es el héroe de su mujer.

Patrick invalida los sentimientos de Jennifer

Patrick está frustrado porque no comprende las reacciones furiosas de Jennifer en momentos en que piensa que está apoyándola. Por ejemplo:

Cuando Patrick llega a su casa, lo primero que hace es mirar la correspondencia. Luego escucha sus mensajes y acaricia al perro. Después de hojear el diario un rato, va a la cocina donde Jennifer está preparando la cena. Lo primero que Patrick le dice a Jennifer es:

—¿Por qué estás mezclando estas especias?

Jennifer se siente enojada y criticada y le contesta de mala manera:

—Porque tengo ganas, por eso. —Para sus adentros, se dice: "Ni siquiera me saludó y ya está criticándome. No me hace caso. Prefiere leer su correspondencia en vez de hablar conmigo. Ni siquiera está entusiasmado de verme. Estuve esperando verlo todo el día. Me siento tan avergonzada. Ni siquiera quiere darme un abrazo o un beso. No le importo nada. Qué desastre. Prefiere acariciar al perro. Y luego tiene el descaro de venir a la cocina y quejarse de mi comida".

Patrick detecta que está molesta y trata de hacerla sentir mejor. Dice:

—Bueno, no es para tanto, simplemente me parece que esas especias no van bien con el pescado que estás preparando. Me parece que deberías dejar de lado la pimienta.

—Pero piensa: "¿Por qué se pone a la defensiva por una simple sugerencia? ¿Cuál es el problema? ¡Qué temperamental! ¿No puede aceptar un consejo?".

Jennifer dice:

—Si no es para tanto, ¿por qué siempre insistes en criticarme cuando te pedí que no lo hicieras? Eres cruel. Ni siquiera te importa cómo me siento. Ya no me amas. No vale la pena tomarme el trabajo. Sólo te interesas por ti mismo.

Entonces Patrick le contesta:

—Es ridículo. No estaba criticándote. No puedo creerte. ¿Por qué armas un escándalo por una tontería? Por supuesto que te amo. —Además, piensa: "Detesto tener que soportar tus exabruptos irracionales. Ojalá crecieras un poco".

Patrick no comprende la razón válida de los sentimientos de Jennifer. No se da cuenta de que comentarios como "Es ridículo", "No puedo creerlo" o "Armas un escándalo por una tontería" invalidan los sentimientos de ella y la hacen sentirse peor. Hasta la frase "Por supuesto que te amo" implica que Jennifer es insegura por dudar de su amor.

La reacción de Jennifer ante su sugerencia es exagerada porque se siente descuidada en la relación. Patrick ya no la trata como al principio. Da por sentadas todas sus reacciones, luego la hace sentirse tonta por enojarse. No trata de entender las verdaderas razones de su sensibilidad. Su falta de respeto por los sentimientos de ella la hace sentirse desvalorada y se pone más a la defensiva.

Patrick no es un hombre que no brinda amor. Está dispuesto a responder a las necesidades de Jennifer. El problema es que no sabe cuáles son esas necesidades, porque son distintas de las suyas. De la misma manera, no responde bien a las reacciones de Jennifer porque para él no tienen sentido. Como él no se molestaría si estuviera en el lugar de Jennifer, razona, ella tampoco debería molestarse. Al no darse cuenta de lo condescendiente que suena, invalida los sentimientos de ella. El resultado es una pelea.

Patrick supone erradamente que Jennifer estaría más feliz si fuera como él, de modo que trata de cambiarla en lugar de explorar sus necesidades y satisfacerla. Como la mayoría de los hombres, no entiende que las mujeres son diferentes y que se supone que tienen que ser como son ellos.

CÓMO REEVALUAR NUESTRAS SUPOSICIONES

Las relaciones son desconcertantes porque suponemos equivocadamente que nuestra pareja es como nosotros.

Hasta cierto punto lo es pero, en muchos aspectos importantes, es diferente. Observemos cuatro formas corrientes en las que suponer que el hombre y la mujer son iguales afecta nuestra relación en modo negativo:

ES DIFÍCIL BRINDAR APOYO Y CARIÑO

Cuando pretendemos que la otra persona reaccione como lo haríamos nosotros, inevitablemente nos sentimos frustrados si reacciona en modo diferente. Por frustración, es posible que automáticamente empecemos a invalidar las reacciones de nuestra pareja aunque nuestra intención original fuera brindarle apoyo y cariño.

Cuando Jennifer y Patrick experimentan una crisis, a Patrick le resulta difícil comprender por qué Jennifer se deja llevar tanto por los sentimientos. Cuando está estresado, es natural que se aleje más. Sin embargo, Jennifer en general se pone muy susceptible.

Esta diferencia en particular entre el hombre y la mujer es muy común. Pero su incapacidad de entender esta diferencia crea nuevos problemas. Patrick se toma a pecho las reacciones emocionales de Jennifer y supone que ella no confía en su capacidad de manejar situaciones. Piensa que al decir "no te pongas así" la está ayudando, porque su forma de manejar las crisis es alejarse y no dejar que lo perturben. Jennifer se molesta más porque Patrick no comparte sus sentimientos ni valida los de ella. No puede creer que él realmente se preocupe porque parece haber perdido todo el interés.

ES DIFÍCIL BRINDAR AYUDA

Es posible que también ofendamos a nuestra pareja tratándola como queremos que nos trate a nosotros. Equivocadamente suponemos que "lo que es bueno para mí es bueno para ti".

Por ejemplo, Alise suele irritar a su marido, Henry, brindándole cariño en exceso. No tiene intención de irritarlo;

de hecho, no tiene idea de por qué está molesto. Se siente confundida porque a ella le gustaría que él le demostrara más cariño.

Al suponer que él recibiría de buen grado su cariño, Alise, sin saberlo, lo ofende. Cree que lo está ayudando cuando, en realidad, sólo está empeorando las cosas. No es nada personal. Simplemente que como es hombre, Henry se siente agobiado por el amor de ella. Es muy normal que los hombres se sientan agobiados con demasiado cariño. Ella no podrá ayudarlo a menos que antes comprenda las diferencias en las necesidades de ambos.

PARA LAS MUJERES ES DIFÍCIL APRECIAR, ACEPTAR Y CONFIAR

Los problemas surgen cuando pretendemos que la otra persona piense, sienta y se comporte como nosotros. Muchas veces las mujeres interpretan mal el amor de un hombre evaluando su comportamiento según sus estándares femeninos. Por ejemplo, Patrick en general da prioridad a sus problemas y pasa por alto los objetivos (o compromisos) que no están en primer lugar en su lista. Cuando él pasa por alto las necesidades de Jennifer, a ella le resulta difícil apreciar, aceptar y confiar en que él la ama.

Desde su punto de vista, si las necesidades de ella fueran urgentes, tendrían prioridad para él porque ella *es* importante para él. Sin embargo, como Jennifer no entiende el razonamiento y la conducta de Patrick, le resulta difícil creerle cuando le dice lo importante que ella realmente es para él. Él no entiende que su modo de enfrentar los problemas frustra a Jennifer y no apoya sus necesidades.

Esta falta de comprensión mutua surge por una diferencia muy fundamental entre hombres y mujeres. Cuando están estresados, los hombres tienden a dar prioridad a lo que es más urgente y se concentran en ello. La desventaja de esta clase de reacción ante el estrés es que se olvidan de las otras responsabilidades o les dan poca importancia. Cuando a las necesidades de Jennifer se les resta importancia, ella se siente mal. No puede entender esta reacción porque ella reacciona de un modo diferente cuando está estresada.

Cuando están estresadas, las mujeres tienden a tomar mucha más conciencia de la variedad de problemas y exigencias que pesan sobre ellas. Pasar por alto las necesidades de alguien que les importa a fin de concentrarse por completo en resolver un problema del trabajo no es una de sus experiencias comunes. Por eso les resulta difícil confiar en que él realmente las quiere.

PARA LOS HOMBRES ES DIFÍCIL BRINDAR CARIÑO, COMPRENSIÓN Y RESPETO

Es difícil responder de un modo cariñoso, comprensivo y respetuoso cuando suponemos que nuestra pareja *debería* pensar y sentir como nosotros.

A Patrick le cuesta mucho respetar a Jennifer cuando ella siente que no la quiere ni la apoya. Él sabe cuánto la ama, de modo que cuando ella no siente su apoyo, él se lo toma como algo personal. Le pierde el respeto y la juzga de desagradecida o irracional.

Cuando ella reacciona con susceptibilidad luego de un largo día de trabajo sintiéndose abrumada y desesperada, él siente que ella se queja de que no la ayuda lo suficiente.

Desde su punto de vista, Jennifer sólo necesita descargarse y ser oída. Simplemente desea hablar de lo que siente; él supone que ella quiere que le solucione los problemas.

Como Patrick no tiene la imperiosa necesidad de expresar sus sentimientos, le resulta difícil respetar la necesidad que tiene Jennifer de compartir los suyos. Cuando está molesto, trata de resolver problemas. En lugar de escuchar, que es lo que ella necesita, la interrumpe todo el tiempo con "soluciones" a sus problemas. Jennifer no tiene lo que necesita —que la oigan— y Patrick no recibe apreciación por tratar de ayudar. Gracias a suposiciones erróneas, los dos terminan frustrados.

Por muy comprometidos que estemos en mejorar nuestras relaciones, es imposible hacer adelantos importantes sin reevaluar nuestras suposiciones ocultas. La gran mayoría de los conflictos entre hombres y mujeres surgen de un malentendido básico: suponemos que somos iguales cuando, en diversos modos, hombres y mujeres son tan diferentes como lo serían dos seres de distintos planetas. Si no comprendemos de qué manera somos diferentes, nuestros esfuerzos para aclarar los misterios de cómo mantener viva la magia del amor ni siquiera pueden empezar a dar frutos.

¿Y SI... ¡ERROR! MARCADOR NO DEFINIDO.
LOS HOMBRES VINIERAN DE MARTE Y LAS MUJERES, DE VENUS?

La brecha que existe en la comunicación entre hombres y mujeres puede ser tan vasta que por momentos nuestra pareja parece una persona completamente diferente de nosotros, como si fuera un ser de otro planeta. Supongamos durante un instante que así es. Supongamos que los hombres vienen de Marte y las mujeres, de Venus.

Imaginemos que un día, hace mucho tiempo, los marcianos, al mirar por sus telescopios descubrieron el planeta Venus. Estaban muy aburridos en Marte, pero en cuanto vieron a las extrañas habitantes de Venus, comenzaron a entusiasmarse. Rápidamente construyeron naves espaciales y volaron a Venus.

Cuando llegaron, se sorprendieron por la forma en que se sentían en presencia de esos bellísimos seres. Los marcianos empezaron a sentirse poderosos y vitales. Por sus músculos comenzó a latir un nuevo sentido de responsabilidad y propósito.

Las habitantes de Venus reaccionaron con la misma fuerza ante la llegada de los marcianos. Ya sabían intuitivamente que ese día llegaría. Cuando vieron a los marcianos, experimentaron un sentimiento de amor y confianza desconocido para ellas. Algunas dijeron que se sentían como flores que abrían sus pétalos a los cálidos rayos del Sol; otras se sintieron centradas y lúcidas, conscientes de su sabiduría interior.

Tanto los habitantes de Marte como las de Venus decidieron volar en sus naves espaciales y vivir felices para siempre en el planeta más bello del sistema solar, la Tierra. Durante algún tiempo vivieron en armonía, sin conflictos.

El secreto de su éxito era la inmensa apreciación y respeto que tenían por las diferencias de cada uno. Ninguno de los dos trató de cambiar al otro. No veían sus diferencias como algo superior o inferior, sino que apreciaban en gran medida la forma en que sus diferencias se complementaban. A través de su interacción, todos se sintieron más poderosos y satisfechos.

Una mañana, cuando los efectos de la atmósfera de la Tierra finalmente tomaron control de la situación, todos se despertaron con una clase peculiar de amnesia. Habían olvidado que eran de planetas diferentes.

En un instante, olvidaron que se suponía que debían ser diferentes. Olvidaron que hablaban lenguas que parecían similares pero en realidad eran muy distintas. Cuando trataron de comunicarse, no lograron entenderse.

Los seres de Marte y Venus olvidaron que sus necesidades y deseos eran disímiles. Olvidaron que tenían distintos motivos, propósitos, objetivos, valores, impulsos, necesidades y reacciones. Olvidaron que tenían formas diferentes de pensar, sentir, reconocer, conceptualizar, percibir, comprender, decidir y llegar a una conclusión. Olvidaron que tenían formas distintas de actuar y responder.

En una noche, perdieron la conciencia necesaria para respetar las cualidades únicas de cada uno; ahora las diferencias eran interpretadas como defectos y achaques, manifestaciones temporarias de estupidez, enfermedad, locura, mezquindad, inmadurez, terquedad, egoísmo, debilidad o maldad. De inmediato surgió una serie de problemas. Las diferencias entre ambos seres se habían convertido en una fuente de conflicto en vez de gozo, apreciación y admiración.

De un modo similar, hombres y mujeres se sienten obligados a arreglar o cambiar al otro en lugar de apoyarlo, brindarle cariño y valorarlo. De más está decir que cada vez resulta más difícil dar y recibir apoyo. Las relaciones pierden su magia y las invaden la confusión y la lucha. El vínculo del amor disminuye cuando los hombres y las mujeres son incapaces de comprender, respetar, apreciar y aceptar sus diferencias.

CONFLICTO AL ENFRENTARSE A PERTURBACIONES

Cuando hombres y mujeres no pueden entender que los sexos son diferentes, surgen muchos problemas. Tomemos a Jennifer y a Patrick, que experimentan un conflicto muy común entre hombres y mujeres.

Cuando Jennifer está molesta, necesita hablar de sus sentimientos y explorarlos, sentir que éstos son valorados. Luego, le hace falta que alguien que la ama y en quien ella confía la toque, la abrace y la consuele.

Sin embargo, Patrick maneja estas situaciones de un modo muy distinto. Cuando él está molesto, necesita espacio. Necesita alejarse para pensar en lo que pasó. En su mente, tiene una cueva privada a la que se retira para rumiar lo que lo está molestando. Durante esta etapa de alejamiento, no le gusta que lo toquen.

Cuando Patrick y Jennifer tratan de apoyarse mutuamente sin tener conciencia o respeto por sus diferencias, lo más probable es que surjan problemas innecesarios.

Un día Jennifer se molesta mucho. Necesita hablar acerca de lo que le sucede. Pero cuando Patrick se da cuenta de que ella está molesta, le da espacio saliendo del cuarto. Recordemos que para él eso es una actitud de amor.

Como Jennifer ni siquiera pensaría en alejarse cuando alguien a quien ella ama está molesto, interpreta mal el comportamiento de él y piensa que quizá Patrick no la quiere.

Como la relación es nueva, Jennifer excusa el comportamiento de Patrick imaginando que no se dio cuenta de que estaba molesta. Se echa a llorar, asegurándose de hacerlo en forma algo exagerada para que él la oiga. Cuando Patrick la oye llorar, sale de la casa, nuevamente por respeto a su privacidad.

A esta altura, Jennifer está realmente confundida. Se pregunta cómo este hombre, que al parecer la quiere tanto, puede actuar de un modo tan indiferente y desconsiderado.

Después de un rato, Patrick vuelve. Jennifer decide darle otra oportunidad y se acerca a él en un intento por hablar de los sentimientos originales que la perturbaron. Pero ahora está más perturbada aún porque teme que el hecho de que Patrick haya salido del cuarto y luego de la casa significa que ya no la quiere.

Patrick la escucha atentamente durante algunos momentos y luego decide que, según su punto de vista, ella compromete demasiado sus sentimientos en el problema.

—Te estás perturbando por nada —dice—. ¿Cómo pudiste pensar que no te amo? —Con una risa, agrega: —Es ridículo, debes de estar bromeando.

Patrick de verdad piensa que le está ofreciendo un consejo útil. Jennifer, por supuesto, piensa que su actitud es cualquier cosa menos cariñosa. En cambio, se siente abandonada, insultada y herida.

—No puedo creer que me ames —le responde—. ¿Por qué me tratas de esta manera?

Patrick, que intentó ayudarla, naturalmente se siente confundido y frustrado. Se siente poco apreciado y se molesta. De un modo típicamente masculino, se retira en silencio a la cueva secreta de su mente para pensar en lo que acaba de suceder.

Ahora, tanto Patrick como Jennifer están molestos, confundidos y frustrados. Cada uno se esforzó como pudo por resolver un problema pero la situación empeoró. Ninguno de los dos tiene idea de lo que realmente sucedió; ambos piensan que el otro está un poco loco.

Ni Patrick ni Jennifer están locos. Simplemente son diferentes.

Los hombres se cierran con facilidad

Cuando Patrick se aleja, Jennifer empieza a sentirse culpable por ofenderlo, aunque no tiene idea de cómo lo hizo. Golpea a su puerta y, de un modo verdaderamente femenino, dice:

—Entiendo que estés molesto, Patrick. Hablemos. Dime cómo te sientes.

Él responde de un modo típicamente masculino:

—No siento nada. ¡Sólo quiero estar solo!

—Me doy cuenta de que estás enojado conmigo —afirma Jennifer—. Está bien. Hablemos de eso. Quiero saber lo que sientes. —Jennifer está tratando a Patrick exactamente como a ella le gustaría que la trataran.

Sin embargo, Patrick está ofendido e irritado por la preocupación de ella. Necesita espacio y ella lo está agobiando. Exclama con brusquedad:

—¡Déjame solo!

Jennifer termina dejándolo solo, aterrada porque piensa que perdió el amor de Patrick.

En realidad, Patrick no está tan perturbado como Jennifer cree. Sólo necesita un poco de tiempo para tranquilizarse. Jennifer supone que pasó algo terrible porque ella tendría que estar muy enojada para cerrarse como acaba de hacerlo él. No comprende que Patrick se cierra cuando está apenas perturbado.

En efecto, los hombres tienden a "cerrarse" por completo en un instante y luego se abren con la misma rapidez. Las mujeres no lo comprenden; una vez que se abren a una persona, tardan mucho en cerrarse por completo.

Como Patrick y Jennifer no son conscientes de sus diferencias naturales, terminan interpretándose mal, peleando y sintiéndose resentidos el uno con el otro. Aunque se aman mucho, no saben cómo apoyarse mutuamente. Su verdadero problema es que no entienden su necesidades divergentes.

CÓMO LAS MUJERES PIERDEN LA AUTOESTIMA

Henry y Alise se aman mucho. Sin embargo, después de estar casados durante seis años, Alise duda de su propia valía y está resentida con su marido, mientras que Henry ya no se siente motivado a expresar sus sentimientos en la relación. En general, llega a su casa, cena mientras mira televisión y luego se va a dormir. A veces salen, pero no hablan mucho.

Como muchas mujeres, Alise tiene una vulnerabilidad particular cuando se enamora. Cuando Alise se siente amada, cuidada y tratada con respeto, se siente verdaderamente bien; de estas buenas sensaciones provienen sentimientos de autoestima. Pero si su compañero empieza a tratarla de un modo menos respetuoso y ella no se siente amada, su actitud cambia: empieza a sentir que no merece que la amen.

La lógica de esta vulnerabilidad suena de esta manera: "Si me aman y me respetan, me siento merecedora de amor y respeto. Por el contrario, si no me aman ni me respetan, es porque hice algo mal y no soy digna de amor ni de respeto". Para compensar, la lógica sigue: "Si no recibo lo que necesito, debo dar más antes de poder pedirlo".

De esta manera empezó a sentirse Alise en su relación con Henry. Después del primer año de matrimonio, Henry se concentró mucho en sus problemas laborales y poco a poco comenzó a pasarla por alto. Cuando volvía a casa del trabajo, no mencionaba ningún problema. Esa era su forma masculina de comunicar que todo estaba bien. Sin embargo, cada día estaba cada vez más distante. Alise supuso que había hecho algo para ofenderlo mucho y el resultado era que él se alejaba cada vez más y no le brindaba su amor. Imaginó que estaba secretamente resentido con ella porque, desde su punto de vista, si se quiere aclarar un problema, lo esencial es hablar; si no se habla, no se puede olvidar el resentimiento.

Por miedo a empeorar las cosas, trató de mostrarse más cariñosa y entregada que de costumbre con Henry. Irónicamente, cuanto menos satisfacía Henry las necesidades de Alise, más trataba ella de complacerlo y más le brindaba.

En ocasiones, Alise estallaba y le exigía que fuera más cariñoso. La reacción de Henry en general era quedarse callado y distante. Eso la aterraba aún más. Desde su punto de vista, había intentado todo para recuperar el amor de Henry y estaba fracasando.

Como Alise podía reconocer que Henry estaba incómodo con los sentimientos y exigencias de ella, empezó a reprimirlos y trató de comportarse de un modo distante, razonable y carente de emoción. Sin embargo, de vez en cuando perdía el control y reaccionaba en forma exagerada, dominada por la emoción.

Cuando Henry se alejaba, Alise se sentía culpable de sus reacciones emocionales y trataba aún más de reprimir su naturaleza femenina para cumplir con lo que creía que eran los deseos de Henry. A medida que su culpa y su vergüenza se intensificaban, su impulso de dar más se volvía más fuerte.

Al repetirse este patrón a lo largo de los años, Alise fue perdiendo su sentido de identidad de mujer. Como resultado, la pareja siguió junta, pero ella era infeliz. En ocasiones, Henry se preguntaba qué había pasado con el brillo del rostro de Alise y la chispa de sus ojos. Alise había perdido su autoestima mientras que Henry había perdido contacto con sus propios sentimientos de amor. Aburrido y sin motivación en su relación, Henry no tenía idea de lo que había pasado.

CÓMO LOS HOMBRES PIERDEN LA MOTIVACIÓN DE DAR

Como la mayoría de los hombres, Henry da prioridad a su atención a tal punto que parece que tuviera visión de túnel. Cuando hay un grave problema en el trabajo es capaz de olvidarse por completo de las necesidades de Alise y sólo se siente motivado por los problemas más serios o urgentes que se le presentan. Después de seis meses de matrimonio, empezó a sentir que había resuelto los problemas de la relación —los hombres tienden a suponer que una vez que complacen a una mujer, ella seguirá así— y ahora se vio atraído hacia los problemas laborales y consumido por ellos. Poco a poco perdió conciencia de las constantes necesidades de su compañera.

Por desgracia, el problema no termina aquí. Así como ser femenina tiene sus debilidades, también las tiene ser masculino. La vulnerabilidad femenina lleva a Alise a dar más cuando recibe menos. La debilidad masculina lleva a Henry a dar menos cuando recibe más.

La lógica de esta debilidad masculina común suena de esta manera: "Si ella hace ciertos sacrificios por mí, debo de haber hecho algo para merecerlo, así que puedo relajarme y recibir. Si estoy recibiendo más, entonces no necesito dar más; puedo dar menos".

Esta es una de las razones por las que, después de ganar el amor de una mujer, es posible que los hombres se vuelvan perezosos en la relación. Mientras la mujer siga dando con una sonrisa en la cara, el hombre supone que él está dándole lo suficiente. No se siente motivado a dar más.

Después de un tiempo, la relación de Henry y Alise empieza a desequilibrarse. Cuando Henry da menos, Alise da más porque quiere más. Alise supone que sus sacrificios para complacer a Henry naturalmente lo van a motivar a que le dé más. Por desgracia, sus sacrificios tienen el efecto opuesto.

Henry no se siente alentado o motivado a dar más cuando experimenta más dando menos. El precio que Henry paga en este ciclo es que pierde la apreciación y la aceptación genuinas de Alise. El precio que Alise paga es que recibirá menos y sentirá cada vez más resentimiento.

Cada vez que Alise da para ganarse el amor de Henry y Henry no le devuelve su regalo, ella acumula un grado de resentimiento. Por mucho que intente ser cariñosa, no puede evitar sentirse resentida cuando da a partir del vacío y no a partir de la plenitud. Cada día que pasa, su capacidad de apreciar, aceptar y confiar en su compañero disminuye; le resulta imposible brindarle el amor que él necesita.

En gran medida, ni siquiera Alise es consciente de este resentimiento acumulado. De vez en cuando, sale a la superficie. Irónicamente, asoma cuando uno menos lo espera. Cada vez que Henry se esfuerza por hacer algo especial o agradable, el resentimiento acumulado de Alise le impide sentir su apreciación natural hacia el gesto amoroso de su marido. O, cuando ella le pide ayuda, se inmiscuye su resentimiento y su pedido se convierte en una exigencia.

LAS MUJERES LLEVAN LA CUENTA DE TODO

Lo que Henry ignora es que las mujeres tienen una increíble capacidad de dar sin recibir. Pueden dar y dar y parecer felices porque en su interior llevan la cuenta. Las mujeres son muy buenas para esto. Pueden dar todo el tiempo porque suponen que algún día el puntaje quedará empatado. Suponen que, en algún momento, su compañero estará tan agradecido que va a devolverles todo ese apoyo. Entonces podrán relajarse y dejar que las cuiden un poco.

En general, el hombre no tiene noción de que el puntaje de la relación es desparejo. Esto se debe a que cuando hace algo por su compañera, espera algo a cambio antes de seguir dando. Un hombre no permite que el puntaje esté desparejo. Cuando están 3 a 1, empieza a quejarse por tener que dar más o simplemente se niega a hacerlo.

La mujer tiene la capacidad de dejar que el puntaje llegue a estar 20 a 1 antes de empezar a quejarse. Cuando Alise por fin empieza a quejarse de lo injustas que son las cosas, Henry se resiente con ella porque pensaba que el puntaje estaba parejo. Se resiente con ella por retirarle su apreciación porque equivocadamente supuso que debió apreciarlo de verdad; de otra forma, ¿por qué iba a seguir dando? Se siente ofendido por las acusaciones de ella. Siente que ella le debe una disculpa cuando en realidad fue él quien estuvo dando menos en la relación.

Para resolver esta clase de dilema, el hombre debe asumir la responsabilidad de dar más mediante la comprensión de las necesidades de su compañera. También debe perdonarla por no apreciarlo y por acumular resentimiento. La mujer debe asumir la responsabilidad por ser una mártir y permitir que el puntaje esté tan desparejo. Juntos pueden empezar otro puntaje.

SI TAN SÓLO SUPIÉRAMOS

Estos ejemplos revelan claramente que no comprender nuestras diferencias crea problemas en nuestras relaciones. Teniendo conciencia de sus diferencias, hombres y mujeres pueden empezar a obtener soluciones para conflictos tan viejos como el mundo.

Volvamos a observar nuestros ejemplos: Patrick podría

empezar a aprender a apoyar a Jennifer escuchándola y explorando sus sentimientos cuando está molesta. Se daría cuenta de que, al tratarla como si fuera un hombre, la desvaloriza y la perturba más.

Si Jennifer entendiera sus diferencias, se sentiría menos amenazada por las reacciones masculinas de Patrick, pues sabría que él no tiene intención de ser mezquino ni de escatimar su amor. Jennifer podría llegar a comprender y apoyar la necesidad de Patrick de alejarse cuando se siente estresado, mientras que Patrick podría aprender formas de transmitir seguridad a Jennifer aun retrayéndose. Jennifer podría encontrar el modo de compartir sus inquietudes con Patrick sin darle la impresión de que está culpándolo.

Henry y Alise podrían descubrir modos nuevos de manejar sus problemas. Si Alise comprendiera a los hombres, sabría que son como bomberos: si hay un incendio, hacen todo lo posible por apagarlo; de lo contrario, descansan bien para prepararse para el siguiente incendio. Al saber esto, ella tendría la certeza de que, si deja de comunicar sus necesidades, él dará por sentado que todo está bien y brindará menos en la relación. Entonces, ella podría compartir sus sentimientos sin resentirse, de un modo que Henry pudiera entender.

Si Henry comprendiera de qué forma los hombres son diferentes, reconocería que, cuando las mujeres no se sienten centradas, dan de sí hasta agotarse. Es probable que la siguiente vez que Alise estuviera abrumada, no la culparía en forma automática por hacer demasiado. En cambio, se mostraría compasivo y satisfaría la necesidad de ella de estar centrado escuchándola.

Alise podría entender que los hombres reaccionan al resentimiento volviéndose pasivos y perezosos. La vez siguiente que Henry estuviera demasiado pasivo, en lugar de tratar de rehabilitarlo, podría hacerse responsable de su propio resentimiento, regresaría a un lugar lleno de cariño y compartiría sus sentimientos de apreciación por las cosas que él hace por ella.

Al liberar su resentimiento, ella podría pedir apoyo. El hombre responde mucho más a un pedido detrás del cual no hay resentimiento, sacrificio o sufrimiento.

Henry también comprendería que las mujeres tienden a dar más cuando no se sienten amadas. La vez siguiente que Alise pareciera especialmente interesada en cómo le fue a él, él podría recibir el mensaje de que Alise inconscientemente desea que él se muestre más interesado en cómo le fue a ella. Entonces él respondería expresando su interés.

La vez siguiente que Henry se sintiera resentido porque no se siente apreciado, podría recordar que Alise realmente lo apreciaría si ella no estuviera experimentando todo su resentimiento. Entendería que ella simplemente necesita compartir sus emociones para volver a sentir su amor y apreciación.

La vez siguiente que ella se resintiera con él, podría recordar que Henry le daría más si realmente comprendiera sus necesidades. Ella se haría responsable de comunicar sus necesidades de un modo que él pudiera oír. Se daría cuenta de que los hombres no cambian su forma de hacer las cosas con tanta rapidez como las mujeres, pero cuando lo hacen, el cambio es auténtico. Por otra parte, las mujeres no cambian sus sentimientos con tanta rapidez como los hombres. Henry debe aprender a ser paciente y escuchar a Alise cuando le comunica los sentimientos que la perturban.

De esta manera, una forma de reavivar su deseo de entender en lugar de juzgar es imaginar que nuestra pareja o persona amada es un extraño de un planeta lejano. Ciertamente, si conociéramos a un adorable extraterrestre, no trataríamos de cambiarlo. Lo más probable es que sintiéramos una intensa curiosidad por captar sus diferencias. Al tratar de entender, seríamos pacientes y tolerantes. Este deseo de comprender a otra persona con una actitud de aceptación es la base de una relación positiva y amorosa. Dar a la persona amada permiso para ser diferente abre una nueva dimensión donde puede florecer el amor.

En el próximo capítulo exploraremos las cuatro claves para crear relaciones cooperativas y armoniosas.

Capítulo 2

Cómo construir una relación

Existen cuatro claves para crear relaciones que brindan apoyo y recompensa:

1. *Comunicación con un propósito determinado* - Comunicar con la intención de entender y ser entendido.

2. *Comprensión correcta* - Comprender, apreciar y respetar nuestras diferencias.

3. *Abandonar los juicios* - Liberar los juicios negativos de nosotros mismos y los demás.

4. *Aceptar responsabilidad* - Asumir equitativamente responsabilidad de lo que obtenemos de la relación y practicar el perdón.

Estas cuatro claves pueden liberar el potencial en nuestro interior para crear relaciones amorosas y satisfacer nuestras esperanzas y sueños. Nos ayudarán a darnos cuenta de por qué nuestras relaciones tuvieron problemas en el pasado y proporcionan una base sobre la que construir, en el futuro, relaciones estables y enriquecedoras.

COMUNICACIÓN CON UN PROPÓSITO DETERMINADO

La comunicación es esencial si queremos aprender y respetar nuestras diferencias. En mi primer libro *What You Feel,*

You Can Heal, exploré en profundidad la importancia de decir la verdad en nuestras relaciones, en especial la verdad acerca de nuestros sentimientos. La intimidad se alimenta con la comunicación de la verdad. Sin embargo, si no comprendemos el propósito implícito de la comunicación, hasta los mejores métodos de comunicación terminarán fracasando.

¿Cuál es este propósito y cómo nuestro conocimiento de él puede afectar nuestra comunicación? Para responder a esta pregunta, contaré cómo lo experimenté un día. Mi mujer y yo estábamos esperando en un restaurante durante un receso en uno de mis seminarios para las relaciones. Le dije al camarero que estábamos apurados. Enseguida nos dio una mesa, nos trajo el menú y ordenamos la comida. Hasta ese momento, mi comunicación parecía funcionar bien.

Mientras estábamos ordenando, otro grupo se sentó a la mesa junto a la nuestra. Cuando mi mujer y yo esperábamos nuestra comida, observamos el nuevo grupo que ordenaba su comida con tranquilidad y, en diez minutos, la recibía. Aunque habíamos ordenado antes, nuestra comida no aparecía por ningún lado.

Mi temperatura empezó a subir. Después que pasaron otros cinco minutos y todavía no nos habían traído la comida, la sangre empezó a hervirme.

Busqué a nuestro camarero y con calma calculada le dije:

—Le recuerdo que estamos apurados. Las personas de la otra mesa ordenaron la comida después que nosotros y ellos ya están comiendo. —Y luego le solté: —¿Dónde está nuestra comida?

El camarero respondió:

—Su comida ya sale, señor.

Su respuesta no ayudó, así que repetí:

—Las personas de la otra mesa ya están comiendo... ¿dónde está mi comida?

El camarero volvió a responder:

—Su comida ya sale.

De más está decir que yo estaba furioso. Toda mi compasión y buen carácter habían desaparecido, junto con mis métodos de comunicación. Volví a la mesa con ganas de

43

empezar una guerra. Mientras seguíamos esperando nuestro almuerzo, observamos a las personas de al lado terminar su comida y pagar la cuenta.

A esa altura, ya era demasiado. Cuando me dirigía a buscar al gerente, vi a nuestro camarero y volví a acercármele. Después de explicarle que tenía muy poco tiempo, volví a preguntarle:

—¿Dónde está mi comida?

Presa del pánico, repitió:

—Su comida ya sale, señor.

Entonces, afortunadamente, le pregunté:

—¿*Por qué* mi comida tarda tanto? ¿*Por que* atendieron a esas personas antes que a mí? —Por fin estaba abordando la verdadera causa de mi perturbación.

Esta vez, el camarero me explicó:

—Señor, aquellas personas ordenaron de nuestro menú de sándwiches, que va a una cocina diferente. Usted ordenó de nuestro menú principal, que va a la cocina principal. Aunque usted no pueda verlo desde aquí, en el salón de al lado hay una fiesta de graduación y tenemos mucho trabajo. El cocinero me prometió que su pedido ya sale. De verdad, siento mucho que tarde tanto.

En un segundo, mi tensión y malestar desaparecieron. La razón de ello fue que pude *entender* la situación. Al comprender eso, sentí compasión por el camarero. Logré relajarme y esperar mi comida sin sentirme tenso, resentido e incómodo. Realmente empecé a disfrutar de la vista desde nuestra mesa y, sobre todo, de la compañía de mi mujer. Como se puede ver, mi comunicación con el camarero había sido inútil hasta que la usé para buscar más *comprensión*.

De no haber tratado de *comunicar para comprender*, podría haber empeorado las cosas comunicando para manipular o controlar. Podría haber dicho: "No puedo creer que esto haya pasado; es vergonzoso. Quiero hablar con el gerente" o "Si mi comida no está aquí en tres minutos, me voy del restaurante y no vuelvo a poner un pie en él".

Cuando nos sentimos molestos o amenazados, la comunicación muchas veces se vuelve retorcida y manipuladora.

Cuando comunicamos para intimidar, amenazar, desaprobar, herir, hallar faltas, o hacer que alguien se sienta culpable, estamos haciendo un mal uso de la comunicación. Es posible que logremos ejercer control, pero inevitablemente crearemos resentimiento. La comunicación verdadera y eficaz tiene la intención de compartir nuestra comprensión y compartir más a fondo la comprensión de la otra persona.

COMPRENSIÓN CORRECTA

En última instancia, no es sólo la comunicación lo que hace funcionar las relaciones. La comunicación es sólo un vehículo a través del cual podemos entendernos. La comprensión correcta enriquece nuestras relaciones, mientras que los malentendidos las echan a perder. La comunicación con un propósito determinado nos permite aumentar la comprensión correcta.

¿Cuántas veces discutimos con alguien que amábamos y luego descubrimos que sólo se trataba de un malentendido? Uno de los problemas comunes de las relaciones es que, después que conocemos a alguien, tenemos una fuerte tendencia a creer que el sentido que damos a sus palabras y gestos es preciso. Pensamos que sabemos lo que significan y, sin embargo, muchas veces interpretamos mal el sentido deseado y llegamos a conclusiones equivocadas.

Muchas veces, al aconsejar a parejas, asumo el papel de intérprete. Él dice algo y ella lo oye de un modo diferente. Ella dice algo y él dice que está equivocada. En un momento, están discutiendo. Es como si estuvieran hablando en dos idiomas diferentes. Al expresar lo que él quiere decir con otras palabras que ella pueda entender, y viceversa, se resuelve el conflicto.

Recuerdo que una vez pregunté a una cliente qué necesitaba de su marido. Martha inspiró profundamente y se echó a llorar, diciendo:

—Sólo necesito que él me escuche... que me escuche. Siento que no me ama.

Mientras su marido Joe escuchaba lo que decía, lo observé quedarse helado. Luego, en silencio, se encogió de hombros. Cuando exhaló en silencio vi que crecían la frustración y la desaprobación de Martha.

Entonces le pregunté a ella qué había significado para ella la respuesta de su marido. Dijo:

—Significa que no le importo. Me está diciendo que estoy equivocada, que necesito demasiado de él y que si tuviera algo interesante que decir, a lo mejor él me escucharía.

Joe empezó a defenderse diciendo que ella estaba equivocada acerca de su respuesta. Lo interrumpí y le pregunté qué sentía en realidad cuando su mujer sentía y expresaba su necesidad de ser oída.

Dijo:

—Me sentía frustrado. Pensaba en las cosas que hice esta semana para hacerle saber cuánto la amo. Empezaba a sentirme incómodo y decepcionado porque no sé qué hacer. Luego cuando dijo cómo se sentía con mi reacción, sentí rabia y empecé a lastimarla.

Martha había interpretado mal la reacción fría de Joe. Supuso que a él no le importaba y que la estaba juzgando. Irónicamente, su mala interpretación de la reacción de él lo provocó de tal forma que llegó a sentirse indiferente y crítico, aunque en el momento anterior había empezado a ablandarse al oír los sentimientos de dolor de ella. Sin la ayuda de un terapeuta, habrían seguido discutiendo.

Los sentimientos primeros positivos, cariñosos y vulnerables que todos tenemos cuando nos enamoramos pueden olvidarse rápidamente gracias a simples malentendidos y suposiciones falsas. Estas suposiciones erróneas pueden llegar a provocar la conducta que uno se imagina al principio.

Gran parte de la tensión emocional de las relaciones surge de los malentendidos. La buena comunicación disminuye las probabilidades de que aquéllos tengan lugar y asegura relaciones más positivas. Aprender algunos métodos básicos para la comunicación ayuda, pero lo que realmente hace que la comunicación funcione es la *intención* de comprender.

Existen muchos niveles de comprensión necesarios para que la comunicación tenga éxito en una relación. Estos son:

- Una comprensión más profunda de nosotros mismos y los demás.

- Una comprensión de que los hombres y las mujeres reaccionan en forma diferente ante el estrés.

- Una comprensión más profunda de los verdaderos sentimientos implícitos en lo que decimos y hacemos.

- Una comprensión de los verdaderos sentimiento detrás de las acciones y reacciones de los demás.

- Una mayor comprensión de que las apariencias no siempre reflejan la realidad. (Por ejemplo, cuando su pareja se encoge de hombros, quizá significa algo diferente de cuando usted lo hace.)

- Una comprensión de que lo que quizá para usted es fácil de preguntar puede resultar difícil para los demás.

- Una comprensión de que lo que para usted quizá sea fácil de oír puede resultar doloroso para los demás.

- Una comprensión de que lo que usted piensa que debería ser útil para los demás quizá no lo sea, aunque a usted le resulte útil.

- Una comprensión de que las personas hablan idiomas diferentes que quizá sólo en apariencia suenan iguales.

La comprensión correcta empieza cuando nos damos cuenta de que somos todos individuales y únicos y de que es muy fácil malentendernos. Al entender y respetar nuestras diferencias realmente podemos construir puentes que nos unirán.

47

Una de las razones por las que no logramos reconocer nuestras diferencias es que, mientras crecíamos, ser diferentes significaba que los demás se rieran de nosotros o nos rechazaran. Para ser populares o poderosos, teníamos que ser como los que ya eran populares o poderosos. De niños, pasábamos mucho tiempo tratando de ser como otros niños.

Aunque somos adultos y aunque tuvimos mucha suerte al tener padres que realmente nos apoyaron en nuestra unicidad, todavía tendemos a pensar que ser diferentes significa arriesgarse al rechazo y al fracaso. En diferentes grados, la mayoría de las personas se sienten inseguras al parecer diferentes. Tememos que alguien venga y nos corrija, nos juzgue mal o nos tilde de raros. Por desgracia, este es un temor válido. Las personas inseguras están en todas partes y automáticamente se lanzan sobre aquellos que empiezan a sobresalir y ser ellos mismos. Por esta razón, en ocasiones las diferencias se ven como una amenaza.

LAS DIFERENCIAS SON MÁGICAS

Como imanes, las diferencias en las personas se atraen. Al ir comprendiendo cada vez más, podemos empezar a apreciar estas diferencias.

Las verdaderas diferencias entre hombres y mujeres en realidad son complementarias: dan a cada uno la oportunidad de encontrar el equilibrio. Si soy demasiado agresivo, es posible que me sienta atraído hacia alguien más calmo y receptivo. A través de mi relación con esta persona más calma, puedo conectarme con las cualidades más calmas de mi inconsciente. Estas cualidades más tranquilas y receptivas equilibran, apoyan o complementan mis cualidades agresivas más desarrolladas. Estas diferencias complementarias son las que nos atraen y crean el misterioso sentimiento que llamamos amor.

La magia de la diferencia crea otra dimensión en las relaciones amorosas. Cuando aceptamos y apreciamos las diferencias entre las personas, también empezamos a ver las semejanzas. Aunque cada uno de nosotros sea único, también somos, en muchas maneras, iguales. Esta aparente paradoja apunta a una maravillosa verdad acerca de las relaciones: la persona correcta para compartir nuestra vida en general es una fusión de diferencias y semejanzas complementarias.

Hay varias formas de expresar esta misteriosa fusión. Las que aparecen a continuación son algunas que he oído de personas que están enamoradas y tienen una relación.

- "Somos completamente diferentes, pero lo que nos mantiene unidos es que ambos somos muy intensos."

- "Somos diferentes en muchos aspectos: él es un ave nocturna, a mí me gusta vivir de día; él es un soñador, yo soy práctica; a él no le preocupan las cosas y yo me preocupo por todo. Sin embargo, a otro nivel, somos uno solo. Es como si estuviéramos en la misma frecuencia de onda."

- "Unas veces la amo y otras la odio. Cuando no la amo, es porque en ese momento no soy capaz de amar; no me siento bien conmigo mismo. El corazón me dice que lo correcto es que estemos juntos."

- "Muchos de nuestros problemas son completamente diferentes, pero lo que tenemos en común es que tenemos un montón de problemas. Aprendimos a ayudarnos a sobrellevarlos sin que el otro se sienta mal o indigno. Creo que si fuéramos perfectos y no tuviéramos problemas, me sentiría como si todo el tiempo estuviera derribándolo."

- "Durante dos años, nuestro matrimonio fue perfecto. Luego dejamos de sentir amor; el romance había desaparecido. Una mañana me desperté y me di cuenta de que éramos dos personas diferentes con pocas cosas en común. Me sentí deprimida y decepcionada. En ese momento fue cuando empecé a aprender acerca del amor genuino. Al compartir nuestros sentimientos y liberar nuestros resentimientos ocultos, llegamos a conocernos y amarnos de verdad. Empecé a amar a la persona verdadera y no a la persona que quería que fuera."

En cada uno de estos ejemplos, el amor fue alimentado con el tiempo mediante la aceptación y la comprensión. De esta manera, el amor cumple con su propósito de armonizar las diferencias y crear relaciones positivas y duraderas.

No juzgar

Liberar los juicios negativos, la tercera clave para crear una relación de apoyo, es el resultado inevitable del entendimiento correcto. Cuando logramos entender nuestras diferencias y comunicar nuestros sentimientos, pensamientos y deseos, podemos empezar a liberar nuestros juicios negativos.

Nuestras evaluaciones negativas de nosotros mismos y los resultados de nuestras acciones nos inhiben de expresar nuestros talentos por completo. En última instancia, los juicios desaprobadores nos impiden disfrutar por completo de todo lo que tenemos y de nuestra vida en general. El juicio y la crítica son síntomas de una baja autoestima.

Cuando sentimos que no somos suficientes, empezamos a sentir que lo que tenemos o lo que nos pertenece tampoco es suficiente; por ejemplo, no tenemos tiempo, dinero o amor suficientes. Empezamos a sentir que los amigos o familiares no nos bastan. Los juicios negativos echan a perder las relaciones.

El juicio va a seguir hasta que entendamos, apreciemos y honremos las diferencias entre las personas. Cuando podemos amar, aceptar, apreciar y respetar a los demás, automáticamente empezamos a aceptarnos y apreciarnos. Este es el verdadero secreto cuando dejamos de juzgar. A través del amor a los demás, podemos amarnos a nosotros mismos y, al hacerlo, podemos amar a los demás. Nuestra autoestima y autovaloración crecen día a día cuando creamos relaciones amorosas.

Cuando emitimos juicios negativos sobre los demás, evidenciamos un síntoma de nuestro odio hacia nosotros mismos. La mayoría de los juicios negativos son proyecciones hacia los demás de la opinión que secretamente tenemos de nosotros mismos.

CÓMO ENCONTRAR NUESTRA UNIDAD

La verdadera relación nace de la conciencia y la apreciación de la forma en que somos diferentes. Desde la posición ventajosa de comprender y respetar nuestras diferencias, podemos apreciar con más claridad nuestras semejanzas. Reconocer nuestras semejanzas suscita actitudes positivas como compasión, empatía, comprensión, aceptación, tolerancia y unidad. Aceptar nuestras diferencias crea atracción, apreciación, interés, respeto, un propósito, y entusiasmo.

Al lograr comprendernos hablando de nuestros sentimientos y escuchando desde el fondo de nuestro corazón, comenzamos a darnos cuenta de los juicios negativos que nos separan y los liberamos. Como vemos, no son las diferencias las que nos separan sino nuestros juicios de esas diferencias, juicios nacidos de malentendidos.

ACEPTAR RESPONSABILIDAD

La cuarta clave para que las relaciones funcionen es asumir igual responsabilidad por lo que sucede en la relación y saber perdonar. Asumir la responsabilidad es lo opuesto a sentir que uno es la víctima. Saber perdonar es casi imposible cuando no podemos ver que somos igualmente responsables.

Si alguna vez sentimos que "dimos y dimos y nunca recibimos nada a cambio" o que "estábamos muy bien hasta que la otra persona echó todo a perder" estamos mostrando nuestro lado de víctimas, lo cual es una señal de que no estamos asumiendo nuestra parte de responsabilidad.

La víctima piensa que no es responsable de lo que le sucede o de lo que siente. Se siente incapaz de crear un cambio. Hace caso omiso de su responsabilidad por provocar abuso en su relación. La actitud de la víctima no sólo echa a perder nuestra relación sino también nuestra vida.

La víctima no admite que, de haber manejado las cosas de otra manera, habría obtenido mejores resultados. No está dispuesta a reconocer que es artífice de su propio problema. No está dispuesta a ver que interpretó mal una situación y la empeoró. Es más, se niega a beneficiarse de una experiencia negativa. Se aferra a su pasado como una excusa para no ser honesta consigo misma.

Una señal de una actitud de víctima es el sentimiento de resentimiento y culpa; hay una negación de la responsabilidad.

Cuando sentimos resentimiento, de alguna manera no deseamos confiar en la persona contra quien estamos resentidos ni aceptarla. No podemos confiar en ella porque no comprendemos cómo hemos provocado su comportamiento. No la aceptamos, porque equivocadamente esperamos que sepa lo que necesitamos. A una mujer le resulta más fácil leer la mente de otra mujer, pero al hombre le resulta casi imposible leer la mente de la mujer o viceversa.

Cuando nos sentimos resentidos con alguien, no tomamos en consideración por qué hizo lo que hizo. No tratamos de evaluar por qué puede sentir lo que siente. En una palabra, nos sentimos la víctima y, forzosamente, la otra persona es el villano.

CÓMO PROVOCAMOS SIN DARNOS CUENTA

Si no entendemos del todo de qué forma somos diferentes, es fácil llegar a la conclusión de que, sin darnos cuenta, nos haremos daño mutuamente de tanto en tanto. Comprender las diferencias entre el hombre y la mujer nos abre para ver de qué manera ofendimos a la otra persona.

Un examen cuidadoso de lo que hacemos o dejamos de hacer, en este contexto de respetar nuestras diferencias, nos ayuda a comprender de qué manera nuestro comportamiento afecta a los demás y el porqué de ciertas reacciones. Sin embargo, asumir la responsabilidad por nuestra conducta no es suficiente.

También somos responsables en formas menos obvias. Así como nuestro comportamiento provoca reacciones, también lo hacen nuestros pensamientos y sentimientos. Es mucho más difícil percibir cómo afectamos a los demás cuando nuestros pensamientos y sentimientos son los que provocan, pero ejercen un efecto.

Cuando juzgamos a la otra persona, abierta o encubiertamente, ella tenderá por un momento a reaccionar en la forma en que la culpamos de reaccionar. Si decimos que su actitud no es amorosa, momentáneamente será de esa manera; si la culpamos de falta de interés, reaccionará con falta de interés, etcétera.

Cuanto más importante es una persona para nosotros, más nos afectan y nos provocan sus juicios. Cuando dependemos de alguien, aumenta nuestra influencia sobre sus pensamientos y sentimientos. Tener intimidad sexual con una persona también aumenta su impacto sobre nuestro comportamiento.

Por ejemplo, cuando una mujer juzga a un hombre de falto de cariño y atención, es probable que él reaccione temporariamente de esa manera. Aunque ella finja apreciar qué cariñoso es él, si secretamente siente que no lo es, el hombre reaccionará de un modo menos cariñoso. En ese momento, su respuesta amorosa es oscurecida por una reacción poco cariñosa provocada por los juicios negativos de ella. Cuanto más estrecho sea el vínculo que los une, más afectado se sentirá el hombre por sus juicios y se alejará momentáneamente de los sentimientos cálidos de ella.

Cuando un hombre juzga a una mujer de irracional y en extremo emocional, ella tenderá a volverse irracional y en extremo emocional. Aunque el hombre finja ser comprensivo cuando la mujer habla de sus sentimientos, si secretamente piensa que lo que ella dice no tiene sentido, ella se desequilibrará, se desconectará de su centro intuitivo y se sentirá confundida.

Sin embargo, ser provocado no significa que el que provoca sea responsable de nuestras reacciones. Siempre somos responsables de nuestras propias acciones y reacciones. Culpar al que provoca es otra forma de ser la víctima, lo cual no es una excusa justificable.

Entender cómo nuestros pensamientos y sentimientos pueden provocar una reacción no significa que debemos perdonar o excusar la conducta provocada. Simplemente nos permite comprender el comportamiento de nuestra pareja; crea una apertura mediante la cual poder relacionarnos más con su reacción.

Existe una forma aún más poderosa de provocar abuso. Así como los juicios provocan una disfunción temporaria, los resentimientos provocan una disfunción continua. El hombre que siente resentimiento contra las emociones de su mujer puede provocar que ella se vuelva continuamente hipersensible. La mujer que siente resentimiento contra la actitud poco amorosa de su marido puede provocar que él se muestre continuamente indiferente.

No es raro que el hombre vuelva a su casa sintiéndose afectuoso con su mujer y luego, cuando está en presencia de ella, de pronto se vuelva indiferente. Es posible que ella esté actuando de un modo perfectamente aceptable, pero sus resentimientos ocultos y no resueltos provocan en él una respuesta indiferente.

De un modo similar, no es raro que la mujer vuelva a su casa sintiéndose afectuosa con su marido y luego, en su presencia, se sienta abrumada por sentimientos negativos. Nuevamente, el comportamiento de él puede parecer perfectamente aceptable, pero sus resentimientos inconscientes provocan en ella una respuesta emocional negativa.

Cuando sentimos resentimiento, nos aferramos a nuestros juicios negativos. Se mantienen firmemente arraigados hasta que experimentamos el perdón. Cuando no podemos liberar nuestros juicios, su poder de provocación aumenta. Por muy buenos que sintamos que somos para disimular el resentimiento, se revela en nuestras acciones, reacciones, elección de palabras, lenguaje corporal, ojos y tono de voz. Saldrá a la superficie nos demos cuenta o no.

Si nos liberamos del resentimiento y empezamos a juzgar negativamente a una persona, puede reemplazarse en unos minutos con un juicio positivo. Pero cuando estamos resentidos, en realidad nos aferramos a ese juicio, consciente o inconscientemente.

El resentimiento no sólo provoca reacciones negativas, sino que también niega la eficacia de la comunicación. Cuando compartimos nuestros sentimientos y pensamientos con una actitud de resentimiento, es casi imposible para la otra persona mantenerse abierta a nosotros. Una de las razones por las que la comunicación puede resultar fácil al comienzo de una relación es que no hay resentimiento acumulado.

El resentimiento acumulado socava el crecimiento del amor en una relación. El primer paso para liberar el resentimiento es aceptar la responsabilidad; comprender cómo provocamos las respuestas que recibimos. Luego, con una mayor comprensión de nuestra pareja y con una mejor comunicación, el perdón llegará con más facilidad.

RESPONSABILIDAD Y RESENTIMIENTO REPRIMIDO

Resulta más fácil asumir la responsabilidad cuando nos damos cuenta de que, al juzgar mal a la otra persona y decir que está equivocada, que no es cariñosa o que no es suficientemente buena, sin saberlo provocamos su disfunción.

Queda aún otro obstáculo para aceptar la responsabilidad en nuestras relaciones: la represión. El hombre y la mujer reprimen sus resentimientos con facilidad. Cuando esto sucede, no tenemos conciencia de su existencia. Entonces es muy difícil aceptar la responsabilidad de provocar la disfunción y abuso en nuestra pareja. La represión de los resentimientos puede volver las relaciones muy confusas.

Cuando una persona se esfuerza por ser cariñosa, comprensiva y abierta sin practicar buenos métodos para una buena comunicación, lo único que logra es reprimir sus resentimientos. Luego, cuando su pareja reacciona como si la hubieran provocado los juicios y resentimientos, es muy difícil asumir la responsabilidad. En este caso, la buena intención de tratar de mostrar aceptación (reprimiendo así los resentimientos negativos) empeora las cosas.

Si un hombre le pega a su mujer con un palo y ella sangra, para él es fácil asumir la responsabilidad de cómo la afectó. Ella puede culparlo y él lo acepta fácilmente porque puede ver cómo provocó la respuesta de ella.

Pero si los resentimientos reprimidos de él la golpearon en la cabeza y ella está sangrando y culpándolo, para él es muy difícil asumir la responsabilidad. La reacción femenina ante su abuso oculto e inconsciente parecerá injustificada e irracional.

LAS BUENAS INTENCIONES NO BASTAN

Podemos desear mostrarnos cariñosos —podemos intentarlo con todo nuestro ser— pero nuestro amor nunca será puro a menos que nos liberemos del resentimiento. Cuando lo hacemos, amar no cuesta nada. Cuando tenemos que esforzarnos por amar, en general es un signo de que estamos reprimiendo nuestros resentimientos.

Pensemos en un momento en que nos hayamos sentido profundamente enamorados. ¿Era difícil amar? Cuando conocí a mi mujer, ciertamente no tuve que tratar de amarla o apreciarla. Cuando mi hija era un bebé y se cayó de la cama, no tuve que esforzarme por cuidarla; cada célula de mi cuerpo cobró vida para rescatarla y protegerla.

Pensemos en las personas que respetamos mucho, que lograron muchas cosas. ¿Tenemos que tratar de respetarlas?

Si una actitud positiva no es automática y espontánea, resulta falsa. Cuando sentimos resentimiento, no hay forma de ocultarlo a la otra persona. Siempre la pondrá en guardia para protegerse de nuestra censura.

Sabiendo esto acerca del resentimiento, es más fácil ser más responsables en nuestras relaciones. Somos capaces de asumir la responsabilidad cuando reconocemos que nuestros juicios negativos, ocultos o expresados, en realidad provocan gran parte del abuso o la falta de apoyo que recibimos.

Linda, de treinta y ocho años, había estado casada durante doce años. Después de algunos años de terapia, se dio cuenta de que era igualmente responsable de los problemas de su matrimonio. Durante doce años se sintió la víctima de la tendencia de su marido, Bob, a alejarse. Se sentía resentida porque él era muy frío, indiferente y poco cariñoso. Luego se dio cuenta de que sus resentimientos habían impedido que Bob escuchara sus sentimientos y necesidades. ¿Cómo podía esperar que él fuera demostrativo cuando estaba sintiendo su resentimiento tácito?

Linda creyó que Bob no iba a sentir su amargura si ella no la expresaba con palabras o con reacciones. De modo que, desde su punto de vista, Bob no tenía derecho a sentirse censurado por ella, porque ella sabía que no estaba expresando abiertamente su resentimiento. Hacía todo lo posible por ocultarlo, hasta el punto de hacer avances amorosos hacia Bob. Cuando él no respondía, su resentimiento crecía.

Es posible que Linda haya pensado que su enojo estaba oculto, pero él podía verlo en la tirantez de su mandíbula y oírlo en el tono de su voz. Como resultado, la reacción de Bob, cada vez que ella le pedía apoyo, era alejarse y no demostrar cariño.

Gracias a la terapia, Linda logró ver con claridad que ella era igualmente responsable de ese problema. Se dio cuenta de que tenía el poder para cambiar las cosas y lo hizo. Una vez que dejó de ser la víctima, su matrimonio mejoró en forma drástica.

Con esto no quiero decir que su marido no fuera también responsable. Las cosas se hacen de a dos; hacen falta dos personas para crear un conflicto. Sin embargo, Linda se dio cuenta de que su tarea era ser responsable comunicando sus sentimientos y necesidades desde una actitud verdaderamente despojada de resentimiento. Tenía mucho trabajo por delante: descubrir y liberar viejos resentimientos y aprender de verdad a amarlo.

Mediante la práctica de una técnica que estudiaremos

más adelante, la de la carta de amor, Linda pudo explorar sus sentimientos más profundos y liberar sus resentimientos. Al aprender a comunicarse de un modo responsable, se sorprendió al ver lo rápidamente que su marido respondía a sus sentimientos despojados de resentimiento brindándole el apoyo que él siempre había querido ofrecerle. Se sintieron como en una segunda luna de miel.

Es mucho más fácil liberar nuestro resentimiento cuando entendemos bien de qué forma somos responsables de lo que obtenemos en nuestras relaciones. Mientras sintamos que todo lo que hacemos está bien pero que no recibimos lo que necesitamos, seguiremos siendo víctimas.

El conocimiento es poder. Conocer nuestras diferencias nos da el poder de aceptar más, entender, respetar y apreciar. Conocer la forma en que nuestros resentimientos provocan a los demás nos libera para ser más responsables de lo que obtenemos y poder perdonar con más facilidad. Al entender mejor nuestras diferencias, podemos liberar los juicios que nos llevan a cambiar nuestras parejas en lugar de apreciarlas y apoyarlas.

Capítulo 3

Principales diferencias entre el hombre y la mujer

El lugar más fácil para empezar a entender las diferencias entre el hombre y la mujer es el físico. Por supuesto, la más obvia es la diferencia en sus sistemas reproductores. Sin embargo, las investigaciones revelan otras diferencias físicas igualmente importantes. Observemos estos ejemplos:

En general, el hombre tiene la piel más gruesa que la mujer; de esta manera, la mujer tiende a tener arrugas a una edad más temprana que el hombre.

La mujer tiene las cuerdas vocales más cortas que el hombre, de modo que éste tiende a tener la voz más grave que la mujer.

El hombre tiene sangre más pesada y alrededor de 20 por ciento más de glóbulos rojos que la mujer. Esto significa que el hombre recibe más oxígeno y tiene más energía. El hombre también respira más profundamente que la mujer, mientras que la mujer respira con más frecuencia.

En general, el hombre tiene huesos más grandes que la mujer. Los huesos de la mujer no sólo son más pequeños sino que están dispuestos de otra manera. El caminar femenino que los hombres encontramos tan atractivo en realidad es una cuestión de estructura ósea. La pelvis más ancha de la mujer, concebida para dar a luz, la obliga a moverse más con cada paso que da, lo cual causa un meneo al caminar.

El hombre tiene una proporción más alta de músculo con

respecto a la grasa, razón por la cual le resulta más fácil que a la mujer perder peso. Gracias a esta cantidad adicional de músculo, el hombre tiene mucha energía de arranque.

Por otra parte, la mujer tiene una capa adicional de grasa debajo de la piel, que la mantiene más caliente en invierno y fresca en verano. Esta grasa adicional también da a la mujer más reserva de energía, de modo que tiene más resistencia que el hombre.

Aunque las diferencias físicas son importantes, las psicológicas son las que nos dan pautas nuevas para el arte de enriquecer las relaciones. Estas diferencias fisiológicas preparan el escenario para las diferencias psicológicas más profundas.

DIFERENCIAS PSICOLÓGICAS GENERALES

El hombre y la mujer no sólo son diferentes anatómica y biológicamente, sino que también lo son psicológicamente. Por ejemplo, en general se observa que, comparada con el hombre, la mujer es más intuitiva, se interesa más en el amor y experimenta diferentes reacciones frente al estrés. También tiene diferentes clases de quejas y problemas en las relaciones. Es absurdo sugerir, como muchos lo hicieron, que estas diferencias son enteramente culturales y que estamos condicionados a ellas desde niños.

Ciertamente nuestro condicionamiento cultural y paterno afecta la forma en que difieren los sexos, pero no es responsable de nuestras diferencias primarias. Desde un punto de vida pragmático, éstas están determinadas físicamente por diferencias en nuestra programación del ADN. Luego, a medida que los niños crecen, reciben aún más influencia del condicionamiento familiar y cultural.

Al explorar nuestras diferencias, sería absurdo suponer que todos los hombres se ajustan a la descripción de un hombre y todas las mujeres se ajustan a la descripción de una mujer. No todos los hombres son iguales de la misma manera en que no todas las mujeres son iguales en la vida real. Ciertamente, en última instancia sería engañoso crear cualquier imagen estereotipada de un hombre o una mujer. Un hombre "real" tiene una serie de cualidades y características que son tanto masculinas como femeninas. Una mujer "real" tiene una multitud de rasgos y atributos que son tanto masculinos como femeninos. Sin embargo, hay ciertas diferencias generales que se ajustan a la mayoría de los hombres y de las mujeres. En general, los hombres se relacionan con las cualidades masculinas y la mayoría de las mujeres se relacionan con las cualidades femeninas. Éstas van a ser el centro de nuestra exploración.

El problema al hacer una generalización de los sexos es que las personas pueden empezar a pensar que tienen algún problema si no se ajustan a la descripción. Sin embargo, es demasiado molesto moderar continuamente cada generalización aclarando que los miembros del sexo opuesto pueden relacionarse de la misma manera si ese lado en particular está más desarrollado. Para evitar este conflicto, observemos las generalizaciones acerca de los hombres como descripciones de su lado masculino y las generalizaciones acerca de las mujeres como su lado femenino.

Inicialmente, esta categorización, necesaria para nuestra discusión, puede resultar confusa. La inversión de papeles y la confusión de géneros invade nuestra sociedad. Las mujeres negaron aspectos de quiénes son para desarrollar aspectos de su potencial vistos normalmente en hombres. En otras palabras, rechazaron en diversa medida su lado femenino en favor de su potencial de ser más masculinas. De la misma manera, los hombres rechazaron muchas de sus características masculinas para desarrollar su potencial de ser más femeninos.

Ciertamente, el desarrollo de nuestro potencial interno es un signo de crecimiento. Pero para evitar crear problemas, debemos aprender a desarrollar nuestro potencial sin negar las cualidades y características primarias de quiénes somos como hombres y mujeres (estas características primarias masculinas y femeninas se describirán en muchos contextos a lo largo de este libro).

Muchas mujeres de hoy en día se ven obligadas a ser como hombres. Buscan más amor, libertad y respeto a expensas de negar sus propias características y valores femeninos. El feminismo no sólo ha alentado a las mujeres a descubrir su potencial de ser como hombres, sino que equivocadamente se ha interpretado que significa que las mujeres *deberían* ser como los hombres. Como resultado, las mujeres han rechazado, en gran medida, su naturaleza femenina esencial.

Por otro lado, muchos hombres respondieron tratando de ser suaves y sensibles a fin de satisfacer a estas mujeres. Este hombre nuevo y sensible fue rechazado por las mujeres como "débil" o "agradable, pero no deseable". Al volverse más femeninos, estos hombres han negado gran parte de su masculinidad. Están frustrados porque reconocen que los valores de los tiempos pasados no funcionaron, pero no encontraron ejemplos claros de lo que sí funciona.

Es imposible dar una imagen estereotipada en particular que funcione para cada hombre o cada mujer. Sin embargo, en general podemos decir con certeza que alimentar y valorar nuestro yo al tiempo que buscamos el desarrollo de nuestro potencial es la respuesta para esta búsqueda continua. Abandonar nuestras cualidades y características primarias a favor de las de otra persona no lo es.

La confusión que experimentamos en la actualidad se debe a la falta de aceptación de nuestras diferencias. Al aceptar quiénes somos y admitir las diferencias de los demás, aprenderemos a desarrollar esas características y valores complementarios sin comprometer nuestra verdadera identidad.

Por ejemplo, si un hombre en particular tiende a ser racional en sus evaluaciones del universo, antes tiene que aceptar y apreciar que es tan racional. Entonces se sentirá atraído a una persona de tipo más intuitivo, ya que la intuición y la racionalidad tienden a ser complementarias. El hombre masculino tiende a ser más racional que intuitivo. Al aprender a amar, comprender y respetar a la persona más intuitiva y femenina, naturalmente empezará a desarrollar sus cualidades intuitivas sin abandonar sus facultades racionales.

Por otra parte, es posible que otro hombre sea predominantemente intuitivo. Antes debe aceptar y apreciar que en este respecto ha desarrollado más su potencial femenino. Sin embargo, lo más probable es que haya logrado desarrollar su intuición mediante la negación de su lado racional y masculino. Para restablecer el equilibrio, se sentirá atraído hacia alguien que tienda a ser más racional. Aprendiendo a amar, aceptar y respetar a esa persona y sus características racionales, naturalmente se volverá más racional sin abandonar su intuición desarrollada.

Al explorar las diferencias comunes entre hombres y mujeres a través de la generalización, debemos recordar que estas características se basan en lo que es "común" pero no siempre es la regla.

En algunos aspectos, la descripción de los hombres y las mujeres debe ser una caricatura de las diferencias típicas entre los sexos. Estas diferencias tienden a aparecer más cuando estamos estresados (las diferentes reacciones de los hombres y las mujeres ante el estrés se tratarán en los capítulos 6 y 7). Cuando estamos más tranquilos, tendemos a estar más equilibrados en nuestra expresión de valores, cualidades y características masculinas y femeninas.

Aun cuando un hombre parece haber desarrollado su lado femenino, cuando está bajo estrés tiende a reaccionar de un modo masculino. Puede suponer con certeza que, con algo de trabajo, puede descubrir y desarrollar las cualidades masculinas complementarias dentro de sí mismo.

De la misma manera, una mujer que principalmente se relaciona con las cualidades y características masculinas descritas en este libro puede usar las descripciones de características femeninas para validar y descubrir su femineidad rechazada. No importa hasta qué punto negó su identidad a fin de desarrollar su potencial de ser masculina; ahora puede lograr amar, aceptar y alimentar su lado femenino.

DIFERENCIAS COMPLEMENTARIAS

Tomemos el ejemplo de un espejo para conceptualizar la forma en que hombres y mujeres pueden parecer similares y, sin embargo, ser tan diferentes. Las diferencias psicológicas entre el hombre y la mujer pueden compararse con la imagen de un espejo. Cuando lo miramos, nos vemos a nosotros mismos. Por lo menos, pensamos que somos nosotros.

Cuando miramos con más atención descubrimos que, aunque la imagen se nos parece, es muy diferente. ¡La imagen del espejo está al revés! Todo está dado vuelta.

La psicología femenina es la imagen de la psicología masculina. En muchos sentidos, el hombre y la mujer son como imágenes el uno del otro: diferentes pero complementarias.

Un modo fundamental de entender esta diferencia es en términos de dos fuerzas complementarias que definió Newton. Son fuerzas centrípetas y centrífugas. La fuerza centrípeta se mueve hacia un centro. La centrífuga se aleja del centro. Estas fuerzas en apariencia opuestas se ejemplifican con las interacciones masculinas y femeninas.

Todos en la escuela primaria hicimos un experimento que consistía en llenar un balde con agua y luego balancearlo alrededor de nosotros en un círculo con una soga atada a la manija. Al hacerlo, misteriosamente el agua quedaba en el fondo del balde, aunque estuviera inclinado hacia abajo.

La fuerza centrífuga tiende a impulsar algo hacia afuera cuando rota rápidamente alrededor de un centro. Es una fuerza *expansiva*. De no ser por la fuerza centrífuga, el agua se derramaría del balde que rota. Si cortáramos o soltáramos la cuerda, la fuerza centrífuga haría que el balde saliera despedido lejos de nosotros.

Por otra parte, la fuerza centrípeta tiende a atraer algo cuando rota alrededor de un centro. Es una fuerza restringente, es la fuerza que mantiene la cuerda tirante. En cierto sentido, mantiene las cosas juntas por ser *contractiva*.

Estas fuerzas se comparan con las psicologías masculina y femenina. Como la fuerza expansiva (centrífuga), la conciencia de la mujer se aleja del centro. Su naturaleza fundamental es alejarse de sí misma y conectarse con los demás. Cuando se enamora, le resulta fácil olvidarse de sí misma por completo. En las relaciones, le resulta fácil sentirse abrumada por las necesidades de los demás.

El hombre, por otra parte, tiende a contraerse en las relaciones. Una vez que una mujer lo acepta, empieza a retraerse dentro de sí mismo. Tiende a concentrarse en sus propias necesidades y no en las de ella. Como la fuerza centrípeta, tiende a aferrarse a sí mismo en lugar de soltarse. En las relaciones, le resulta fácil ser egocéntrico y desconsiderado sin siquiera darse cuenta.

LA MUJER SE EXPANDE, EL HOMBRE SE CONTRAE

Uno de los problemas más comunes que tienen las mujeres en las relaciones es que se olvidan de sus propias necesidades y se dejan absorber por las de su pareja. El mayor desafío de la mujer en una relación es mantener su sentido de identidad mientras se expande para satisfacer las necesidades de los demás. De un modo complementario, la mayor dificultad del hombre es superar esta tendencia a estar absorbido en sí mismo y ser egocéntrico.

Mientras que la mujer tiende a expandirse, el hombre tiende a retirarse o contraerse. Como la fuerza centrípeta (contractiva), el hombre en general se mueve hacia un centro o punto. Esto explica por qué los hombres muchas veces se sienten frustrados al tratar de comunicarse con las mujeres. La mujer tiende a explayarse en un tema, mientras que el hombre quiere que vaya al grano.

En general, cuando un hombre habla ya ha reflexionado acerca de sus pensamientos hasta que tiene la idea principal que quiere comunicar. Entonces habla. Sin embargo, una mujer no necesariamente habla para expresar una idea; hablar la ayuda a descubrir lo que quiere decir. Al explorar en voz alta sus pensamientos y sentimientos, descubre adónde quiere llegar.

Así como los hombres necesitan alejarse para rumiar una idea, las mujeres encuentran mayor claridad expandiéndose y hablando. Cuando una mujer empieza a hablar de lo que siente, no siempre es consciente de adónde llegará, pero confía en que será a donde ella desea ir. Para la mujer, hablar es un poderoso proceso de descubrimiento de sí misma.

Muchas veces, los hombres se frustran con las mujeres simplemente porque no entienden esta diferencia. Sin darse cuenta interfieren con este proceso femenino natural o lo juzgan como una pérdida de tiempo. Un hombre que entiende esta diferencia puede nutrir y apoyar a una mujer escuchándola sin juzgarla.

ESTILOS CONTRASTANTES DE COMUNICACIÓN

Por ejemplo, Harris llegó a su casa y su mujer, Laura, dijo:

—Susie se perdió el partido de fútbol por segunda vez. Estaba muy desilusionada. Llamó tu hermano Tom y dijo que estaban pensando en venir a visitarnos en junio. No supe qué decirle. No sé dónde estaremos en esa época. A lo mejor queremos ir a visitar a mi madre en junio; al principio de las vacaciones de verano. ¿Cuándo empiezan las vacaciones? Todavía no encontré las fotos que me pidió mamá. ¿Te acuerdas, las que sacamos en el Parque de Yellowstone? ¿Leíste el artículo que te dejé sobre no alimentar a los osos en Yellowstone? Los parques ya no son lo que eran. Recuerdo cuando alimentaba a los osos. Espero que podamos encontrar esas fotos. A veces siento que nuestra vida es muy desorganizada. Creo que necesitamos tiempo para planear juntos nuestro programa de verano.

Al hablar primero de ideas asociadas, Laura luego pudo sentirse más centrada y descubrir el punto que quería expresar: que necesitaban planear su programa de verano.

El enfoque de Harris es muy diferente. En lugar de hablar de sus pensamientos y sentimientos, los rumiará en silencio y luego expresará el resultado final.

Por ejemplo, Harris recibe una oferta de hacer un trabajo en junio. Se pregunta si vale la pena reorganizar sus planes para el verano. Reflexiona sobre cuánto más ganaría si aceptara el trabajo. Piensa en todas las cosas adicionales que puede hacer por su familia con ese dinero. Luego reflexiona sobre diversos planes para el verano con la familia si no aceptara el trabajo. Considera la posibilidad de hacer el trabajo y luego reunirse con su familia durante la última parte de las vacaciones. Se da cuenta de que no es una buena idea. Se pregunta cuándo terminarán los niños las clases. Se pregunta si hay alguna manera de hacer ese trabajo sin desilusionar a su familia. Le gustaría no tener que sacrificar parte de sus vacaciones para ganar dinero extra, pero llega a la conclusión de que ese dinero vale el esfuerzo y de que, de alguna manera, tratará de hacer ambas cosas. Piensa: "Hablaré con Laura para ver qué le parece todo esto".

De esta manera, Harris reflexiona acerca de su problema y luego expresa en voz alta su conclusión o resultado final. Vuelve a su casa y dice:

—Estoy pensando en hacer un trabajo extra en junio. Debemos planear nuestro veraneo.

Como ninguno de los dos entiende el enfoque del otro, estos estilos contrastantes de comunicación terminan en una tensión innecesaria. Exploremos la reacción de Harris frente al enfoque expansivo de Laura. Luego estudiaremos las respuestas internas de Laura frente al enfoque centrado de Harris.

Cuando Laura empieza a hablar, Harris puede sentir por su tono de voz que hay algo que le está molestando. Necesita algo de él. Cuando ella empieza a decir: "Susie se perdió el partido y está desilusionada", él piensa: "Esto es lo que le molesta. ¿Por qué se queja conmigo? No era yo quien tenía que llevar a Susie al partido. Piensa que es culpa mía, que debo prestar más atención a los niños. Me siento frustrado, hago todo lo que puedo".

Luego Laura habla de la llamada de Tom. La respuesta interna de Harris es: "¿Qué tiene que ver la llamada de Tom con si soy o no un buen padre?"

A continuación, Laura menciona que no sabe si van a estar en la ciudad. Harris piensa: "¿Cómo esperas que sepa mi plan para el veraneo, cuando ni siquiera hemos hablado de eso? ¿Estás queriendo decirme que llame a Tom y le dé una respuesta ya? Espera, no tenemos que contestarle todavía".

Cuando Laura le pregunta la fecha de las vacaciones de verano, Harris piensa: "¿Por qué tengo que saber yo cuándo terminan las clases? ¿Crees que si fuera un padre más solícito lo sabría? ¿Por qué no llamas al colegio? No puedo creer que estés molesta por esto y esperaste a que llegara a casa en vez de llamar al colegio".

En seguida Laura menciona las fotos que le faltan y Harris piensa: "Otra vez hablando de las fotos. Ya le dije que no sabía dónde estaban. ¿Qué tiene que ver esto con el hecho de que Susie se haya perdido el partido de fútbol? ¿Qué está tratando de decirme? Ya sé que soy olvidadizo, pero yo no le dije a Susie que iba a llevarla al partido. Me pregunto si me estará comparando con mi hermano Tom, pensando que él lleva a su familia de vacaciones mientras yo ni siquiera llevo a Susie al partido de fútbol. ¡Qué comparación ridícula!".

Después que Laura menciona el artículo acerca de que los parques no son lo que eran, Harris se pregunta: "¿Qué tiene que ver este artículo sobre los osos con que yo me ocupe o no de mis hijos? ¿Estará queriendo decir que los niños están creciendo con rapidez y que de alguna manera estoy perdiéndome sus mejores momentos por no ser un padre responsable? ¿Por qué le molestará no poder alimentar a los osos? ¿Qué espera que yo haga? Estoy muy confundido. ¿Por qué me hace esto?".

Finalmente, Laura menciona que su vida es desorganizada y le sugiere una reunión para hacer planes y Harris reacciona pensando: "¡Basta! ¡No puedo creer que me eche la culpa de todo! Me acusa de ser un padre y un marido incompetente. Ahora ni siquiera tengo ganas de irme de vacaciones con ella. ¿Por qué querrá ir conmigo si siente de esta manera?".

En un ataque de frustración, exclama:

—¡Estoy harto de tus quejas! ¿Por qué todo tiene que ser tan complicado contigo? Por una vez tratemos de ser espontáneos.

La creciente actitud defensiva de Harris surgió de su interpretación equivocada del enfoque expansivo de Laura. Por desgracia, Harris no tenía idea de cómo se sentía Laura en realidad. Ella había estado expresando una serie de ideas que inevitablemente la condujeron a lo que quería decir, por ejemplo, el resultado final. Sin embargo, Harris supuso erróneamente que el resultado final de Laura estaba en su primera frase. Al asociar su tono molesto con su observación acerca de que Susie se había perdido el partido, Harris pensó que todo lo que siguió era una elaboración del punto original. Harris interpretó completamente mal el estilo de comunicación femenino de Laura.

Ahora exploremos las respuestas internas de Laura frente al enfoque masculino de Harris de expresar primero el resultado final, por ejemplo, ir directamente al grano. Cuando Harris llega a su casa después que le ofrecieron un trabajo extra, él dice:

—Estoy pensando en aceptar un trabajo extra en junio, Debemos planear nuestras vacaciones de verano.

Instantáneamente, Laura siente heridos sus sentimientos y ofendido su orgullo. Exclama:

—¡Qué desconsiderado eres! ¿Cómo puedes tomar esa clase de decisiones sin hablar antes conmigo? ¿No te importa tu familia? ¿Todo lo que te importa es tu trabajo? Probablemente serías más feliz si no tuvieras una familia. ¿No sabes que los niños terminan las clases en junio? Aunque te pongas tan rígido al respecto, lo menos que podrías hacer sería preguntarme qué me parece. Por lo menos ténme en cuenta. —De más está decir, ahora están en medio de una gran pelea.

Laura supone equivocadamente que Harris tomó una decisión final y que no está dispuesto a escuchar sus pensamientos y sentimientos. Se siente excluida, inútil y usada. No se da cuenta de que él pensó mucho en ella y su familia. En realidad, Harris está dispuesto a hablar del tema, pero desafortunadamente supone que Laura tendría que saberlo.

POR QUÉ LOS HOMBRES PARECEN EGOCÉNTRICOS

Otro ejemplo de contracción psicológica de los hombres es una fuente de gran confusión para las mujeres. A la mujer le resulta difícil entender cómo un hombre puede amarla tan atenta y cortésmente y luego, de repente, cambiar y parecer egocéntrico. Como ese cambio es ajeno a ella, lo toma como algo personal.

No se da cuenta de lo automático que es para el hombre alejarse por completo de todo aquello que no sea su centro de atención. Cuando está concentrado en complacerla, es muy atento. Pero cuando cree que ella está complacida, encuentra un nuevo punto de atención, como un problema en el trabajo, y luego dirige toda su atención a eso.

Cuando está estresado, el hombre comúnmente aumenta su centro de atención y el resto cobra cada vez menos importancia. Esto crea la apariencia de que es egocéntrico o indiferente. En esos momentos, no es necesariamente narcisista o egoísta, pero puede parecerlo. Se obsesiona tratando de alcanzar un objetivo y se olvida de todo lo demás. Para reconocer que en realidad ella le importa, se puede notar que muchas veces los objetivos que lo absorben en última instancia son muy altruistas o brindan apoyo a los demás.

Para la mujer es difícil entender esto, porque cuando está estresada, tiende a expandir su conciencia y volverse más atenta a la presencia de los demás, en especial de aquellos a quienes ama. Cuando un hombre está preocupado por el trabajo, *al parecer* olvida que su familia existe y se concentra en resolver los problemas de trabajo. En el fondo, se preocupa por mantener a su familia y por eso se dedica tanto a resolver los problemas de trabajo.

Una mujer, abrumada por el trabajo, aumenta su preocupación porque sabe que está descuidando a su familia y es posible que sienta sus necesidades con más fuerza. Bajo presión, su compañero se vuelve más concentrado mientras que ella se vuelve más expansiva.

Como hemos visto, la concentración automática es un ejemplo de la fuerza masculina, centrípeta. Restringe o contrae la conciencia para aumentar la concentración. La mujer, equivocadamente, supone que si un hombre la ama va a expandirse, que es su reacción normal. Necesita entender que la forma en que reacciona el hombre tiene que ver con su equilibrio inherente a fuerzas masculinas y femeninas, y no es una medida de su amor. La mujer que comprende esto no sentirá resentimiento cuando un hombre la pasa por alto, sino que aplicará métodos para llamar su atención cuando lo necesite.

LA NECESIDAD DE EQUILIBRIO

Ambos, el hombre y la mujer, tienen energías masculinas y femeninas. No podríamos existir sin una combinación. El desequilibrio interno de estas fuerzas complementarias determina muchos de los problemas que experimentamos en una relación.

Cuando un hombre desarrolla más tendencias masculinas (contractivas) que femeninas (expansivas), por momentos parecerá egocéntrico y egoísta cuando, en realidad, simplemente no está concentrado en las necesidades de los demás. Parecerá indiferente, pero su verdadero problema es su incapacidad de acceder a su potencial femenino a través del cual fácilmente puede tomar conciencia de las necesidades de las demás.

De un modo similar, una mujer que tiene un exceso de energía femenina se preocupará demasiado por los demás y tendrá poca conciencia de su identidad. Cuando experimenta el estrés de no obtener lo que necesita, se expande todavía más. Responde más a las necesidades de los demás pero se olvida de sí misma. Se sacrifica sin siquiera saber que lo está haciendo. En un momento en que necesita más, es incapaz de hacerse valer o expresar sus deseos, porque no tiene conciencia de ellos.

Así como un hombre estresado parece poco generoso o indiferente porque se contrae, la mujer parece poco receptiva o insoportable porque se expande. Para evitar estos estados extremos, los hombres necesitan examinar, desarrollar y equilibrar sus lados masculino y femenino, y las mujeres deben hacer otro tanto. Mediante la fusión de estas energías complementarias, no sólo mejoran nuestras relaciones sino que nos volvemos más creativos.

Para encontrar un mayor equilibrio dentro de nosotros mismos, naturalmente nos sentimos atraídos hacia esas cualidades y características que ya desarrollamos. Las cualidades masculinas resultan atractivas para las mujeres y viceversa. Este es uno de los secretos para comprender la "química" de la atracción entre hombres y mujeres.

Al aprender a amar, apreciar, aceptar y entender estas diferencias, automáticamente logramos la integridad dentro de nosotros. Al amar lo femenino, el hombre se vuelve más femenino al tiempo que mantiene sus cualidades masculinas. Al amar lo masculino, la mujer se vuelve más masculina sin sacrificar sus cualidades femeninas. Al amar y respetar nuestras diferencias, logramos el equilibrio.

EL MISTERIO DE LA ATRACCIÓN

Si observamos cómo somos concebidos, podemos entender el proceso creativo. El hombre se siente atraído hacia la mujer; el óvulo femenino estacionario atrae al semen masculino en movimiento. Cuando los dos entran en contacto, empieza la creación de una nueva vida.

Cada acción creativa es el producto de fuerzas complementarias. Como la vida es un constante proceso de creación, estamos constantemente atrayendo y siendo atraídos a las fuerzas complementarias necesarias para el proceso creativo.

La química sucede cuando una persona siente una fuerza complementaria o cualidad en otra. Las dos personas se sienten naturalmente atraídas, igual que los polos opuestos de dos imanes. En este campo magnético de amor, lo único que hace falta para generar la electricidad del deseo, la excitación y la atracción es la interacción.

CÓMO MANTENER VIVA LA PASIÓN

Cuando una pareja logra mantener vivas sus diferencias amándose y respetándose mutuamente, puede hacer durar la pasión en su relación. Cuando el hombre y la mujer se vuelven muy similares, pierden la atracción o la química. Es aburrido estar con alguien igual a nosotros. Para mantener la pasión en una relación, debemos esforzarnos por preservar nuestras diferencias mientras incorporamos poco a poco las cualidades de nuestra pareja.

La pasión al comienzo de una relación en general nos dice que lo que nos atrae de nuestra pareja también está en nuestro interior. Si nos atrae su calidez, esa misma calidez está tratando de emerger de nuestro potencial o inconsciente para integrarse en nuestro ser consciente.

Tom, que es muy frío e indiferente, se siente atraído hacia Jane, que es cálida y tierna. Inconscientemente se siente atraído hacia ella porque ella refleja cualidades de su lado femenino no desarrollado. Al amarla, descubre su propia calidez y sentimientos internos, para equilibrar su frialdad e indiferencia.

Al conectarse con ella, se siente pleno y experimenta una inmediata satisfacción. Al amar a alguien que es diferente pero que refleja una parte de su identidad que asoma, Tom experimenta el elixir de la plenitud que sólo una relación apasionada puede estimular.

Por ejemplo, cierta clase de hombre se siente atraído hacia mujeres cálidas, receptivas, vulnerables, tiernas, amorosas y generosas. El tipo de hombre que se siente atraído hacia esta mujer más femenina tiende, en cierto sentido, a ser frío, agresivo, enérgico, razonable, exitoso y decidido. Estos son aspectos de su lado masculino que buscan el equilibrio mediante la unión con las cualidades femeninas de ella: calidez, receptividad, etcétera.

Al amar y aceptar las cualidades femeninas de la mujer, el hombre automáticamente se vuelve más cariñoso y acepta su propio lado femenino. Al tocar la suavidad de ella, despierta a su propia suavidad y, sin embargo, permanece sólido. La frialdad de él se equilibra con la calidez de ella, la agresión, con la receptividad, la agresividad, con la vulnerabilidad, el poder, con el amor, etcétera. A través de este proceso, él logra la plenitud. Al amarla, descubre dentro de sí mismo sus propias cualidades masculinas. Y al amarlo ella, las cualidades masculinas de la mujer empiezan a sentirse.

Esta paradoja es integral para cualquier relación amorosa y apasionada. Como somos diferentes de nuestra pareja nos sentimos atraídos. Pero a través de nuestro potencial interno de ser como ella, podemos relacionarnos y tener la posibilidad de intimidad, comunicación y cercanía. Sin ciertas diferencias no puede haber una relación; sin ciertas semejanzas no puede haber una unión.

CÓMO PERDEMOS LA ATRACCIÓN

Cuando las personas no respetan ni aprecian sus diferencias complementarias, pierden su electricidad; por ejemplo, ya no se excitan. Sin la polaridad, pierden la atracción.

Esta pérdida de atracción puede suceder de dos maneras. Reprimimos nuestra verdadera identidad interna en un intento por complacer a nuestra pareja o tratamos de moldearla a nuestra imagen. Cualquiera de las dos estrategias —reprimirnos o cambiar a nuestra pareja— saboteará nuestra relación.

Cuando logramos cambiar a nuestra pareja, es posible que satisfagamos alguna necesidad a corto plazo, pero en última instancia no habrá pasión. Por ejemplo, Tom le dice a Jane: "No seas tan emocional, te molestas por nada". Si ella reprime su lado tierno para complacer y acomodar a Tom, siente menos fricción con ella y ella gana su amor. El resultado a corto plazo parece ser una relación buena y armoniosa, pero ahora Jane y Tom estarán algo menos interesados, excitados o atraídos el uno por el otro.

Cuando sigue este proceso de reprimir gradualmente sus verdaderas identidades, se pierden más y más grados de pasión e interés hasta que casi no sienten nada por el otro. Son amigos pero no hay pasión. Las buenas noticias son que este proceso puede revertirse; podemos aprender a volver a encontrarnos a nosotros mismos sin tener que cambiar siempre de pareja.

Siempre que una persona deba reprimir su forma de ser, sentir, pensar y dar o recibir amor o estar seguro en una relación, la pasión se desvanecerá. Cuando decidimos conformar o reformar, no sólo disminuimos la pasión sino también el amor.

Cada vez que nos reprimimos o nos negamos a nosotros mismos para recibir amor, no nos amamos. Estamos enviándonos el mensaje de que no somos bastante buenos tal como somos. Y cada vez que tratamos de alterar, arreglar o mejorar a nuestra pareja, le enviamos el mensaje de que no merece ser amado por lo que es. En estas condiciones, el amor muere. Al tratar de conservar la magia del amor conformando o reformando, sólo empeoramos las cosas.

Cuando en nombre del amor tratamos de reprimirnos o cambiar a nuestra pareja, en realidad es una clase de amor enfermo.

POR QUÉ CONFORMAMOS O REFORMAMOS

Cuando el hombre y la mujer se sienten atraídos, se produce una tensión. Los dos, cada uno independiente, buscan fusionarse. Al acercarse relacionándose, estando juntos, haciendo cosas juntos, comunicándose, compartiendo, tocándose y haciendo el amor, liberan la tensión y de inmediato experimentan felicidad, paz, inspiración, libertad, confianza o satisfacción.

Estos maravillosos sentimientos son el resultado de despertar a nuestras cualidades internas, lo cual, a su vez, no hace sentirnos plenos. Sin embargo, por desgracia, este arrobamiento no dura. Es sólo un pantallazo de cómo nos sentiremos cuando estemos verdaderamente plenos y equilibrados. Pero para estar pleno, estas cualidades potenciales deben empezar a emerger dentro de nuestro ser consciente. Por mucho que resistamos estas cualidades que surgen, perderemos el placer y quizás hasta experimentemos lo opuesto.

Por ejemplo, cuando Tom ama a Jane, se vuelve más considerado, compasivo, cariñoso y tierno. Al principio, esto lo hace sentirse feliz y confiado. Pero mientras su condicionamiento pasado le diga: "No está bien que los hombres sean tiernos y considerados", su mente inconsciente automáticamente se resistirá a las cualidades emergentes de su lado femenino.

Alarmas internas empiezan a sonar, anunciando: "Peligro, peligro, te estás volviendo débil. Cuidado, no procedas de esta manera. Retírate...". Esta resistencia interna provoca una serie de síntomas negativos. Es posible que de pronto oponga resistencia a su pareja, y se sienta insatisfecho, infeliz, preocupado, oprimido, agobiado, ansioso, deprimido o vacío.

Lo que antes era tan maravilloso ahora se vuelve doloroso. Para escapar de estos dolores naturales del crecimiento, Tom tratará de "evitar la relación". Esto se logra fácilmente reformando o conformando: es posible que trate de cambiar a su pareja o deje de ser él mismo. En ambos casos encontrará un alivio temporario, pero a la larga, la relación se volverá menos amorosa y apasionada.

Cuando un hombre se siente atraído hacia una mujer, en algún momento le opondrá resistencia y es posible que intente cambiarla o negarse a sí mismo para encontrar alivio. Por supuesto, hay otros medios de obtener alivio, como cambiar de pareja, tener aventuras secretas o adquirir una adicción que pueda adormecer el creciente dolor de la resistencia. En cualquier caso, por mucho que se resista a la aparición de las cualidades hacia las que se sintió atraído, buscará evitar relacionarse de verdad.

Reformar, una medida comúnmente elegida para escapar a la aflicción de la resistencia interna, es una creciente exigencia para que ella sea como él. El hombre esperará que la mujer quiera lo que él quiere, sienta lo que él siente y reaccione como él reacciona. A causa de su necesidad de controlarla o cambiarla, sin querer la lastima y reduce la polaridad y atracción original.

Por otra parte, es posible que ella también contribuya igualmente con este proceso. No todo es culpa del hombre. Como dice el refrán, hacen falta dos personas para bailar el tango. Cuando emerge la resistencia femenina a relacionarse, es posible que trate de aliviar su malestar negándose a sí misma.

Las mujeres que se sienten atraídas a controlar y reformar a los hombre tienden a ser igualmente buenas para conformar, complacer y negarse a sí mismas. Se vuelven en extremo dependientes de sus compañeros por un sentido de identidad. De motu proprio ofrecen su sentido de identidad a sus compañeros, para ganar amor y crear armonía.

Por ejemplo, si Tom siente que Jane es egoísta o insuficiente, ella libera la imagen que tiene de sí misma y está de acuerdo con él. Si él quiere que a ella le gusten las mismas películas que a él, entonces ella rechaza sus propias preferencias. Si él piensa que ella no es realista y es exigente, ella lo acepta y pierde contacto con sus propios valores y necesidades. Cuando él trata de cambiarla, ella cede a su control para ser amada y sentirse digna de cariño.

Lo opuesto también ocurre. Un hombre cuyo lado femenino está bien desarrollado quizá se rinda demasiado ante los deseos de su compañera. Este tipo de hombre en general es considerado como de "tipo sensible". El problema del que en general se quejan es que a las mujeres les "caen bien" ellos pero no se sienten atraídas. Son excelentes amigos pero las mujeres no los quieren para una relación íntima.

La mujer que inicialmente se siente atraída hacia esta clase de hombre desarrolló más su lado masculino. Sobre todo, es independiente y agresiva. Inconscientemente, empieza a controlarlo y dominarlo y poco a poco, cuando él la complace, es posible que ella pierda interés.

Cuando el tipo independiente de mujer empieza una relación con un hombre sensible, después de algún tiempo, su parte femenina reprimida empieza a emerger. Si ella rechazó su lado femenino, tenderá a rechazar a su compañero. Quizás empieza a sentir: "Necesito un hombre de verdad", cuando, de hecho, necesita aceptar y desarrollar su propio lado femenino. En realidad ella no está rechazándolo a él sino a su propio lado femenino, que él ha desarrollado.

De un modo similar, cuando un hombre sensible rechaza a una mujer agresiva, necesita aceptar y desarrollar su propio lado masculino. Al rechazarla, es posible que diga que quiere a una mujer blanda y vulnerable. En realidad, no necesita a una mujer que lo haga sentirse hombre; necesita trabajar para desarrollar su masculinidad emergente, que ella ya está ayudándolo a encontrar.

Comprender la resistencia nos ayuda a entender por qué los hombres y las mujeres parecen tan deseosos, amorosos y generosos al principio de una relación y luego se vuelven indiferentes. Las parejas en general ponen lo mejor de sí en las primeras etapas de una relación. Cuando aumenta su resistencia mutua, tienden a conformar y a reformar al otro. Conocer las causas implícitas de esta resistencia revela muchos de los misterios de las relaciones.

Las cuatro categorías y causas básicas de la resistencia son:

1. Hombre macho (lo masculino que se resiste a lo femenino)
2. Mujer mártir (lo femenino que se resiste a lo masculino)
3. Hombre sensible (lo femenino desarrollado, lo masculino reprimido)
4. Mujer independiente (lo masculino desarrollado, lo femenino reprimido)

En las siguientes secciones, observaremos ejemplos de cada uno de estos tipos y algunas de sus posibles causas. Algunas personas encajan en una sola de estas categorías, mientras que otras cambian de una a otra. Los hombres comúnmente se desplazan de ser machos a ser sensibles, mientras que las mujeres pueden pasar de ser mártires a ser independientes.

El hombre macho

En general, el hombre macho se siente atraído hacia una mujer porque ella refleja partes del lado femenino no desarrollado de él. Al relacionarse con ella, se siente más pleno y completo y, en consecuencia, atraído, excitado, curioso o interesado. Ésta es la parte buena de acercarse a una persona. Pero luego también emergen los problemas del acercamiento.

Al unirse a ella, es inevitable que él empiece a resistirse a las diferencias femeninas. Su unión amorosa con ella facilita la aparición de su propio lado femenino. Si su condicionamiento pasado rechazó sus propias cualidades femeninas, a medida que empiezan a surgir, él comenzará a rechazar a la mujer.

Por ejemplo, si un hombre ama a su compañera, es posible que se vuelva más vulnerable, sensible y necesitado de amor y seguridad. Éstas son cualidades de su lado femenino. Si lo condicionaron a creer que los sentimientos son una señal de debilidad, él se va a resistir a este proceso natural de crecimiento.

Es posible que este condicionamiento haya empezado cuando él observó la forma en que su padre reaccionaba ante el lado femenino de su madre. Si su padre siempre se mostraba crítico o irrespetuoso de los sentimientos y la vulnerabilidad de su madre, entonces, inconscientemente, es posible que el niño se haya resistido a ser vulnerable o expresivo cuando creció. También podría ser que su padre no mostrara sus sentimientos, y entonces el niño siempre recibió el mensaje de que los hombres no lloran ni demuestran sus sentimientos.

Esta clase de mensajes son recibidos en forma inconsciente miles y miles de veces. Luego, de adulto, cuando el hombre macho se enamora y empiezan a aparecer sus sentimientos más blandos, aquel condicionamiento restringe el proceso de integración. En ese momento, él no sabe qué está pasando. Esta resistencia interna a su lado femenino que asoma sucede a nivel inconsciente. Se siente incómodo, demasiado a la defensiva, controlador, crítico, frustrado, fariseo, rebajante, condescendiente, impaciente o simplemente se cierra y no sabe por qué.

Al resistirse a sus cualidades femeninas que emergen, rechaza a su compañera o trata de cambiarla invalidando sus sentimientos y necesidades. Inconsciente de la verdadera causa de su malestar, imagina que la responsable es su compañera. Si juzga su propia femineidad, va a proyectar esos juicios en su compañera.

Sin algo como un manual de capacitación como este libro, el hombre macho podría tardar mucho tiempo en comprender su lado femenino. Para superar esta resistencia interna, el hombre macho necesita practicar el respeto por las cualidades, valores y necesidades femeninas. Aprender a escuchar a las mujeres con respeto, cariño y comprensión, y luego aprender pacientemente a aceptar sus propios sentimientos lo ayudará a superar la ocasional resistencia provocada por el condicionamiento de la niñez. La compasión y la empatía hacia las mujeres y niños emergerán cuando se tome tiempo para comprender lo que realmente sienten las mujeres. Es posible que también tenga que reconciliarse con su madre. Recordemos que antes de juzgar a una mujer, el hombre debe tratar de caminar un kilómetro con sus zapatos de taco alto.

LA MUJER MÁRTIR

A las mujeres les ocurre gran parte del mismo proceso de resistencia. Por ejemplo, cuando la típica mujer mártir ama a su compañero, es posible que naturalmente se vuelva más segura, fuerte, independiente y autónoma. Éstas son cualidades de su lado masculino. Al amar, aceptar y confiar en la agresión y seguridad de él, la mujer naturalmente empieza a conectarse con esas cualidades dentro de ella misma.

Si la condicionaron a creer que las mujeres que muestran fortaleza serán rechazadas, inconscientemente se resistirá a este proceso natural de integración. Quizá desde la niñez la programaron para que creyera que las mujeres no deben mostrarse seguras y agresivas, que son inferiores a los hombres, que deben quedarse en su casa, que nunca deben mostrar al hombre que son inteligentes, que deben ser sumisas, etcétera.

Esta clase de condicionamiento es más grave cuando una niña observa a su madre que reprime sus cualidades masculinas. Cuando ve a su madre comportarse como una mártir, ése es el papel femenino que ella aprende. Cuando papá trata a mamá y a sus hermanas de una manera, pero a sus hermanos de otra, aprende con el ejemplo que su lugar está en la casa, que es inferior y que debe servir a papá, que siempre debe cumplir con sus deseos, que los de mamá siempre estarán en segundo plano, que las mujeres no deben ser exitosas, etcétera. Es posible que, de muchas maneras, reciba el mensaje de que no es seguro que una mujer actúe de un modo masculino.

De adulta, cuando ame a un hombre, su lado masculino empezará a aparecer. A causa de su condicionamiento negativo, no se sentirá segura de abrirse a sus cualidades masculinas y es posible que se vuelva cada vez más protectora, crítica, obstinada en sus opiniones, desconfiada, manipuladora o resentida con el hombre que más ama. Todos los juicios negativos hacia su propia masculinidad se proyectan en su compañero. Si bien inconscientemente se está resistiendo a sí misma, conscientemente empieza —sin querer— a oponer resistencia a su compañero, a resentirse con él y a rechazarlo.

Para superar su resistencia interna, la mujer mártir debe practicar ser autónoma y segura. Sobre todo, necesita practicar pedir apoyo y dejar de esperar que los hombres se adelanten a sus necesidades como lo hace ella por ellos. Como su tendencia en las relaciones es contar el puntaje, necesita asumir la responsabilidad de su papel al dejar que el puntaje quede demasiado desparejo. Cuando queda desparejo, tiene que practicar el perdón y liberar sus resentimientos. Tiene que honrar y aliviar los sentimientos reprimidos de ira y resentimiento acumulados de su pasado. En términos generales, tiene que reconciliarse un poco con su padre.

EL HOMBRE SENSIBLE

Cuando este hombre de tipo sensible se acerca a una mujer, sus cualidades masculinas reprimidas empiezan a aparecer en la conciencia. En cierto momento, si su condicionamiento dice que la agresión es destructiva y poco creativa, que la agresión es egoísta y poco positiva, o que ser razonable no es ser cariñoso, instintivamente tratará de reprimir las cualidades masculinas que surgen.

Esta clase de condicionamiento negativo puede ocurrir en la niñez. Por ejemplo, al experimentar el abuso de su padre con su energía agresiva en lugar de ser creativo o productivo, es posible que un niño rechace la masculinidad como algo doloroso y se vincule más con su madre. Es posible que experimente la energía agresiva de su padre expresada de un modo egoísta y controlador y, por ello, trate de reprimir su propia agresividad. Tal vez observe a su padre justificando el abuso y experimente el poder del intelecto como algo negativo.

De niño, este hombre sensible fue muy afectado por los ejemplos establecidos por sus padres. Quizá también rechace la masculinidad cuando percibe que su madre es herida por los hombres. El niño empieza a sentir hacia su propio lado masculino la desconfianza que su madre siente hacia su padre.

Cuando un hombre reprime su masculinidad, en general se siente atraído hacia mujeres que ya han desarrollado estas cualidades. Nuevamente, la unión de opuestos crea pasión, pero cuando las energías masculinas empiezan a asomar, tiene lugar un cambio. Debido al condicionamiento negativo que rodea a la masculinidad, la agresión, la agresividad, el poder, etcétera, el hombre empezará a experimentar una resistencia interna. Esta resistencia se proyecta en su compañera. El hombre inconscientemente se pone a la defensiva, se vuelve crítico, desconfiado, manipulador, resentido y desaprobador.

Para superar su resistencia interna, el hombre sensible debe practicar dejar de echar la culpa en sus relaciones y hacerse totalmente responsable de lo que le sucede. Tiene que practicar ser decisivo, racional o lógico. Debe confiar menos en sus sentimientos y más en su mente para tomar decisiones. Debe practicar hacer cosas pequeñas que requieren esfuerzo adicional para apoyar a su compañera. Sobre todo, tiene que practicar ser constante y mantener su palabra.

Para reforzar su masculinidad, el hombre sensible puede hacer más cosas con hombres, reunirse con ellos, ver películas de acción o participar en algún deporte competitivo.

Reconciliarse con su padre es muy importante, así como tener maestros, guías o consejeros hombres.

LA MUJER INDEPENDIENTE

Cuando una mujer que reprimió sus cualidades femeninas se enamora de un hombre que desarrolló más sus cualidades femeninas, inevitablemente sus propias características femeninas empezarán a aparecer. Su condicionamiento provoca ideas engañosas: que ser blanda y vulnerable es signo de debilidad, que las personas que "sienten" se vuelven locas, que no es seguro necesitar a los demás, o que las personas que necesitan a los demás son víctimas. Cuando surgen sus sentimientos, necesidades y vulnerabilidades femeninas, la mujer siente pánico en su interior y empieza a oponer resistencia a su compañero.

La mujer excesivamente independiente no se siente segura al revelar su lado femenino. Teme que la juzguen o la hieran de alguna manera. Es posible que anhele un hombre más masculino que "la haga sentir mujer", cuando en realidad lo que necesita es reconciliarse con la mujer que emerge dentro de ella. Por resistirse, es posible que emita juicios, se vuelva crítica, controladora, exigente y desilusionada con su compañero.

Es posible que este condicionamiento a que reprima su lado femenino provenga de observar a su madre como la víctima o como una persona insatisfecha. La misma vulnerabilidad y blandura femenina que puede convertir a una mujer en una persona afable, atractiva y receptiva, puede haber sido distorsionada por su débil madre y expresada de un modo impotente, indefenso e insatisfecho. Para evitar convertirse en una persona como su madre, reprime su lado femenino. Además, si su padre rechazó, se mostró condescendiente o invalidó los sentimientos de su madre, es probable que ella llegara a la conclusión de que los sentimientos son irracionales y no merecen respeto.

Para superar su resistencia, la mujer independiente necesita practicar ser vulnerable y esforzarse por expresar sus sentimientos y emociones en situaciones en las que se siente apoyada. También tiene que reconciliarse con su madre; en cierto sentido, tiene que aceptar la parte de ella que es como su madre y reconocer que es digna de amor y apoyo.

La confianza es algo fundamental que ella debe admitir en su vida. Confiar significa permitirse ser vulnerable, lo cual supone ser herido de vez en cuando. Esta mujer debe aprender a sentir sus emociones negativas y aliviarlas a medida que surgen. A través de expresar continuamente sus sentimientos femeninos, superará su vergüenza y su incomodidad por ser femenina, y aprenderá a respetar sus cualidades femeninas igual que ya valora su lado masculino.

Tiene que reconocer que, aun cuando se siente independiente y fuerte, en el fondo teme que los demás no la amen. Es posible que secretamente no se sienta digna ni bastante buena. Al ir abriéndose de a poco, aprenderá a equilibrar su lado masculino desarrollado con su lado femenino en desarrollo.

De muchas maneras, los niños están programados para favorecer y rechazar diferentes aspectos de su masculinidad y su femineidad. Profundizar nuestra comprensión de nuestros lados masculino y femenino nos libera de la prisión del condicionamiento negativo de la niñez. Al aprender a entender, aceptar, respetar y apreciar las diferencias de los sexos, no sólo logramos amar y respetar más a nuestras parejas del sexo opuesto sino que también aprendemos a amarnos nosotros mismos. Esta clase de amor por nosotros mismos nos libera para ser quienes de verdad somos.

CÓMO MANTENER LA ATRACCIÓN

Una relación que mantiene la magia del amor es una en la que no tratamos de cambiar a la otra persona ni negarnos a nosotros mismos. Al entender nuestras diferencias complementarias, liberamos la tendencia a moldear a nuestra pareja a nuestra imagen. También podemos aceptar y apreciar nuestra unicidad sin juzgar ni sentir vergüenza o culpa.

Una relación florece y la atracción se mantiene cuando podemos ayudar a nuestras parejas a ser ellos mismos y recibir apoyo por ser nosotros mismos. Así como aprendemos a dar apoyo según las necesidades únicas de nuestras parejas, también debemos aprender a recibir apoyo sin dejar de ser nosotros mismos. Aprender a apreciar y a respetar nuestras diferencias es esencial si queremos tener relaciones que ofrezcan mutuo apoyo. Este creciente amor y respeto por nuestras diferencias nos sostiene a través de los inevitables períodos de resistencia, resentimiento y rechazo.

Capítulo 4

Los hombres y las mujeres ven el mundo desde diferentes puntos de vista

Los hombres y las mujeres ven el mundo como si cada sexo tuviera puestos anteojos diferentes. De un modo generalizado, los hombres ven el mundo desde una "perspectiva enfocada" mientras que las mujeres lo ven desde una "perspectiva expandida". Ambas percepciones son igualmente precisas.

La percepción masculina tiende a relacionar una cosa con otra de un modo consecutivo, construyendo poco a poco un cuadro completo. Es una perspectiva que relaciona una parte con otra, con el fin de producir un todo.

La percepción femenina es expandida; intuitivamente abarca todo el cuadro y en forma gradual descubre las partes incluidas en él; explora la forma en que las partes están relacionadas con el todo. Hace más hincapié en el contexto que en el contenido.

Esta diferencia en la orientación afecta en gran medida los valores, las prioridades, los instintos y los intereses. Como la "percepción femenina abierta" repara en la forma en que estamos relacionados entre nosotros, las mujeres naturalmente se interesan más en el amor, las relaciones, la comunicación, la cooperación, la intuición y la armonía. De la misma manera, como la "percepción masculina enfocada" repara en la forma en que las partes conforman un todo, los hombres se interesan más en producir resultados, alcanzar objetivos, el poder, la competencia, el trabajo, la lógica y la eficiencia.

LA PERCEPCIÓN ENFOCADA Y LA ABIERTA

La percepción enfocada puede concebirse en términos de una espiral que se mueve hacia un centro o punto. Podríamos imaginar a un arquero con una flecha apuntada al centro de un blanco. La percepción abierta o expandida puede visualizarse como una espiral que se aleja de un punto. Para entender la percepción abierta, imaginemos un satélite que recibe desde todas las direcciones y refleja hacia todas las direcciones. La percepción abierta es como un haz de luz, mientras que la percepción enfocada es como un láser. Cada uno tiene su propio valor único. Observemos ejemplos cotidianos de cómo los hombres son enfocados y las mujeres son abiertas.

BOY SCOUTS Y GIRL SCOUTS

A medida que su percepción se expande hacia el futuro, la mujer naturalmente se preocupa por lo que podría llegar a pasar. Se siente motivada a prepararse para el futuro. Por otra parte, la percepción enfocada hace que los hombres se interesen más por alcanzar sus objetivos en forma eficiente. Mientras que el hombre se preocupa más por llegar a su destino, la mujer se preocupa más por lo que sucederá una vez que lleguen allí.

Esto puede verse con mucha claridad observando a los boy scouts y a las girl scouts. Mientras que los boy scouts están ocupados pensando en cómo llegar del punto A al punto B, las girl scouts ya están preparando lo que van a comer cuando lleguen al punto B.

Cuando los boy scouts llegan al punto B, uno se vuelve a otro y pregunta:

—¿Quién trajo la comida?

La respuesta es:

—No lo sé... me olvidé... pensé que tú ibas a traerla.

No estaban preparados, no pensaron en lo que iban a hacer una vez que llegaran allí, porque estaban concentrados en llegar a su objetivo. Como nacen sin abundancia de percepción expandida, los boy scouts repiten su lema todos los días: "¡Siempre listos!". Hasta lo tienen cosido en sus uniformes. Para madurar en forma apropiada, los niños están entrenados para estar listos.

Las niñas, por otra parte, no necesitan entrenarse en esta actitud; a causa de su percepción abierta y expandida, ya están preocupadas por estar listas. Como un radar, su percepción abierta y expandida las pone alertas para todas las cosas posibles que podrían salir mal.

Sin embargo, al prepararse tanto, las girl scouts tienden a llegar tarde, o a lo mejor sienten que el viaje es demasiado arriesgado y dejan que sus miedos les impidan avanzar. Es mucho más fácil ser valiente cuando no se es consciente de las posibles consecuencias de una acción.

BILLETERAS Y CARTERAS

Los contrastes en la forma en que el hombre y la mujer se enfrentan al mundo resultan más evidentes cuando comparamos la cartera de la mujer con la billetera de un hombre. Las mujeres llevan carteras grandes y pesadas con bonitos adornos y colores brillantes, mientras que los hombres usan billeteras livianas, negras o marrones, pensadas para llevar sólo lo necesario: la licencia de conductor, las principales tarjetas de crédito y dinero. Nunca se sabe qué se va a encontrar dentro de la cartera de una mujer. Es posible que ni siquiera ella lo sepa. Pero algo sí es seguro: la mujer lleva todo lo que pueda necesitar, además de lo que otros puedan necesitar también.

Al mirar dentro de la cartera de una mujer, lo primero que se encuentra es una serie de bolsitos más pequeños. Es como si llevara consigo una farmacia y una oficina combinadas. Se puede encontrar una billetera, un monedero, un bolso de maquillaje, un espejo, un organizador con calendario, una chequera, una pequeña calculadora, otro estuche de maquillaje con espejo, un cepillo y un peine, una agenda de direcciones, otra agenda de direcciones vieja para amigos de hace muchos años, un estuche para anteojos, anteojos de sol en otro estuche, un paquete de pañuelos de papel, varios pañuelos de papel a medio usar, tampones, una caja de preservativos o un diafragma, un juego de llaves, otro juego de llaves, las llaves de su marido, un cepillo de dientes, pasta de dientes, refrescante bucal, hilo dental común, hilo dental con sabor (a sus hijos les gusta de menta), una cajita de aspirinas, otra cajita de vitaminas y otras pastillas, dos o tres limas para uñas, cuatro o cinco lapiceras o lápices, varios blocs de papel, un rollo de fotos en su caja y una caja vacía de rollo de fotos, tarjetas profesionales de amigos y expertos en todos los campos, un álbum de fotos en miniatura de sus seres queridos, manteca de cacao, saquitos de té, otra caja de calmantes, un sobre con recibos, varias tarjetas y cartas de seres queridos, estampillas, una serie de cuentas que pagar y muchas otras cosas como broches para papel, banditas elásticas, alfileres de gancho, alicates, papel de cartas y sobres, chicles, diversos cupones de descuento, pastillas para el aliento y cosas que tiene que tirar (cuando llegue la primavera). En una palabra, tiene todo lo que podría necesitar y lo lleva consigo dondequiera que vaya.

Para una mujer, su cartera es su osito de peluche, un amigo fiel, una parte importante de ella. Se puede ver lo expandida que es la percepción de una mujer por el tamaño de su cartera. Ella está preparada para una emergencia, dondequiera que se encuentre.

Irónicamente, cuando un hombre la acompaña a un gran baile, deja esa cartera en su casa y lleva una pequeña y brillante con lo indispensable. En este caso, siente que esa noche es para ella. Su hombre se está ocupando de ella y no tiene que sentirse responsable de nadie. Se siente tan especial y tan apoyada que no necesita la seguridad de su cartera.

El hombre y la mujer tienden a entrar en una sala de modos diferentes. El hombre entra, elige un lugar, luego mira una y otra cosa, y luego otra, hasta que poco a poco construye un cuadro de lo que lo rodea (esto puede suceder en unos instantes). Su tendencia innata primero es enfocar y luego expandirse y abrirse.

A diferencia del hombre, la mujer entra en la misma sala y, de un vistazo, nota muchas cosas casi en forma simultánea. En cierto sentido, absorbe todo la sala antes de preocuparse por qué lugar elegirá. Nota el color de las paredes, a las personas o cuadros interesantes, a amigos o familiares, cómo está decorada la sala, etcétera. Luego, cuando captó todo lo que la rodea, encuentra un lugar donde instalarse.

Un ejemplo más notable es el comportamiento de los hombres y las mujeres en una exposición o convención. Se puede observar el enfoque masculino cuando deliberadamente se mueve de una muestra a otra. La mujer, por otra parte, parece fluir espontáneamente por el lugar como si estuviera absorbiendo todo. Para ella es un proceso de exploración y descubrimiento, mientras que para el hombre es un proceso de realización y logro.

El hombre está concentrado en observar lo que considera las obras más importantes o apropiadas; ella lo está pasando bien, ansiosa por absorberlo todo y, para el caso, ansiosa de llevarse cosas a su casa. Su naturaleza femenina es comprar y coleccionar.

Comprar sin un objetivo o límite en particular es muy relajante para las mujeres, pero suele resultar agotador para los hombres. Por el contrario, los hombres se sienten energizados si mantienen un sentido de objetivo y propósito cuando van de compras. Con esta perspectiva, observemos el distinto comportamiento del hombre y la mujer en los paseos de compras y supermercados.

Cuando un hombre tiene un objetivo, se siente energizado. Por otra parte, la mujer puede agotarse con mucha rapidez si está demasiado concentrada, en especial cuando está en un ambiente muy ajetreado y expandido. De la misma manera, el hombre se agota o se cansa cuando está demasiado abierto y no tiene un objetivo definido. Por esta razón, las mujeres en general disfrutan más que los hombres cuando van de compras.

La mujer se siente más centrada cuando va de compras porque hay muchas cosas que tiene que absorber con su conciencia. Este "absorber lo que la rodea" satisface su necesidad de expandirse y relacionarse. Cuando encuentra los diversos artículos en el lugar de compras, su percepción se expande y, sin embargo, está constantemente en relación consigo misma y sus seres queridos. Ve un vestido y su percepción aumenta al pensar en las ocasiones románticas en que podría ponérselo. Se imagina usándolo. Se lo prueba. Disfruta de su belleza, lo aparta y así tiene una experiencia satisfactoria.

Treinta minutos de compras sin un objetivo definido es lo máximo que puede soportar un hombre antes de empezar a cansarse. Para la mujer, algunas horas de compras sin presiones pueden resultar relajantes, centradoras y rejuvenecedoras. Esta diferencia es cada vez más reconocida; notemos que en la mayoría de los negocios para mujeres ahora hay sillas estratégicamente ubicadas para que se siente el marido o el novio.

Otra diferencia al hacer compras puede observarse en los supermercados. Las mujeres se preocupan por ahorrar dinero usando cupones de descuento y comprando lo que está en oferta. Los hombres disfrutan realmente de una buena compra, pero en general se preocupan más por ganar dinero que por ahorrarlo. Los hombres se preocupan más por alcanzar un objetivo, mientras que las mujeres se preocupan más por poseer en forma responsable lo que obtuvieron. Por eso es que un hombre no se siente instintivamente motivado a llevarse un paquete de cupones de descuento.

Cuando compra en un almacén, su objetivo es comprar alimentos; cuando está trabajando, su objetivo es hacer dinero.

A los hombres no les gusta que les hablen cuando están ocupados hablando por teléfono con otra persona. En general, las mujeres se sorprenden cuando un hombre se resiste a ser interrumpido mientras habla por teléfono. Para la mujer es difícil entender por qué el hombre se frustra o se irrita tanto. No se da cuenta de que a él le cuesta centrar su atención en dos cosas a la vez.

La energía masculina quiere concentrarse en una cosa a la vez; la interrupción destruye su concentración. A la inversa, la mujer puede hablar por teléfono, evitar que la comida se queme, consolar a un hijo y entender lo que el hombre le está diciendo, todo al mismo tiempo. Su percepción expandida le permite estar atenta a muchas cosas a la vez. Por supuesto que el hombre podría permitir que su percepción se expandiera y hacer muchas cosas simultáneamente, pero en general su instinto es concentrarse en una cosa a la vez.

Manejar el auto es otra situación que resalta estas diferencias. Nunca trate de tener una conversación profunda con un hombre mientras maneja. Está tan concentrado en alcanzar su objetivo del modo más eficiente posible que es difícil mantener su atención. Como su compañera no se relaciona con la percepción enfocada de él, ella piensa equivocadamente que el hecho de que no le preste atención significa que no le importa. Como resultado, para muchas parejas, ir en auto puede convertirse en una experiencia muy tensa. Este pequeño malentendido crea un resentimiento que hace que las conversaciones se conviertan en discusiones y las vacaciones, en desastres.

Estas son ilustraciones simples y cotidianas de la tendencia masculina hacia la percepción concentrada y la inclinación femenina hacia la percepción abierta. Aunque estos ejemplos parezcan simples, pueden proporcionar la base para resolver muchas de las dificultades de comunicación que pueden surgir entre hombres y mujeres.

Cómo llamar la atención de él

Si la mujer sabe que el hombre en general opera mejor cuando se concentra en una cosa a la vez, puede evitar conflictos no distrayéndolo. O, si necesita su atención, esta información puede permitirle interrumpirlo de un modo que funcione. Por ejemplo, ella puede reconocer la interrupción y pedir su atención, lo cual le da tiempo a cambiar el centro de su concentración.

En lugar de limitarse a empezar a hablar, la mujer podría decir algo así como: "Mi amor, sé que estás ocupado, pero necesito que me ayudes. ¿Podrías dedicarme un minuto?". Esto le da al hombre la opción y la oportunidad de dirigir su atención por completo hacia ella.

Al entender esto, la mujer sabe que si un hombre no le dedica toda su atención, no es porque no le importe sino porque su atención ya está en otra parte. Por ejemplo, si un hombre está mirando las noticias, no es realista pretender toda su atención mientras el televisor está encendido. En cambio, se le puede preguntar: "¿Cuándo sería un buen momento para hablar?". Si él dice: "Podemos hablar ahora" y no apaga el televisor, no es consciente de su limitación. Es posible que crea honestamente que puede mirar la televisión y dedicarle toda su atención a la mujer. Ésta no debe dejarse engañar y luego resentirse con él por no escucharla.

El estrés y el hombre emocionalmente ausente

Bajo lo efectos del estrés, la percepción enfocada se vuelve más enfocada, mientras que la percepción abierta se vuelve más abierta. Esta simple diferencia puede suscitar muchos malentendidos. Por ejemplo, cuando un hombre está estresado por el trabajo, le resulta difícil alejarse de ese foco de concentración. Su mente se fija en un problema en particular y a él le cuesta mucho pensar en otra cosa. Vuelve a su casa pero su mente sigue en el trabajo. Cuando uno le habla, parece distraído y, por lo tanto, desatento y emocionalmente ausente.

Cuanto más sometido al estrés está el hombre en el trabajo, más indiferentemente se comporta en su casa. Cuando se le habla, es posible que tome una revista y empiece a leerla. No se trata de un insulto consciente ni tampoco significa que no esté interesado en la otra persona. Inconscientemente toma la revista para distraerse de tener que escucharla, porque la mayor parte de sus pensamientos sigue concentrada en los problemas de trabajo. Lo que puede ayudar es que la mujer le pida amablemente que le preste atención. Si se distrae, ella debe hacer una pausa hasta que él note que ella está esperando que le dedique toda su atención.

Por su parte, el hombre puede empezar a darse cuenta de que no está dando a la mujer lo que ella necesita cuando la escucha pero está distraído. La decisión deliberada de brindarle toda su atención y alejar todas las distracciones lo ayudará a cambiar de centro de atención del trabajo a su compañera. Sin una decisión consciente de permanecer concentrado y darle la atención que ella necesita y merece, se distraerá con mucha facilidad.

Sugiero que los hombres se habitúen a dejar el diario o revista —no sobre sus rodillas sino lejos incluso de sus manos— cuando están escuchando. Si hay un televisor encendido, lo mejor es apagarlo hasta que hayan terminado de hablar. Estas pequeñas acciones físicas aumentan su capacidad de dejar el trabajo de lado y cambiar el centro de atención a la familia o relaciones. Si tiene hijos, es importante darse cuenta de que ellos también necesitan que los oigan.

CÓMO SE INTERPRETA MAL EL AGOBIO DE UNA MUJER

Como las mujeres tienen una percepción abierta, las necesidades de los demás las agobian con más facilidad. Así como el hombre se deja absorber por un problema, la mujer se preocupa por una serie de problemas. Una de las ironías de sentirse agobiado es que cuando le sucede a una mujer, temporariamente pierde su capacidad de dar prioridades, lo cual la agobia aún más. Se siente demasiado responsable, hasta obligada, a hacer "todo" y luego se siente incapaz de hacerlo todo. Esto da lugar al antiguo refrán que dice que el trabajo de una mujer nunca está completo.

Si no entiende esta vulnerabilidad femenina, el hombre reacciona ante una mujer agobiada frustrándose. El hombre siente que la mujer lo está culpando de su infelicidad o que de alguna manera es responsable de los sentimientos de inquietud que ella está experimentando. Se defiende echándole la culpa por estar tan agobiada porque, según él, "hace una tormenta en un vaso de agua".

Los hombres tienen que entender que cuando las mujeres están abrumadas no necesariamente están acusándolos o culpándolos: simplemente están tratando de hablar acerca de sus problemas para sentirse mejor. En momentos como esos, la mujer realmente necesita ser oída. Por desgracia, la mayoría de los hombres no conoce este secreto. En cambio, tratan de que su compañera se sienta mejor explicándole que no debería afligirse, o le sugieren soluciones para sus problemas. Este intento por arreglar la situación empeora las cosas.

Por ejemplo, una tarde, cuando se dirigía a la puerta, Tom le preguntó a Jane al pasar:

—¿Podrías ir a la tintorería a buscar mi ropa? Estoy retrasado.

Jane responde con tono molesto y agobiado diciendo:

—No puedo ir a la tintorería; estoy muy apurada. Tengo que ir a buscar a Mary al colegio, hacer dos depósitos en el Banco, comprar la cosas para la cena de esta noche y tratar de llegar a casa a tiempo para mis ejercicios. No sé cómo voy a hacer todo. Nuestra cuenta del Banco está casi en rojo y las facturas se van juntando. ¡Tengo que hacer tantas cosas! Todavía me falta darte tus mensajes telefónicos.

Al oír a Jane tan alterada, Tom siente frustración. Con voz algo crítica y enojada, dice:

—Mira, no es para tanto. Ya iré yo a la tintorería. —Esta es la respuesta instintiva de Tom para resolver el problema de que ella esté molesta. Piensa que diciendo esto arregla todo. Pero no es así. No sólo siente que Jane lo culpa sino que también lo juzga.

Cuando sale de su casa con un gesto de contrariedad en la cara, Tom piensa: "¿Por qué tiene que explicarme tantas cosas para decirme que no? ¿No podría habérmelo dicho con tono agradable en vez de darme un sermón sobre todo lo que hace? ¿Acaso está tratando de que me sienta culpable? Yo no la obligo a que haga todas esas cosas hoy. Sólo le pedí algo. Yo no tengo la culpa de que se sienta tan agobiada. Actúa como si yo fuera 'tan' cómodo y ella 'tan' responsable. El hecho de que no me queje de todos mis problemas no significa que no esté haciendo nada".

En este ejemplo, la respuesta de Tom ("No es para tanto...") hizo que Jane se sintiera peor. Él pensó que su conducta no era exigente y que la estaba apoyando. Sin embargo, Jane supuso que él pensó que ella hacía mal en estar abrumada por el día que tenía por delante. Por eso, sintió que a Tom no le importaba su aflicción. Terminó sintiéndose poco amada y nada apoyada.

En realidad, Tom está molesto porque Jane está molesta, pero por razones diferentes de las que ella cree. Tom está resentido porque cree que ella le echa la culpa por pedirle que vaya a la tintorería. Piensa que ella dice que su pedido es injusto y exigente y que por eso se siente agobiada. Tom no está molesto porque ella lo esté; está enojado porque piensa que ella lo culpa de su malestar.

Tom interpretó mal a Jane. No quiere responsabilizarlo, trata de ser oída. No quiere decirle que es cómodo y exigente. El hecho de que él le pidiera que fuera a la tintorería le dio la oportunidad de expresar lo agobiada que está. Inconscientemente busca alivio diciendo algo que la está haciendo sentir mal.

Como resultado de este malentendido, Jane no sólo está molesta por su día, sino que está todavía más molesta porque piensa que a Tom no le importan sus sentimientos. También se siente mal porque Tom, que antes se sentía bien, ahora se va a trabajar frustrado y enojado. Ni Tom ni Jane se sienten amados o apoyados. Se aman y desean brindarse apoyo pero como no se entienden, no se ponen de acuerdo.

Cuando están demasiado presionados, tanto los hombres como las mujeres se sienten mejor de formas diferentes. Las mujeres estresadas se sienten mejor hablando de sus problemas y siendo oídas, mientras que los hombres se sienten mejor dando prioridad a sus problemas, concentrándose en uno y luego elaborando un plan de acción o una solución.

Observemos un ejemplo de cómo —cuando una mujer trata de expresar sus sentimientos para sentirse mejor pero su compañero la interrumpe todo el tiempo con soluciones— terminan los dos frustrados.

Cómo el hombre la invalida

Un día, Mary está buscando el formulario para registrar a sus hijos en la piscina local. Al hacerlo, también empieza a dudar si van a poder pagar las cuotas de la piscina en ese momento. Como hay un límite para la admisión, si paga con anticipación sus hijos tendrán asegurada la entrada, pero si espera, podrían perder la oportunidad. Cuando mira la correspondencia, encuentra una cuenta de Visa por mil cuatrocientos dólares. Se preocupa todavía más y se pregunta si ése es el momento apropiado para pagar la cuota de la piscina.

Para cuando Bill llega a la casa, Mary está bastante nerviosa. Dice:

—Hoy recibimos la cuenta de Visa. Es de mil cuatrocientos dólares. No sé cómo vamos a hacer para pagarla.

Él contesta:

—Ya nos vamos a arreglar. Tenemos mucho tiempo. —Supone que ella va a sentirse mejor ahora que le ofreció una solución para el problema y equivocadamente cree que lo único que le preocupa a Mary en ese momento es la cuenta de mil cuatrocientos dólares.

Entonces Mary añade:

—Ya debemos la cuenta de American Express y pronto va a llegar la hipoteca. —Sigue tratando de expresar todas sus preocupaciones.

Bill responde con tono molesto:

—No te preocupes, todavía tenemos diez días. —Irritado porque ella no aceptó su solución, ahora empieza a sentirse un poco atacado. Se pregunta: "¿Está molesta conmigo por gastar demasiado dinero o por no ganar lo suficiente? Ella gasta tanto como yo".

Lo que Bill ignora es que Mary simplemente está expresando sus sentimientos con respecto al dinero para sentirse bien por comprar a los niños los pases de natación.

A esta altura de su conversación, ella se siente herida e invalidada por los comentarios de Bill de que no se preocupe. Al decir: "No te preocupes", él trata de ayudarla a sentirse mejor o de "arreglarle la vida". Es su forma de resolver el problema y sentirse mejor. Lo que no entiende es que este enfoque empeora las cosas para ella.

Lo último que necesita Mary es que le digan que no se preocupe. Lo que oye es que no tiene un buen motivo para preocuparse y que, por lo tanto, se comporta de un modo tonto, que no merece respeto, irracional o de alguna manera inadecuado. Siente que él se muestra condescendiente con ella y que no le importan sus sentimientos. Ella quiere que él entienda sus preocupaciones, pero en vez de sentirse oída, se siente apartada y humillada.

A pesar de su dolor, sigue expresando sus preocupaciones económicas y dice:

—¿Te acuerdas de que prometimos a los niños que íbamos a ir a Disney World este verano?

Cada vez más frustrado, Bill le contesta:

—Ya sé, ya sé. Todo estará bien. —Interpretando mal el tono de voz preocupado de ella, Bill piensa: "¿Cómo se atreve de acusarme de ser un mal padre? Siempre cumplo mis promesas a los niños. ¿Me está diciendo que no soy un padre afectuoso? ¿Me está criticando? ¿Por qué saca todo esto a colación?".

Bill se siente atacado y rechazado. Lo que no sabe es que Mary piensa que es un gran padre. Sólo está preocupada por sus finanzas y necesita que la oigan.

Mary se siente desairada y sigue expresando sus preocupaciones.

—Incluso debemos la cuenta de hospital de Laurie.

Bill contesta cada vez más fastidiado:

—Mira, ya te dije que este mes me van a dar una bonificación. No exageres tanto las cosas. —Está molesto e irritado porque cree que ella lo está acusando de ser irresponsable y poco confiable. Toma el enojo de ella como algo personal.

Mary responde con tono desconfiado:

—¿Y si no te la dan?

—Te preocupas demasiado —dice él.

—Les prometiste a tus padres ir a visitarlos. ¿Cuándo planeas ir? —pregunta ella.

—No me controles tanto, ¿quieres? —ladra él. A esta altura, se siente perseguido e interrogado como si fuera el malo de la película. No se siente amado ni apreciado. Indignado, piensa: "¿Por qué me dice que no cumplo mis promesas?"

Ella insiste:

—Los impuestos llegan dentro de dos meses. ¿Pensaste cómo vamos a pagarlos? ¿Cuál será nuestra deuda este año?

—Por supuesto que pensé en eso —se defiende él—. Todo va a salir bien. Como siempre. —Piensa: "¿Cree que soy idiota? Por supuesto que ya pensé en los impuestos".

—Espero que podamos pagar el pase a la piscina este verano —continúa Mary—. Pero creo que perdí el formulario de solicitud. ¿Lo mandaste?

A esta altura, Bill está tan furioso que no quiere hablarle. En un momento de frustración, dice:

—No, no lo vi... pero si estamos tan mal de dinero, ¿por qué estás pensando en formas nuevas de gastarlo?

Como resultado de esta conversación, los sentimientos de Mary están heridos y Bill no desea hablarle. Lo que podría haber sido una simple conversación se convirtió en un tenso conflicto.

Si Bill hubiera entendido que Mary necesitaba hablar un rato para sentirse mejor, no se habría apresurado tanto a identificar y resolver su problema. Veamos cómo su conversación podría haber terminado de un modo positivo.

—Hoy nos llegó la cuenta de Visa. Es de mil cuatrocientos dólares. No sé cómo vamos a pagarla —dice Mary.

Bill asiente y contesta:

—Ajá. Hum, es muchísimo. —Piensa: "Me pregunto si ése será el problema que la preocupa. En general, lo primero que dice es un anticipo de lo que realmente le molesta. Es probable que necesite hablar un rato. Trataré de escucharla sin interrumpirla".

—Ya debemos la cuenta de American Express y falta poco para que llegue la hipoteca —sigue diciendo Mary.

Bill vuelve a asentir:

—Ajá. Tienes razón. —Piensa: "Supongo que necesita hablar de nuestras finanzas. Recuerda: no la interrumpas. Estoy seguro de poder apoyarla si minimizo mis comentarios y trato de entender cómo se siente".

—Ya sabes que prometimos a los niños que íbamos a ir a Disney World este verano. Incluso debemos la cuenta del hospital de Laurie.

Bill vuelve a asentir:

—Debemos mucho dinero.

—¿Y si no te dan una bonificación? —se inquieta ella.

Bill contesta:

—Si no me dan una bonificación... estaremos en grandes problemas. —Con cada respuesta, recuerda no minimizar las preocupaciones de Mary. Si no estuviera pendiente de brindarle apoyo, podría fácilmente emitir un comentario restándole importancia como: "Ah, te preocupas demasiado" o una frase de quien tiene todo solucionado como: "Si no me dan una bonificación ahora, entonces me la darán el mes que viene, o el siguiente... las cuentas tendrán que esperar". Por fortuna, después de mucha práctica, Bill aprendió a no interrumpirla con soluciones o comentarios que la invalidan.

Luego Mary dice:

—Los impuestos van a llegar dentro de dos meses. ¿Pensaste cómo vamos a pagarlos? ¿Cuál va a ser nuestra deuda este año?

—Sé que es mucho dinero —contesta Bill. En cada caso, es prudente en sus comentarios. Reconoce que ella necesita un momento para estar molesta. Sabe que cada uno de sus comentarios la ayuda a sentirse cada vez mejor siempre que él no quiera arreglarle la vida.

Luego, ella observa:

—Espero que podamos pagar un pase a la piscina este año. Pero creo que perdí el formulario de solicitud. ¿Lo viste?

—Hmm, no, no lo vi —dice pensativo.

—¿Crees que podríamos comprar el pase ahora o deberíamos esperar? —pregunta ella.

—No estoy seguro. Quizá deberíamos esperar a que me dieran la bonificación. Eso nos dará tiempo de anotarnos con anticipación. —Bill cuida de no parecer demasiado confiado en su respuesta. Una parte de él en realidad cree que los pases de la piscina son un gasto menor y podrían comprarse de inmediato. Pero otra parte, después de oír las preocupaciones de ella, se da cuenta de que sería mejor esperar.

Luego Mary se muestra de acuerdo:

—Eso tiene sentido. —Lo abraza. —Gracias por escucharme. Siento que de verdad me entiendes. Te amo. —Bill piensa: "¡Bueno! De verdad funcionó. Volví a hacerlo. Una vez que le descubres la manera, escuchar realmente facilita las cosas".

En este ejemplo, Bill aprendió el secreto para mejorar la comunicación: escuchar. Es una técnica difícil de aprender, lo mismo que aprender a hablar. Mary también tiene que aprender el arte de escuchar; de otro modo, puede cometer el mismo error: ofenderlo cuando él habla.

CÓMO ELLA LO OFENDE

Así como los hombres, con buenas intenciones, tratan de "arreglar" a las mujeres, éstas tienden a "mejorar" equivocadamente a los hombres en los momentos en que ellos hablan acerca de lo que les molesta. Sólo hacen falta uno o dos comentarios objetables para que él se quede callado. En esos momentos, la mujer no tiene idea de cómo lo antagoniza. No se da cuenta de que cualquier intento por "ayudarlo" o "mejorarlo" resulta ofensivo. Observemos cuatro ejemplos:

Bill y Mary: Bill está preocupado porque se endeudó cuando remodeló su casa. Ahora está tratando de ver cómo va a pagar sus impuestos. Cuando vuelve a su casa, dice con tono de derrota:

—No sé cómo vamos a hacer para pagar nuestros impuestos este año.

Mary responde:

—Sabía que tendríamos que haber gastado menos en la remodelación. —Bill se queda callado y no quiere seguir hablando. Mary se siente mal y no tiene idea de cómo lo hirió.

Si Bill hubiera estado centrado y no preocupado, probablemente no se habría molestado con el comentario de Mary. Habría dicho: "Tienes razón. Nos gastamos todo el dinero". Pero como ya está preocupado y se siente derrotado, cuando ella menciona la remodelación, siente que ella quiere darle una lección de responsabilidad. También se siente herido y ofendido porque percibe otros mensajes en su observación.

"No puedo creer que diga eso", piensa. "¿Acaso cree que soy idiota? ¿Creerá que no sé de memoria que gastamos de más en la remodelación? ¿Cómo puede sugerir que soy irresponsable con el dinero? Todo el mundo gasta de más en una remodelación. ¿Qué tiene de extraordinario? Detesto que me trate como a un niño e intente cambiarme. Es la última vez que le hablo de mis preocupaciones. ¿Por qué no podrá limitarse a escucharme y apoyarme? Cada oportunidad que se le presenta de criticarme, la aprovecha".

Como los hombres pueden cerrarse después de un comentario mal interpretado, observemos más ejemplos de los modos inocentes en que la mujer puede herir al hombre.

Joe y Martha: Joe, frustrado por la disminución de las ventas en la oficina, llega a su casa en silencio y alejado. Martha le pregunta:

—¿Qué te pasa, Joe?

—Este mes no alcanzamos nuestro cupo de ventas —contesta Joe con tono deprimido.

—Bueno —opina Martha—, todos los negocios tienen sus altibajos. No me parece mala idea tomar recaudos para momentos como estos.

A esta altura, él deja de hablar. Se siente poco apoyado y furioso. Piensa: "No le pedí su consejo. Detesto cuando me larga un sermón sobre cómo ser un mejor hombre de negocios. ¿Se cree que soy estúpido? Ya sé que todo negocio tiene sus altibajos". Joe necesita que Martha lo escuche y lo deje hablar. Cualquier consejo no pedido resulta ofensivo.

Hasta los consejos que tratan de ampliar el entendimiento del hombre pueden ser negativos, tal como lo demuestra el siguiente ejemplo:

Steve y Janet: Steve llega a su casa y está muy callado. Parece tenso e irritado. Janet, pensando en calmarlo, le dice:

—¿Qué pasa?

—Nada —le responde él—. Es sólo que tengo problemas con mi secretaria. Me vuelve loco que no haga lo que le pido.

Janet entiende su frustración, pero también entiende la frustración de la secretaria al tratar con Steve. Siente que él podrá manejar mejor la situación si entiende el punto de vista de su secretaria. Tiene razón, pero no es el momento para decírselo. Él necesita que ella se muestre comprensiva con su lado del problema.

Esperando ayudarlo, Janet dice:

—Sabes, estoy segura de que tu secretaria respondería mejor si te tomaras un momento para escucharla. Pocas veces hablas con ella. Dile lo que realmente sientes.

De inmediato, Steve se queda callado. Al principio está asombrado y luego furioso. Se siente traicionado por su mujer. "¿Cómo se atreve a ponerse del lado de mi secretaria?", piensa. "Mi propia mujer piensa que yo soy el problema. Siempre dice que no hablo lo suficiente. Yo hablo con mi secretaria, ése es el problema. Ella no me escucha. Estaba furioso con mi secretaria; ahora también estoy furioso con mi mujer."

En su intento por ayudar a Steve a ampliar su comprensión, Janet, sin darse cuenta, lo alejó. Observemos otro ejemplo del tipo de comentario que los hombres consideran que no brindan ningún apoyo.

Rick y Sharron: Rick llevó a su mujer, Sharron, a un buen restaurante. Durante cuarenta y cinco minutos de espera para que les dieran su mesa, Rick se puso molesto. Muchas veces se dirigió al maître en un intento por acelerar el proceso.

Varias personas que llegaron más tarde se sentaron antes que ellos. Rick estaba cada vez más molesto, aun sabiendo que los recién llegados tenían reservaciones y él no.

Sharron terminó mencionando lo prohibido. Rick estaba mascullando sobre lo terrible que era el servicio en ese restaurante. Cuando dijo:

—¡No puedo creer que sean tan lentos!

Sharron replicó:

—¿Crees que habríamos esperado tanto si hubiéramos hecho reservaciones?

La respuesta de Rick fue una mirada furiosa y una inmediata frialdad. Murmuró:

—¡No! —Y en su interior ardía de rabia.

Ahora, toda su ira consigo mismo por no hacer reservaciones, que había transferido al restaurante, la transfería a Sharron. Furioso con el comentario de ella, pensó: "¡Qué estupidez! No puedo creerlo. Si es tan lista, la próxima vez que sea ella la que me invite a un restaurante. Si quiere reservaciones, que las haga ella. No voy a tomarme la molestia. Detesto cuando me critica. ¿Se cree que no me doy cuenta de que me olvidé de hacer reservaciones? Actúa como si yo tuviera la obligación de acordarme de todo. Ya ni quiero hablarle".

Rick hubiera querido que Sharron estuviera de su lado, no que aprovechara la oportunidad de darle una lección. La intención de su comentario era revelarle cómo podría evitar esperar en el futuro y ayudarlo a ser más responsable. En cambio, lo molestó porque destacó lo obvio. Lo que él necesitaba que ella dijera era: "Sí, son lentos".

En cada uno de estos ejemplos, el hombre deseaba sentirse emocionalmente apoyado por su compañera y se disgustó por sus intentos por ayudarlo, darle consejos o mejorarlo. Es importante notar que en cada ejemplo el hombre no estaba pidiendo consejos ni ayuda. Simplemente estaba hablando y quería el apoyo pasivo de su compañera. En cambio, ella trató activamente de ayudarlo a ser, de alguna manera, una persona mejor.

Este es un error que comúnmente cometen las mujeres sin tener idea de cómo ofende a los hombres. Éstos tienen un lado femenino y, de vez en cuando, necesitan expresar sus pensamiento y emociones para sentirse mejor. Cuando esto sucede, las mujeres equivocadamente alejan a sus hombres. Todo lo que hace falta para que él deje de expresar lo que desea son algunas experiencias.

CUANDO EL HOMBRE QUIERE CONSEJOS

Sin embargo, hay momentos en que el hombre sí quiere consejos y el intento de ayudar por parte de la mujer puede llegar a alejarlo sin que ella se dé cuenta. Cuando el hombre pensó en un problema pero no encontró una solución, es posible que hable de él. Luego de exponer el problema, quizá diga algo como: "¿Qué piensas?". Esta es una señal de que está pidiendo una solución. Si un hombre lo escuchara sugeriría algo para resolver el problema. Es lo que él está buscando y se sentiría apoyado.

Las mujeres, por otra parte, muchas veces ofenden a los hombres sin darse cuenta porque ellas, por regla general, instintivamente abordan sus problemas de un modo femenino. Es posible que las mujeres hablen del modo en que se creó un problema o cómo evitarlo o incluso agranden el problema describiendo la forma en que las afecta. En cada una de estas formas, la mujer puede llegar a alejar al hombre de tal forma que él ya no desea discutir el problema con ella.

Además, la mujer puede frustrar al hombre al querer explorar cómo lo hace sentir el problema y escuchándolo de un modo demasiado preocupado y compasivo. Si el hombre desea una solución al preguntarle: "¿Qué te parece?", no quiere que le brinden una cariñosa comprensión por lo que está pasando. Lo que desea es una sugerencia concreta.

Volvamos a los casos anteriores imaginando que los hombres se acercan a sus compañeras no en busca de apoyo emocional sino de una solución.

Bill y Mary: Bill llega a su casa y le dice a Mary, su mujer:

—No sé cómo vamos a pagar los impuestos. No me dieron la bonificación y la remodelación de la casa nos dejó muy endeudados. Podríamos gastar menos en nuestras vacaciones o pedir otro préstamo para la casa. ¿Qué te parece?

Mary responde:

—Si no hubiéramos gastado tanto en la remodelación... Henry nos advirtió que nos costaría más. Debimos haber hecho planes para pagar más. —Ahora Bill está intensamente frustrado. Mary está expresando sus sentimientos sobre lo que causó el problema, mientras que Bill quiere concentrarse en una solución.

Bill piensa: "Lo sé. Ya sé que gastamos demasiado. Me di cuenta hace mucho. ¿Por qué me hace esto? ¡No podemos hablar de nada!"

Bill ha señalado su deseo de tener una conversación para resolver el problema. Quiere que Mary diga algo como: "Creo que deberíamos tratar de gastar menos en nuestras vacaciones y tratar de evitar endeudarnos más" o "No sé qué hacer. ¿Hay otras opciones?". Mary también podría ofrecer otra elección diciendo: "Quizá podríamos tratar de vender nuestro barco. Ya hemos hablado de eso".

En una palabra, cuando Bill le pregunta a Mary qué piensa, quiere que ella se concentre en formas de resolver el problema que él le presentó.

Observemos otro ejemplo.

Joe y Martha: Joe llega a su casa frustrado, preguntándose por qué no alcanzó el cupo de ventas.

—No sé qué está pasando —le dice a Martha—. No alcancé el cupo este mes. Incluso esperaba vender más. ¿Por qué crees que estará pasando esto?

—Bueno —responde Martha—, creo que debimos prever que iba a suceder. Todos los negocios tienen altibajos. Tendríamos que tener un fondo de reserva para momentos como este.

La respuesta de Joe al buen consejo de Martha es la frustración. Ella no le respondió al problema con una sugerencia de por qué las ventas eran bajas ese mes. En cambio, sacó a colación otro problema que la preocupa, es decir, cómo pueden prepararse para los tiempos difíciles. En vez de contestar la pregunta de Joe, Martha contestó a una pregunta que no le hicieron: "¿Cómo crees que podríamos evitar que nos afectaran las dificultades laborales?"

Joe necesita que Martha le dé una respuesta específica a

su pregunta, como por ejemplo: "Bueno, esa nueva línea de productos que presentaste quizás abrumó a algunos de los compradores" o "No sé por qué (una pequeña pausa), trabajaste mucho y tus productos son muy buenos. Quizá sea la economía" o "Ayer leí un artículo que decía que acabamos de entrar en una recesión. Quizás ése sea el motivo".

Estos comentarios están todos dirigidos al problema inmediato. Para brindarle apoyo, Martha debe mantenerse concentrada en el problema tal como él lo describió.

Observemos otro consejo de la mujer dirigido a la pregunta de su marido pero todavía alejado del centro del problema.

Steve y Janet: Steve llega a su casa y le dice a Janet, su mujer:

—He estado teniendo problemas con Phyllis (su secretaria). No hace lo que le pido, y eso me vuelve loco. ¿Qué crees que debería hacer?

Janet responde:

—Creo que no hace lo que pides porque eres muy cerrado. Tienes que ser más abierto. Nunca te sientas a hablar con ella. Si entendieras su punto de vista, estoy segura de que ahora no se resistiría.

Steve está frustrado y ofendido por la respuesta de Janet. Se siente censurado y juzgado incompetente. Piensa: "Bueno, esta es la última vez que te pido un consejo. ¿Por qué tienes que culparme de no ser abierto? Yo hablo con mi secretaria..."

Janet le dio un buen consejo a Steve, pero lo expresó de un modo que lo puso a la defensiva. Le dijo que podría haber evitado el problema, en lugar de decirle qué puede hacer ahora al respecto. Steve podría haber escuchado y apreciado la misma sugerencia si Janet la hubiera expresado en términos de qué medidas podría tomar ahora, en vez de concentrarse en lo que hizo mal.

Steve estaría mucho más abierto al consejo de Janet si ella no se concentrara en la causa de la situación sino en su resolución. Podría decir: "Creo que debes sentarte a hablar con Phyllis. Prográmate un momento para enterarte de lo que siente. Tómate el tiempo para escucharla y piensa que ella querrá escucharte a ti".

Finalmente, cuando un hombre pide una opinión o consejo, lo último que quiere es consuelo o compasión. Este es un ejemplo del efecto negativo que pueden tener las palabras amables.

Rick y Sharron: Mientras Rick y Sharron están esperando la mesa en el restaurante, Rick dice:

—No puedo creer que este lugar sea tan lento. ¿Qué crees que debería hacer? ¿Vamos a otro restaurante?

—Sé que tuviste un día difícil —responde Sharron—. Hemos estado esperando por lo menos cuarenta y cinco minutos. Debe de ser muy difícil esperar tanto. Seguramente tienes mucha hambre. ¿Almorzaste hoy? —Sharron respondió a los sentimientos de Rick en vez al problema porque así es como le gustaría que él la consolara si ella estuviera molesta por esperar.

Rick está todavía más furioso. Siente que Sharron lo está tratando como a un niño. Piensa, irritado: "No me trates como si fuera tu hijo. No puedo creer que no estés furiosa con este restaurante. Qué importa si almorcé o no...". No quiere que lo consuele. Quiere que conteste directamente a su pregunta con una respuesta.

Sharron podría decir: "Bueno, esperamos tanto que bien podríamos esperar un poco más" o "Creo que deberíamos quedarnos y mirar el menú, así por lo menos cuando nos sentemos, podremos ordenar enseguida" o "Creo que es una buena idea. ¿Qué te parece si vamos a ese restaurante nuevo sobre la autopista?"

Cada una de estas respuestas brindará apoyo a Rick porque ella se dirige a su problema y no a sus sentimientos.

Con la ayuda de estos ejemplos, es fácil ver algunas de las formas comunes en que hombres y mujeres crean tensión y conflicto cuando simplemente tratan de ayudar al otro a sentirse mejor.

LOS HOMBRES NECESITAN SOLUCIONES, LAS MUJERES NECESITAN EXPRESAR SUS SENTIMIENTOS

El hombre busca soluciones instintivamente. Cuando tiene un problema, lo primero que hace es irse a su "cueva" y tratar de encontrar una solución solo. Si puede encontrar una solución o un plan de acción, se sentirá mejor. Si no la encuentra, entonces saldrá de su cueva, buscará a otro hombre a quien respeta y le hablará del asunto.

Cuando comparte un problema con otro hombre, en general busca otra opinión para resolverlo. Si recibe una buena solución, de inmediato empezará a sentirse mejor. Por eso, cuando una mujer está molesta y empieza a hablar, él supone que está buscando una solución a sus problemas. No tiene un punto de referencia que le permita saber que ella sólo necesita que la escuchen un rato. Así que el hombre trata de ayudarla resolviendo sus problemas, lo cual en general termina invalidándola y frustándola.

Cuando una mujer está molesta, su principal necesidad es que esté bien sentirse molesta durante un rato. Necesita que el hombre escuche lo que siente sin tratar de arreglarle la vida. Al expresar sus problemas de un modo no concentrado, naturalmente se sentirá mejor. Su sentimiento de agobio disminuirá aunque todos sus problemas queden sin resolver.

El hombre, equivocadamente, supone que todos los problemas de una mujer deben resolverse antes que ella pueda sentirse mejor. Por eso es que se frustra y se agota tanto cuando la escucha hablar de todas las cosas que la molestan. Cree que tiene que resolver todos los problemas pero se siente impotente para ayudarla.

Él se frustra especialmente cuando ella se molesta por problemas que no tienen solución o que todavía no ocurrieron. Algunas actitudes masculinas comunes hacia la mujer que está molesta son:

1. "¿Por qué te preocupas si no puedes hacer nada...? ¿Qué ganas preocupándote?"

2. "No te preocupes hasta que tengas la certeza de que en efecto sucedió."

3. "Como ya sucedió, no tiene sentido preocuparse... ya no puedes hacer nada al respecto."

Gracias a estas tres frases, los hombres son más cerebrales y se alejan de sus sentimientos. Ser cerebral es útil para resolver problemas, pero no siempre es bueno para la salud y el bienestar emocional. Las mujeres instintivamente entienden que los sentimientos necesitan expresarse si queremos aliviar la tensión producida cuando nuestros deseos y expectativas se frustran. Aunque no podamos hacer nada para solucionar una situación, es importante hablar de los sentimientos que ésta implica. Expresar los sentimientos es esencial si queremos crear y mantener la intimidad.

Cuando el hombre entiende esta diferencia, puede relajarse mientras la mujer expresa sus sentimientos. En vez de sentirse responsable de resolverle todos los problemas, puede simplemente concentrarse en resolver uno solo: puede satisfacer la necesidad de la mujer de tener alguien que la escuche totalmente concentrado y que la ayude a sentirse mejor aunque no resuelva ninguno de sus problemas.

EL OLVIDO MASCULINO

La concentración es necesaria para hacer un trabajo, pero es posible estar excesivamente concentrado. Cuando la energía masculina no está equilibrada con la femenina, tiende a concentrarse en una cosa y excluye todo lo demás. Al ir tras un objetivo, el resto queda inconcluso. Este patrón es especialmente problemático en las relaciones.

Por ejemplo, aunque un hombre ame mucho a su mujer, si su percepción masculina y femenina están desequilibradas, es posible que se olvide de fechas importantes como su aniversario o el cumpleaños de su mujer, o cosas simples como comprar algo en un negocio o tomar mensajes telefónicos. No es que no le importe, pero su percepción está concentrada en otra dirección.

Es comprensible que a las mujeres les resulte difícil aceptar este olvido. La mujer supone que el olvido connota una falta de atención o interés. No puede creer que un hombre que olvida cumpleaños y aniversarios pueda amarla de verdad. Después de todo, esta clase de conducta es totalmente ajena a su experiencia de amar a alguien. Los hombres dan prioridad a las cosas de acuerdo con la importancia de sus relaciones. Con esta perspectiva, es fácil ver cómo los hombres pueden herir sin querer los sentimientos de las mujeres.

EXPLAYARSE Y DESCONECTARSE

Una de las mayores áreas de conflicto y frustración entre hombres y mujeres es la comunicación. La razón es que los hombres escuchan y hablan por razones diferentes que las mujeres. Los hombres escuchan para reunir información a fin de resolver problemas, mientras que las mujeres escuchan para relacionarse o compartir sus sentimientos. Los hombres hablan cuando quieren expresar algo en especial o cuando están ayudando a alguien a resolver un problema. Las mujeres hablan para explorar un tema y también para descubrirse a sí mismas.

Desde esta simple perspectiva, es fácil ver por qué los hombres se sienten frustrados cuando escuchan a una mujer. La mujer se expande en busca de lo que quiere afirmar, mientras que él espera que vaya directamente al grano, como lo haría un hombre. Supone que a la mujer le pasa algo por explayarse tanto, o siente que le está haciendo perder el tiempo. Ninguna de las dos cosas es verdad.

Las mujeres exploran sus pensamientos y sentimientos *mientras* los expresan, descubriendo poco a poco lo que quieren decir. Los hombres tienden a ser intolerantes porque en general no hablan a menos que quieran expresar algo específico. Cuando hablan, tratan de ir al grano lo más eficientemente posible.

Cuando, durante una conversación, el hombre se queda callado, la mujer muchas veces supone equivocadamente que es lento, estúpido, poco expresivo o simplemente que no le importa. Nada de esto es verdad. Está haciendo lo que para él es natural. Está rumiando sus pensamientos para formular lo que quiere demostrar. A la mujer le cuesta recono-

111

cer esto pues ella procesa sus pensamientos y sentimientos al tiempo que los expresa.

En ocasiones, los hombres necesitan rumiar las cosas, así como las mujeres necesitan hablar de sus pensamientos y sentimientos. Como resultado, el hombre logra más claridad y orientación, y la mujer está más centrada.

La desventaja de estos dos enfoques es que los hombres a veces se "desconectan" y se olvidan de que están rumiando un problema, mientras que las mujeres se "explayan" y se pierden en medio de una exploración de tangentes, alejándose del tema principal.

Cuando un hombre se desconecta, puede olvidar con facilidad lo que consideraba importante. Por ejemplo, es posible que olvide cumpleaños, citas, promesas, sus horarios, sus prioridades, etcétera.

Cuando una mujer se explaya, pierde la capacidad de discernir qué es realmente importante para ella y tiende a dar igual importancia a todo. Es posible que se sienta abrumada y reaccione en forma exagerada ante distintas situaciones. Siente que las necesidades de los demás son tanto o más importantes que las suyas propias. Es posible que considere que cada necesidad de sus hijos es más importante que las necesidades románticas de su propio marido. Tal vez reacciona en forma exagerada ante los defectos de él trasladándole todas sus frustraciones del día. Al expresar sus pensamientos y sentimientos, quizá se explaya y nunca llega al punto central.

Como no siempre estamos perfectamente equilibrados, es realista esperar que los hombres en ocasiones se desconecten mientras están rumiando las cosas, así como es perfectamente normal que las mujeres a veces se explayen mientras expresan sus sentimientos. Comprender esto es importante porque ayuda a las mujeres a mostrarse más tolerantes con los hombres cuando se desconectan y olvidan cosas. También ayuda a los hombres a darse cuenta de que las mujeres no están locas cuando se explayan y luego se sienten abrumadas.

Si no entendemos esto, cuando un hombre detecta que una mujer está "explayándose", siente pánico y teme que no pare más. En la mayoría de los casos, ella sólo necesita hablar un rato para luego volver a encontrar su centro.

A veces una mujer se explaya y se confunde cuando no se siente lo suficientemente a salvo para explorar y compartir lo que en realidad siente, o si lo expresó pero no se sintió oída. Irónicamente, el proceso de expresarse que puede conducir a una mayor conciencia de uno mismo también puede causar confusión.

Por otro lado, cuando una mujer se da cuenta de que el hombre se desconectó, siente pánico y teme que él no tenga interés en ella. En general, lo que sucede es que el hombre no tuvo suficiente información para llegar a una solución del problema; se desconectó y se olvidó de todo, esperando inconscientemente más información.

Para recordar lo que estuvo rumiando, el hombre sólo necesita más información. Si se siente juzgado o culpado por desconectarse, pierde contacto con su intención positiva de brindar servicio o apoyo. Es posible que se ponga a la defensiva. Para volver a encontrar el centro, el hombre necesita sentir que la mujer confía en él, lo necesita y lo aprecia.

Cuando el hombre se desconecta y olvida lo que desea su compañera o de lo que está hablando, ella tiene que esforzarse por seguir confiando en su intención de ayudarla. Si ella se frustra, puede pensar: "Puedo *confiar* en que le importo; el hecho de que se olvide no significa que no le importe. Puedo *confiar* en que va a recordar cada vez más a medida que se sienta más amado, aceptado, digno de confianza y apreciado".

De la misma manera, el hombre debe esforzarse por no juzgar a la mujer cuando se explaya. Tiene que escuchar con paciencia y recordar que ella necesita más cuidado, comprensión y respeto en estos momentos.

Si él empieza a frustrarse, puede decir: "¿Podrías hacer una pausa? Necesito un momento para pensar en lo que estás diciendo". O bien: "Quiero oír lo que estás diciendo, pero necesito tiempo para pensar en lo que ya dijiste". En la mayoría de los casos, ni siquiera tendrá que pedirle que haga una pausa; a medida que se exprese, ella irá haciendo pausas. En esos momentos, él debe practicar no decir nada y seguir tratando de entender el punto de vista femenino. Puede pensar: "Ella tiene derecho a sus emociones. Si yo entiendo sus sentimientos, ella se sentirá mejor y sus emociones serán más positivas. Yo *puedo* encontrar las buenas razones para sus sentimientos. Yo *puedo* escuchar sin culparla. Necesita mi apoyo silencioso".

A medida que el hombre logra entender los sentimientos de la mujer, puede concentrarse en ella más eficazmente. Su atención y concentración la ayudarán a estar más centrada.

UN PROCESO DE APERTURA

Con respecto a la comunicación, el lema masculino es: "No hables a menos que tengas algo que decir". Esto intimida a las mujeres porque para ellas la comunicación no es simplemente un medio para expresar un punto, sino un medio de descubrir un punto.

Cuando las mujeres necesitan expresarse, no saben exactamente qué desean decir. A veces tienen tanto que expresar que no saben por dónde empezar. O quizá necesitan tiempo para expresar una serie de sentimientos y pensamientos antes de descubrir el punto al que quieren llegar. El hombre también pasa por este proceso de preparación, pero de un modo diferente. Medita bien las cosas, llega a una conclusión y luego la expresa.

Por otra parte, la mujer sólo quiere expresarse y conectarse. Quiere disfrutar del estar juntos. Para ella, la comunicación no es sólo compartir información, es compartir su personalidad. Es una base para la intimidad. Transmite plenitud y le permite estar centrada.

Para una mujer, expresarse es una apertura gradual y es posible que haya que provocarla. Quizá no sabe exactamente lo que desea decir, pero (1) quiere conectarse y sentirse en una relación y (2) la comunicación es su medio principal de conectarse y relacionarse.

Cuando una mujer perturbada comparte sus sentimientos, es como si estuviera compartiendo el contenido de su cartera. Necesita tiempo para limpiar esa cartera sin que la

114

juzguen por tener tantas cosas o por no saber exactamente qué y cuánto tiene en su interior. De modo que si empieza a explayarse, el hombre puede imaginar que está sacando el contenido de su cartera. Cuando está todo afuera, se sentirá mucho más liviana y él habrá desempeñado un papel muy importante.

Cuando un mujer comparte lo que tiene en su interior, si el que la escucha es respetuoso, atento y demuestra interés, se sentirá segura para vaciar su cartera (sus sentimientos internos). Una vez que saque todo, se sentirá mucho más centrada y afectuosa. Apreciará mucho esa clase de apoyo.

LEER LA MENTE

A lo largo de este libro, veremos que la comunicación defectuosa ente los sexos se debe en gran parte a las suposiciones equivocadas. Una de esas suposiciones más comunes se manifiesta como lo que llamamos "leer la mente". Como los hombres y las mujeres no se dan cuenta de lo diferentes que son, suponen que saben lo que el otro está pensando o sintiendo antes que esté claramente expresado.

Es verdad que las mujeres son muy precisas cuando leen la mente de otras mujeres porque son muy parecidas. De la misma manera, los hombres pueden leer con precisión la mente de otros hombres. Pero cuando el hombre y la mujer empiezan a leerse la mente mutuamente, es inevitable que surjan problemas.

El hombre decide prematuramente que sabe lo que está diciendo la mujer. Su error consiste en suponer que ella empezó diciendo lo que quería expresar, como lo haría un hombre. Es posible que él esté prestando atención y luego, antes que ella termine, diga: "Ya sé, ya lo entendí". Esto funciona bien con otro hombre, pero para la mujer es una declaración absurda. Ella sabe que él no puede saber lo que ella quiere decir, porque muchas veces ni siquiera *ella misma* lo sabe. Mientras se expresa, está *en el proceso* de descubrir qué siente, piensa o desea.

El hombre tiene que entender que si una mujer necesita hablar, y su deseo es apoyarla, entonces su propósito al escucharla no es simplemente entender la esencia de lo que está diciendo sino ayudarla a expresarse. Cuando ella se expresa sin que la interrumpan, su visión puede llegar a cambiar a mitad de camino o quizá cambie completamente de tema. Es posible que haga preguntas y luego empiece a contestarlas.

Al saber que es posible que esto suceda, el hombre puede evitar sentirse frustrado. Tiene que recordar que así como él tiene que rumiar sus problemas antes de hablar de ellos, la mujer tiene que hablar sobre sus problemas antes de tener una opinión definitiva. Si se siente abrumada por las dificultades, con sólo hablar de ellas probablemente se sienta mejor.

A veces, hasta descubrirá que no existe problema alguno. Pero lo último que necesita cuando está perturbada es que un hombre le diga que el problema no existe. Tampoco necesita que él le ofrezca una serie de soluciones para lo que sea que esté diciendo. Finalmente, tampoco necesita que él le diga: "¡Está bien, ya lo entendí!". Ser interrumpida con un "Ya lo entendí" suena como "Está bien, está bien, ¿quieres callarte? No quiero seguir oyéndote".

Las mujeres también leen la mente, pero en formas diferentes. Tienden a atribuir interpretaciones negativas a los patrones de conducta del hombre. Cuando está callado, ella supone que a él no le interesa. Cuando está distraído, supone que no la ama. Cuando llega tarde, supone que ya no es importante para él. Cuando se olvida de hacer cosas, supone que se está vengando. Cuando se encierra en sí mismo, supone que la está abandonando.

Como no es hombre, no tiene un punto de referencia que la ayude a entender por qué él hace lo que hace. Para ella es difícil confiar en el amor masculino. Sin embargo, podría buscar las razones reales y positivas de su comportamiento; podría compartir sus temores de un modo que evite culparlo y que a la vez busque seguridad. En los próximos capítulos examinaremos cómo la mujer puede pedir esta clase de apoyo.

Es importante practicar nuevas formas de comunicarse

que tomen en cuenta estas diferencias. Así como las mujeres son especialmente vulnerables cuando las interrumpen, los hombres son particularmente sensibles cuando se duda o se desconfía de ellos. Cuando la mujer se siente todo el tiempo interrumpida o sometida a un interlocutor impaciente, se cierra y luego no desea compartir sus sentimientos. Su amor es reemplazado por la duda y la desconfianza.

Cuando la mujer desconfía del hombre, él tiende a reaccionar de un modo muy confuso. Si ella lo culpa y lo castiga por algo que no hizo, su reacción es cometer ese supuesto delito para desquitarse de ella. Si ella supone que el hombre es indiferente cuando él trata de no serlo, por lo menos en su modo masculino, él termina volviéndose frío, impaciente e indiferente.

Como podemos ver, este patrón negativo se autoalimenta. Cuanto más indiferente se muestra el hombre, más desconfiada se vuelve la mujer. Cuanto más desconfiada se vuelve ella, más indiferente se muestra el hombre. Este es un importante escollo en la comunicación, pero podemos poner punto final al ciclo aumentando nuestra mutuo entendimiento con respeto, confianza y comprensión.

Otra forma femenina de leer la mente es esperar que los demás ya conozcan y se adelanten a sus necesidades. Es muy poco realista pretender que un hombre se adelante a las necesidades de una mujer. Si ella espera esto, con toda seguridad terminará decepcionada. Por otra parte, los hombres pretenden que las mujeres conozcan sus sentimientos amorosos al mirar lo que hacen. Las mujeres necesitan que les demuestren todo el tiempo que las aman y que son especiales. De un modo similar, los hombres necesitan que les recuerden una y otra vez las necesidades y deseos de la mujer.

Visión de túnel masculina

Su percepción concentrada puede volver a los hombres increíblemente decididos y eficientes, pero también olvidadizos de las necesidades y prioridades de los demás que no están directamente relacionadas con su objetivo principal. En consecuencia, cuando un hombre está concentrado en un trabajo o problema en particular, es posible que no note los signos de un creciente malestar en su ambiente, familia, relación o incluso en su propio cuerpo. No siente dolor ni pena y tampoco lo reconoce en los demás. Inconscientemente niega la importancia de necesidades que no están directamente relacionadas con el motivo de su concentración. Si su mujer e hijos están sufriendo o están molestos, su reacción es que no deberían sufrir ni molestarse. Esta clase de invalidación y negación resulta muy dolorosa para los demás y destruye las relaciones.

De esta manera, es muy común que un hombre se enferme el primer día de vacaciones o cuando termina un proyecto muy importante. Es posible que haya pasado por alto las necesidades de su cuerpo hasta terminar el trabajo y ahora su cuerpo pide ayuda a gritos a través de una enfermedad. O si no, se deprime emocionalmente porque no estuvo creando el apoyo emocional que necesita.

El hombre también puede empezar a sentir su pobreza emocional interior si fracasa en su trabajo o si se retira de él. Estadísticamente, la mayoría de los hombres se mueren tres años después de jubilarse. Estuvieron corriendo en el vacío sin saberlo. Cuando el trabajo termina, deben pagar su deuda con su cuerpo y con los demás.

La solución no es encontrar otro trabajo en donde enterrarse ni tampoco tapar el problema bebiendo o drogándose. La cura para el dolor físico o emocional de este hombre es crear el apoyo emocional que necesita y reevaluar sus prioridades y valores. Necesita algo en que trabajar, un nuevo objetivo y un propósito por los cuales vivir. Necesita equilibrar sus necesidades de trabajo con sus necesidades emocionales y de su salud.

Otra consecuencia de la visión de túnel masculina es que los hombres tienden a descuidar las necesidades de los demás, no porque no les importen, sino porque son inconscientes de la parte de ellos que sí se preocupa. Él, su mujer y sus hijos sufren por ese descuido. Más de un hombre, después que sus hijos crecieron, dice: "No me di cuenta de lo rápido que pasa el tiempo. Siento que perdí algo que es precioso". La culpa, el arrepentimiento, la pena y la vergüenza muchas veces acompañan a esta comprensión.

CÓMO PUEDEN LAS MUJERES MANEJAR ESTA VISIÓN DE TÚNEL

Las mujeres tienen el don natural de una apreciación intuitiva de las necesidades de los demás. Pero la percepción abierta puede ser una bendición conflictiva cuando su compañero experimenta la visión de túnel. Mientras que el hombre piensa que está todo bien en la relación, la mujer se siente agobiada por su conciencia de todos los problemas.

Cuando el hombre no está compartiendo esta carga, la mujer equivocadamente supone que él está feliz con la relación. Cuando él actúa como si todo estuviera bien mientras ella ve problemas, la mujer recibe el mensaje de que es demasiado exigente o de que a él no le importa y, por lo tanto, no hará nada por cambiar su actitud.

Esta percepción femenina de los problemas de una relación se convierte en una carga cuando el hombre no está dispuesto a escuchar ni validar la apreciación femenina. Cuando él niega la validez de sus necesidades y percepciones, ella siente que el peso de la relación y la familia se apoya en ella. Se siente sola y sin apoyo. No es de extrañarse que las mujeres se frustren cuando los hombres actúan como si todo estuviera bien.

Con esta nueva comprensión de la visión de túnel, la mujer puede llegar a la acertada conclusión de que su compañero parece satisfecho sólo porque no es consciente de los problemas. Puede darse cuenta de que, en la mayoría de los casos, si fuera consciente de los problemas él también estaría perturbado o se sentiría motivado a mejorar las cosas.

Ambos son igualmente responsables de crear una buena relación. Sin embargo, sus funciones son diferentes. La mujer naturalmente estará más consciente de las necesidades y problemas de la relación.

Ella tiene que recordar que el hombre suele perder la noción de las necesidades de la relación a causa de las exigencias de su trabajo. No puede esperar que él sepa cuándo no están satisfechas las necesidades femeninas a menos que ella se las comunique. A veces, ni siquiera sabe si sus *propias* necesidades están satisfechas o no.

Para que las relaciones funcionen, las mujeres deben estar conscientes de esta vulnerabilidad masculina, deben reconocer la importancia de los buenos métodos de comunicación e insistir en comunicar sus necesidades y deseos. Deben estar dispuestas a pedir apoyo... y seguir pidiéndolo.

Es probable que esta sea la tarea más difícil de las mujeres para tener relaciones positivas con los hombres. Las mujeres no quieren pedir. Esperan que los hombres se adelanten a las necesidades femeninas y se sientan obligados a satisfacerlas. Las mujeres comúnmente se dejan atrapar por el mito negativo de: "Si me ama, entonces tiene que saber qué es lo que deseo". Esta clase de suposición es destructiva para las relaciones.

Aun con buenas técnicas para la comunicación, es posible que el hombre al principio tienda a minimizar la importancia de las necesidades y deseos de la mujer. Esta resistencia no es por falta de interés; ocurre porque no se relaciona enseguida con estas necesidades y no las entiende. La visión de túnel obstaculizó su apreciación de las necesidades emocionales. Si ella equivocadamente piensa que a él no le importa, dejará de tratar de comunicar sus necesidades y las de la familia. Es posible que deje de pedir en el momento en que está empezando a funcionar. Entender esta visión de túnel puede ayudarla a aceptar la necesidad válida de él de que sea suavemente insistente al pedirle apoyo.

Sin embargo, esta clase de responsabilidad no debe interpretarse mal. En general, las mujeres se preocupan demasiado por los sentimientos y necesidades de los demás. Así como un hombre se resiste a satisfacer las necesidades de los demás, ella se siente obligada a satisfacerlas a expensas de las propias.

Además, no quiero sugerir en esta discusión que la mujer es responsable de satisfacer las necesidades de la relación. Sin embargo, estoy diciendo que ella carga con la responsabilidad de insistir en comunicar esas necesidades, esforzándose por hacerlo en maneras nuevas que no hagan sentir mal al hombre.

Por ejemplo, él necesita que le recuerden lo importante que es el tiempo que ella comparte con él. Esto es difícil de hacer, como ya dijimos, porque ella cree que si él de verdad la amara tanto como ella a él, entonces no tendría que pedírselo. La verdad es que, si él fuera una *mujer*, entonces ella no tendría que pedirle que participara más en la relación. A medida que ella aprende a pedirle más participación sin resentirse en silencio con él, el hombre puede recordar mejor las necesidades de ambos para la relación. Él puede recordar cuánto mejor se siente cuando recibe el amor de la mujer y le brinda el suyo a cambio.

El mayor error de la mujer en una relación es dejar de comunicar sus necesidades y empezar a hacer todo sola. A corto plazo, es más fácil, pero a la larga, no desarrolla la comunicación y la comprensión necesarias en su relación. En última instancia, sentirá un fortísimo impulso por hacer todo, mientras supone equivocadamente que a su compañero no le interesa ayudar o participar.

En cambio, si ella insiste en comunicarse, puede ayudarlo a tomar conciencia de los problemas de la relación que su visión de túnel le impide ver. La visión de túnel es como un hechizo que puede apoderarse de un hombre. Se libera de ese hechizo cuando puede *oír* las necesidades de los demás. Cuando no se siente indigno de confianza y rechazado por su visión de túnel sino amado, digno de confianza y tratado de un modo positivo, puede recuperar su personalidad amorosa. Esta clase de comunicación de afecto lo libera del hechizo.

La transformación es posible. Al aceptar y comprender las diferencias de cada uno con amor, nuestras relaciones pueden transformarse. Nos convertimos en quienes realmente somos: seres amorosos y afectuosos.

Para que un hombre disfrute de una buena relación con una mujer, debe adaptar sus expectativas. En vez de pensar que su trabajo termina cuando llega a su casa, debe darse cuenta de que tener una relación es también una parte de su trabajo. Siempre habrá obstáculos que superar para mantener una relación afectuosa. Con frecuencia, los hombres suponen que una vez que se casan, termina el trabajo de tener una relación. En realidad, es el momento en que empieza.

La principal responsabilidad de un hombre es contrarrestar su tendencia a estar demasiado concentrado y luchar por mostrarse interesado, respetuoso y comprometido a comprender los sentimientos y necesidades de su compañera, al tiempo que mantiene su personalidad masculina. Al aprender poco a poco a oír los sentimientos de la mujer, se sentirá más motivado a apoyarla y tomará conciencia de sus propias necesidades en la relación.

La responsabilidad de la mujer

Aunque la mujer es más consciente de las necesidades en una relación, eso no la convierte en la única que debe resolver los problemas. Sin embargo, es responsable de ocuparse de que sus propias necesidades se satisfagan de dos formas. Primero, debe comunicar sus necesidades y deseos sin resentirse con su compañero. Segundo, debe lograr que sus necesidades sean satisfechas de una variedad de fuentes, y no convertir a su compañero en la fuente de su insatisfacción o la única fuente de su satisfacción.

Consideremos a la mujer que trata de mejorar una relación enferma dando todo el tiempo al hombre mientras espera que él le devuelva de la misma manera. Asume la responsabilidad de complacerlo, pero pasa por alto sus propias necesidades hasta que es demasiado tarde. Al hacerlo, impide que el hombre pueda apoyarla. Los hombres se sienten atraídos hacia donde se sienten necesitados, dignos de confianza y apreciados. El hombre huye de las necesidades de una mujer cuando al parecer no puede satisfacerlas. La señal de su fracaso es el resentimiento de ella.

En general, las mujeres no comunican sus necesidades hasta que están resentidas a causa de haberse sacrificado durante demasiado tiempo. Luego, no importa cómo comuniquen sus necesidades, sonará como una molestia, una queja, una censura o una exigencia. Esto aumenta la resistencia del hombre a oír que tiene que continuar esforzándose en su relación.

Para un hombre es muy difícil reaccionar de un modo positivo ante el resentimiento o un sentimiento de culpa. No puede contribuir en la relación cuando lo consideran un "tipo malo". Para enriquecer la relación, la principal responsabilidad de la mujer es compartir sus sentimientos, pensamientos y necesidades sin albergar resentimientos sino con una actitud amorosa, de aceptación, confianza y apreciación. Tampoco debe esperar que él satisfaga todas sus necesidades, sino que debe crear, en cambio, varias vías de satisfacción en su vida. Con este amor y apoyo adicionales de la familia y amistades, la mujer no necesita que el hombre todo el tiempo le demuestre amor y seguridad y en cambio puede aceptar de mejor grado las particulares limitaciones masculinas.

Comúnmente los hombres esperan que no haya más problemas una vez que tienen una relación y las mujeres esperan que los hombres satisfagan sus necesidades sin tener que recordárselo una y otra vez. Cuando estas suposiciones equivocadas se corrigen, la comunicación mejora. Al hombre le resulta más fácil escuchar los problemas y la mujer puede expresar sus necesidades de un modo que brinde más apoyo. Con una mejor comunicación, ambos pueden compartir las cargas —y las alegrías— de las relaciones por igual.

TOMAR DECISIONES

Así como el hombre puede ser demasiado concentrado, la mujer puede ser demasiado abierta. Ser demasiado abierto o demasiado concentrado influye sobre la forma en que hombres y mujeres toman decisiones. Las mujeres demasiado abiertas tienden a ser conscientes de tantas posibilidades que no pueden concentrarse en una y tomar una decisión. Por ejemplo, es posible que se pasen días buscando *exactamente* el regalo de cumpleaños apropiado para su marido, viendo tantas posibilidades que son incapaces de elegir.

Al hombre le puede parecer que este comportamiento es incomprensible. En cambio, él se concentraría en comprar un regalo y solucionar el problema lo antes posible. Quizá pierda la oportunidad de comprar un regalo mejor porque no se tomó tiempo para examinar por lo menos algunas de las opciones.

Como las mujeres están más orientadas hacia la relación, tienden a incluir a los demás en el proceso de tomar decisiones. Antes de tomar una, hablan con los demás, incluyendo a todos los afectados por la decisión, y finalmente llegan a una conclusión juntos. En contraste, el hombre primero toma una decisión por su cuenta y luego está abierto a cambiar según la respuesta de los demás. El hombre primero toma su decisión en privado en su "cueva" y luego la controla con los demás. Si su primera conclusión no es aceptada, entonces vuelve a empezar de cero.

Sin una verdadera comprensión de estos estilos diferentes de tomar decisiones, lo más probable es que surjan conflictos, confusión y resentimiento. Cuando el hombre toma decisiones antes de explorar cómo se siente la mujer, ella termina sintiéndose excluida, poco respetada y poco importante. En realidad, él no es consciente de que ella espera que la incluya. Equivocadamente supone que si ella tiene algo que decir, lo dirá. No se da cuenta de su necesidad de ser incluida.

Ella no ofrece ninguna respuesta porque supone que el hombre fue rígido al tomar la decisión y la excluyó. No se da cuenta de que él tomó solo la mejor decisión que pudo y ahora está abierto a una respuesta. Esto resulta confuso para la mujer porque primero reúne toda la información y luego toma una decisión, que es mucho más definitiva que la clase de decisión que toma el hombre.

Por ejemplo, un hombre podría decir a su mujer: "Creo que deberíamos tomarnos unas vacaciones en junio. Podemos ir de camping y pasarlo muy bien". Al oír esto, ella se sorprende. No puede creer que ni siquiera le haya preguntado si quería tomarse unas vacaciones, cuándo y dónde.

Él supone que ella le dirá si no le gusta la idea. Así que cuando ella no lo hace, él piensa que fue aceptada. Sin embargo, ella todavía está recuperándose de la sorpresa de que alguien pueda ser tan egoísta que toma una decisión fundamental sin incluirla antes de decir la última palabra. A ella le suena como si él estuviera diciendo: "Decidí que vamos a irnos de camping durante diez días en junio y no me importa lo que quieras hacer. Ya estoy decidido". Es importante destacar que eso no es lo que él está diciendo, pero en lenguaje femenino es lo que se oye. Emocionalmente, la mujer reacciona a la decisión del hombre como si él no deseara incluirla cuando, en realidad, él está abierto a propuestas.

Algunas mujeres entienden esto; cuando un hombre toma una decisión, saben que él está abierto a propuestas y al cambio. Sin embargo, pocas entienden esta diferencia. Se resienten con él o se sienten intimidadas. Si el hombre siente el resentimiento y la desconfianza femeninos, entonces se vuelve rígido e inamovible, pero si siente que la mujer lo aprecia por tomar una decisión, entonces está dispuesto a cambiarla. Las mujeres no tienen muchas oportunidades de ver este lado masculino flexible, porque en cuanto él toma una decisión solo, ellas sienten que tienen que luchar para que las oigan. Cuando empiezan a pelear, los hombres pierden esa disposición a cambiar y se protegen mediante la censura y la rigidez.

Por otra parte, los hombres se frustran con el proceso más democrático de tomar decisiones de la mujer. Les parece largo y tedioso. La mujer en general quiere averiguar haciendo muchas preguntas antes de tomar una decisión. Muchas veces el hombre supone que ella finge no saber lo que quiere, cuando en realidad necesita tiempo para examinar todas las posibilidades y los diversos puntos de vista antes de tomar una decisión. Es posible que se ponga furioso porque se siente controlado a través de la falta de conocimiento de ella.

Por ejemplo, Joe decidió que le gustaría irse de camping con la familia durante el verano. Dice:

—Creo que sería una buena idea que nos fuéramos de camping este verano.

Martha responde:

—No sé. Todavía no pensé en nuestras vacaciones".

"No sé" es un estado mental muy creativo, desde el que Martha puede acceder a su intuición y también estar abierta a muchas fuentes fuera de sí misma. Liberada de estar encerrada dentro de los límites de su mente y lógica, puede responder a sus sentimientos internos.

Sin embargo, Joe piensa que "No sé" significa que ella está rechazando su sugerencia. Frustrado, piensa: "Detesto que me dé excusas. ¡Tarda tanto tiempo! Si no quiere ir, ¿por qué no lo dice? Es tan controladora...".

Para aliviar el malestar de Joe porque ella necesita más tiempo para tomar una decisión, Martha podría decir: "Creo que es una buena idea, pero necesito tiempo para pensarlo. Aprecio tu paciencia" o "Parece una buena idea. Hablemos con los niños y veamos si ellos también quieren ir" o "Hace muchos años que no nos vamos de camping. Qué buena idea. Antes de decidirnos, ¿me darías unos días para pensarlo?"

Esta clase de respuesta puede ayudarlo a ser más paciente. Puede facilitarle las cosas a ella si respeta su necesidad de tener más tiempo para tomar una decisión.

EL SEXO Y LAS DECISIONES

El sexo es un área de las relaciones en que el proceso de tomar decisiones es particularmente importante. En general, el hombre sabe cuándo está abierto para tener relaciones sexuales. Sin embargo, la mujer puede estar dispuesta a tenerlas pero quizá necesita más tiempo para descubrir si realmente lo quiere. Los hombres no entienden esto con facilidad porque cuando están abiertos para tener relaciones sexuales, simultáneamente lo desean.

Cuando un hombre le pregunta a su mujer si le gustaría tener relaciones sexuales esa noche, si ella dice: "No sé", es muy fácil que él la interprete mal y piense que está diciendo "no". Mientras que él cree que lo rechaza, ella se está haciendo a la idea. Es posible que esté muy dispuesta a tener relaciones, pero necesita que emerjan sus sentimientos internos antes de tomar una decisión.

Por ejemplo, Bill le dice a Mary:

—Esta noche me gustaría hacer el amor. ¿A ti te gustaría?

Mary experimenta una oleada de sensaciones y dice:

—No sé. —En su interior, hay varios sentimiento que aún tiene que descubrir: "Qué bien, hacer el amor, pero esta noche estoy cansada, todavía tengo que hacer esas llamadas, no estoy segura de querer tener relaciones esta noche, no sé si tengo la energía, quizá prefiero simplemente estar acurrucada en tus brazos, otra parte de mí querría tener relaciones, eres un amante tan maravilloso, me encantaría tener relaciones esta noche..."

Pero cuando Bill oye: "No sé", oye el rechazo. Se siente herido y se pone a la defensiva diciendo:

—No importa, olvídalo. Seguramente esta noche no es el mejor momento. —Pero piensa: "Detesto que me rechace. Si no quiere tener relaciones, ¿por qué no lo dice? Esta es la última vez que se lo pido. Si no quiere hacer el amor conmigo, no me voy a preocupar por ella".

Si él comprendiera la diferencia entre el hombre y la mujer, podría remediar la situación. Cuando ella dice: "No sé", él podría responder: "¿Hay alguna parte de ti que quiera hacer el amor?" Entonces, ella podría decirle: "A una parte le encantaría. Sólo necesito una oportunidad para sentir si este es el buen momento".

Si Mary comprendiera cómo los hombres interpretan la frase "No sé", podría responder a su sugerencia diciendo: "Me encantaría hacer el amor contigo. Necesito algo de tiempo para descubrir si esta noche es el momento adecuado" o "Hacer el amor me parece una idea maravillosa. Sólo necesito una oportunidad para sentir si éste es el momento adecuado. Dame algo de tiempo para considerarlo".

Después que ella responde con una de estas frases amables pero indefinidas, querrá que él le transmita seguridad, sea paciente e insista afectuosamente en su interés. Podría decir: "Está bien, no forzaremos la situación" o "Tómate el tiempo que quieras, mi amor" o "Te entiendo. Podríamos quedarnos abrazados un rato y ver qué sucede" o "¿Quieres hablar de algo?".

Con el sexo, como con muchas otras áreas de la vida, es fundamental que los hombres entiendan que cuando la mujer dice: "No sé", no está diciendo que no.

FORMARSE OPINIONES

Como sucede con el proceso de tomar decisiones, el hombre y la mujer se forman y expresan opiniones en modo diferente. Entender estas diferencias puede evitar muchos conflictos.

Como sucede con el proceso de tomar decisiones, la mujer tarda más en formarse opiniones. Toma más tiempo y cuidado para considerar diversos puntos de vista y reunir toda la información disponible. Aun cuando expresa sus opiniones, tiende a estar abierta a otros puntos de vista, y se asegura de hacer saber a los demás que no pretende tener razón.

Cuando está centrada, la mujer tiene una gracia y una flexibilidad que deja una puerta abierta para que los demás tengan opiniones diferentes. Usa frases como: "A mí me parece, siento que, podría ser que, yo lo veo de esta manera, lo que veo es que, lo que entiendo es que, a mi modo de ver, etcétera". Su estilo de expresión revela que está abierta para ver el valor o la verdad de otros puntos de vista.

El hombre se forma y expresa opiniones del modo opuesto. El hombre enseguida se forma una opinión o llega a una conclusión basándose en lo que ya sabe. Luego la pone a prueba proclamándola *como si* estuviera absolutamente seguro de ella. Al experimentar diversas reacciones a su criterio, se siente más definido. Si los demás tienen opiniones diferentes, es posible que sopese los méritos de ellos contra los suyos y luego cambie de parecer.

Cuando una mujer oye la opinión del hombre, es posible que reaccione en forma negativa, porque no se da cuenta de que está abierto a oír a los demás. Suena como si pensara que es dueño de la verdad absoluta y que cualquier otra opinión es ridícula, irracional o poco inteligente. Como las conclusiones de la mujer son el resultado de una cuidadosa consideración, ella tiende a intimidarse u ofenderse con las conclusiones y opiniones precipitadas del hombre. Para ella, él es intransigente, arrogante y no está dispuesto a oír a los demás.

Sin embargo, es posible que ese hombre esté muy dispuesto a cambiar. Simplemente parece rígido porque su proceso de llegar a conclusiones es diferente. Es rápido para ello, pero también es rápido para cambiar cuando le presentan más información. Aunque no esté absolutamente seguro, esa es la imagen que da a la mujer.

Por ejemplo, Bill dice con tono seguro:

—Nuestros hijos están totalmente malcriados.

Azorada, Mary le contesta:

—No es así. No puedo creer que digas eso. —Ahora van camino a una discusión.

Mary supone que Bill no está dispuesto a cambiar su punto de vista. Lo tilda de moralista, testarudo y egocéntrico. Para ella es imposible hablar del tema después que Bill expresó un juicio que parece tan definitivo. Si ella quiere ser oída, piensa que tiene que enfrentarse a la difícil tarea de *convencer* en lugar de *compartir*.

Al no conocer la forma en que los hombres razonan, Mary interpreta la afirmación de Bill como un signo de arrogancia y rigidez. Como piensa que debe pelearse con él para que la oiga, se vuelve testaruda y agresiva. Esta actitud agresiva, a su vez, lo pone a la defensiva y se opone a su punto de vista. El temor de Mary se convierte en una profecía que se cumple.

Sin embargo, si Bill dijera a su amigo Tom: "Mis hijos están completamente malcriados", Tom podría responder:

"Sé a qué te refieres. Los niños hoy en día son muy distintos de los de nuestra generación. No creo que estén malcriados, pienso que son más agresivos. A la larga, creo que les va a ir bien".

En este caso, Tom oyó el punto de vista de Bill, pero sabía instintivamente que Bill también estaba abierto a otras opiniones. De esta manera, Tom pudo expresar su punto de vista opuesto sin defender el propio o atacar a Bill. Sabía que podía disentir con él. Tom sabía que Bill compararía los méritos de las distintas ideas y posiblemente se formara una nueva opinión.

Si hubiera sabido esto, Mary habría respondido a Bill de una manera que no la pusiera a la defensiva. Cuando Bill dijo: "Nuestros hijos están completamente malcriados", podría haber respondido de un modo abierto que le brindara apoyo: "Por supuesto que exigen mucho, pero no creo que estén malcriados. Son muy responsables y siempre hacen sus deberes. Simplemente son distintos de los de nuestra generación". En este ejemplo, Mary se sintió segura para expresar su punto de vista; la pareja pudo tener una conversación y no una discusión.

Al entender nuestros estilos diferentes, podemos respetarlos e integrarlos a los dos. Al formarse opiniones y luego tomar decisiones, el hombre y la mujer bien equilibrados entienden el valor creativo de compartir abiertamente pensamientos y sentimientos y, sin embargo, también respetan el valor de la introspección y de meditar sobre un problema antes de buscar una respuesta de los demás. La intención de ser abiertos y respetuosos del estilo de razonamiento de nuestra pareja es muy útil para evitar conflictos.

Estas diferencias de apreciación no sólo marcan nuestros procesos mentales sino que incluso afectan nuestra experiencia sexual. Observemos algunos ejemplos de cómo nuestra apreciación centrada y abierta está de manifiesto en las necesidades y experiencias sexuales de hombres y mujeres.

Durante las relaciones sexuales, los hombres tienden a pasar por alto el juego amoroso previo para alcanzar el objetivo del orgasmo, mientras que las mujeres prefieren el proceso placentero del juego amoroso. Hasta sus fisiologías expresan esta diferencia. Las estadísticas muestran que los hombres necesitan dos o tres minutos de estimulación genital para alcanzar el clímax mientras que las mujeres necesitan un promedio de dieciocho minutos. Estas cifras son asombrosas: la mujer necesita seis veces el tiempo y la atención para alcanzar el clímax.

Si el hombre no entiende esta diferencia, puede suponer, fácil y equivocadamente, que su compañera no disfruta del sexo tanto como él. Lo que es más importante, si no sabe que ella necesita seis veces más juego amoroso, lo más seguro es que la mujer no disfrute igual que él de las relaciones sexuales. Cuando la mujer no está satisfecha en ese aspecto, el sexo deja de ser agradable y energizante, y se vuelve difícil y agotador para ambos.

Como la mujer tiene una conciencia abierta, le toma más tiempo relajarse y abrir la mente para disfrutar del sexo. Si no entiende y no acepta esta diferencia, fácilmente puede creer que hay algo en ella que no anda bien. Puede incluso imaginar que es frígida o incapaz de excitarse, cuando en realidad no recibe el juego amoroso relajado que necesita.

En muchos casos, como la mujer tarda más en experimentar una excitación intensa, finge tenerla para dar al hombre la sensación de logro y también para evitar parecer incapaz de satisfacerlo. Esto establece una curva negativa. Cuando una mujer parece satisfecha con un escaso juego amoroso, el hombre recibe el mensaje equivocado. Piensa que lo que está haciendo funciona y seguirá haciendo lo mismo. En lugar de ofrecerle más estimulación, cada vez habrá menos. Ciertamente, este es un tema delicado para tratar, pero si la mujer finge o exagera su placer, se está exponiendo a no obtener lo que necesita.

Cuando la mujer está agobiada por su día, le cuesta más relajarse lo suficiente para tener un clímax sexual. En esos momentos, lo que necesita es que la abracen y acaricien. Necesita muchos mimos, afecto y abrazos íntimos. Al ser abrazada de un modo no sexual, puede relajarse sin que le exijan nada. Para ella resulta una experiencia gloriosa y está íntimamente relacionada con la sensación que experimentan los hombres después de alcanzar el clímax.

Es importante entender esta necesidad femenina; de lo contrario, los hombres no se toman el tiempo para ofrecer esta clase de apoyo afectuoso a sus compañeras. Este contacto físico no sexual, sin ningún objetivo, es muy valorado por las mujeres de manera que los hombres no entienden. Tocarse es tan importante para las mujeres como el sexo lo es para lo hombres.

Esto no significa que a las mujeres no les guste el sexo. Les gusta igual que a los hombres. La diferencia es que, cuando están tensas, se relajan a través de abrazos y caricias sin un objetivo en particular; sin embargo, cuando los hombres están tensos, sienten el impulso de intensificar esa tensión mediante el sexo con un objetivo específico. La conciencia abierta quiere expandir el proceso de darse placer mutuo, mientras que la conciencia concentrada quiere alcanzar el objetivo lo más eficientemente posible.

Como los hombres tienen un objetivo en el sexo, siempre se impacientan con el juego amoroso previo. A veces, las mujeres necesitan mucho más que dieciocho minutos de estimulación para tener un orgasmo. De hecho, a veces el sexo puede ser muy satisfactorio para la mujer aunque no tenga un orgasmo. Esta experiencia sin orgasmo es muy diferente de lo que sospecharía el hombre.

Para el hombre es difícil entender cómo la mujer a veces puede sentirse sexualmente satisfecha sin tener un orgasmo. Una forma en que los hombres pueden conectarse con esto es comparando el sexo sin orgasmo de la mujer con sus relaciones sexuales "cortas y rápidas". Así como el hombre puede sentir satisfacción alcanzando el objetivo (una relación de cinco a diez minutos), la mujer disfruta el momento o el proceso de dirigirse hacia un objetivo. Alcanzar este objetivo (el orgasmo) no es fundamental para su satisfacción así como el proceso de llegar allí (juego amoroso previo) no es fundamental para el hombre.

Por supuesto, esto no significa que las mujeres no disfruten con el orgasmo. Sin embargo, en general no disfrutan por completo del orgasmo a menos que antes disfruten del juego amoroso. A veces ella ni siquiera está interesada en el orgasmo, sino que más bien quiere saborear la sensualidad de disfrutar y complacerse mutuamente. Por momentos es posible que esté orientada hacia un objetivo y en otras ocasiones quizá sólo disfruta del proceso de acercarse más.

El hombre también experimenta diferentes deseos en su experiencia sexual. A veces desea tomarse tiempo y disfrutar provocando a su compañera. Poco a poco, todo su cuerpo se colma de placer y luego, cuando llega al orgasmo, experimenta el gozo, la sensualidad y el éxtasis de un orgasmo en todo el cuerpo.

Esta experiencia plena y consumada contrasta con una relación corta y rápida. En esta última —de cinco a diez minutos de juego amoroso—, el hombre se concentra en alcanzar el clímax lo antes posible. Aunque él siente satisfacción con ambas, la relación corta y rápida no satisface tan plenamente como darse el gusto del placer sensual del juego amoroso. Es como comparar una hamburguesa con un plato francés. Unas veces queremos comer la hamburguesa y otras, algo mucho más elaborado.

En ocasiones, la mujer sólo quiere que la abracen y la acaricien. Quiere estar así y no le preocupa tener un orgasmo. Al entender esto, al hombre le resulta más fácil tener éxito al hacer el amor si su compañera no tiene un orgasmo. También se sentirá más motivado para crear momentos en que simplemente permanezcan abrazados sin tener relaciones. Para las mujeres es algo muy importante.

De un modo similar, a veces el hombre sólo quiere un alivio y está satisfecho. Para los hombres es importante olvidar todo el juego amoroso y experimentar relaciones cortas y rápidas de vez en cuando.

Esta comprensión equilibrada alivia a la mujer, que ya no se siente presionada a actuar como una diosa del sexo cada vez que hacen el amor. El hombre no le exige que tenga un orgasmo cada vez. Ella no espera que él disfrute de una relación larga y extendida. Durante las relaciones cortas y rápidas, la mujer no tiene que resentirse porque no hay juego amoroso si sabe que en otros momentos permanecerán abrazados y a veces, cuando ambos se sienten más equilibrados, disfrutarán de un sexo más elaborado.

Nuestras necesidades sexuales cambian en ciclos como el clima o las fases de la Luna. Estos ciclos son interrumpidos por las variedades de estrés de nuestra vida cotidiana. Una relación sexual sana exige flexibilidad y una enorme aceptación de nuestras diferencias.

LA LOGÍSTICA DEL JUEGO AMOROSO

Como su conciencia está tan expandida y abierta, las mujeres se distraen con facilidad o se dejan afectar por su ambiente, en especial cuando se trata de sus propias necesidades. Cuando es su turno de relajarse y disfrutar, la mujer quizá se encuentra preocupándose por cuentas sin pagar o preguntándose si la casa es segura.

Los hombres tienen que reconocer que, para las mujeres, el ambiente es esencial para el proceso de hacer el amor. Los alrededores atractivos ayudan mucho. Encender una vela, olores agradables, luz tenue, música suave, todo ello puede hacer una gran diferencia.

Para que una mujer en exceso abierta se relaje (recordemos que la mayoría de las mujeres terminan demasiado abiertas después de un día estresante), es posible que necesite que le toquen todo el cuerpo antes de concentrarse lo suficiente para disfrutar de una estimulación directa de sus zonas erógenas.

Cuando un hombre está cansado, una relación corta y rápida puede satisfacerlo sexualmente; la mujer puede sentir la misma satisfacción si recibe un masaje amoroso en todo el cuerpo. Al sentir en todo el cuerpo, ella puede volver a su centro.

Entender los distintos tipos de percepción nos ayuda a identificar algunas de las diferencias comunes, pero no determina cómo debería ser el sexo o el hecho de hacer el amor. Los estilos de hacer el amor son muy personales y no es posible decir qué está bien para cada uno. A lo sumo, esta charla puede ayudarlo a explorar las necesidades de su pareja y ser más abierto para buscar y aceptar sus diferencias.

VIVIR CON LA PROMESA

La percepción abierta es capaz de reconocer el potencial de alguien o de una situación. La capacidad de ver lo que uno podría ser es una gran virtud, pero puede crear una serie de problemas cuando no está equilibrada. Cuando una mujer está demasiado abierta puede enamorarse del potencial de un hombre. Si ella carece de un centro, reaccionará en el presente a cosas que espera que sucedan en el futuro. Imagina que hoy es feliz porque espera que sus necesidades sean satisfechas en el futuro.

Por supuesto, es normal estar feliz cuando uno espera que suceda algo bueno. Sin embargo, esto se convierte en un problema cuando la felicidad adelantada disimula la infelicidad del momento. A una mujer demasiado abierta le resulta difícil tener la claridad suficiente para experimentar lo que siente en el presente cuando está pidiendo prestada su felicidad de un futuro no realizado.

Es posible que incluso esté en una relación con un hombre a quien no ama, pero imagina que algún día su amor cambiará a ese hombre. Imagina que él es su compañero ideal. Al percibir el potencial del hombre como afectuoso, comprensivo y que le brinda apoyo, la mujer empieza a sentir que él ya cambió. Vive en un mundo de fantasía. Ve lo que quiere ver en lugar de lo que es.

Por ejemplo, imaginemos que alguien nos ofreciera un cheque por un millón de dólares. Eso sería magnífico. La única desventaja es que tenemos que esperar un mes antes de que el cheque se acredite. Aunque tengamos que esperar, es probable que estemos muy felices y entusiasmados. De la misma manera, estar en una relación con alguien que promete mucho puede entusiasmarnos y hacernos muy felices, sin importar lo que obtengamos en el presente.

Cuando volvemos a casa con un cheque por un millón de dólares, aunque tarde un mes en acreditarse, nos sentimos millonarios. Si tenemos alguna tarjeta de crédito, probablemente empezaremos a gastar el dinero antes de recibirlo. Este vivir en el futuro es como vivir a cuenta de ganancias futuras. Conduce a cierta decepción, en especial si el cheque nunca se acredita.

Observemos el ejemplo de una pareja que "vive en la promesa". Daniel, un escritor de treinta y dos años, está casado con Susan, una secretaria ejecutiva de treinta y tres. Daniel nunca estuvo seguro de querer casarse con Susan. También amaba a otra mujer. Pero Susan estaba segura de que él era perfecto para ella. Incluso abandonó a su marido anterior, que era muy famoso, para estar con Daniel. Ella dijo: "Nunca conocí a un hombre tan maravilloso como tú. Sé que esto tiene que ser. No puedo vivir sin ti. Ahora en mi vida todo es perfecto".

El mensaje que Daniel recibió era que él no podía fallar. Daniel no podía creer lo fácil que era la relación. Susan lo aceptó incondicionalmente. Lo escuchaba, lo elogiaba, estaba de acuerdo con él, lo satisfacía y se ocupaba de todo lo que él necesitara.

Susan veía en Daniel a su compañero perfecto idealizado. Estaba inmensamente feliz. En él vio a un hombre que la amaría como ella siempre había soñado. Él era amable, considerado, responsable, creativo, espiritual y un día sería famoso. Tenía muchísimo potencial. Todo el mundo lo quería. Pero sobre todo, él necesitaba su amor.

El problema era que Susan no amaba a Daniel. Estaba enamorada del hombre perfecto en el que creía que Daniel se convertiría si ella lograra amarlo. La otra mitad del problema era que Daniel no la amaba. Amaba lo que estaba recibiendo: necesitaba amor y él amaba ser amado.

La visión que Susan tenía del potencial de Daniel era precisa. Él era potencialmente amable, considerado, responsable, etcétera, y si recibía la clase apropiada de apoyo afectuoso, esas cualidades se desarrollarían. Lo que ella no vio era que él no era "apropiado" para ella. Sólo imaginaba que si podía ser *la* que lo amara y apoyara, él la recompensaría con su amor y vivirían felices para siempre.

Durante su relación, Susan se preocupaba por ser una "compañera perfecta y afectuosa", mientras que Daniel estaba absorto en ser amado. Ella tenía una imagen de lo que hace una persona amorosa y eso fue lo que hizo, decidida a ganarse su amor. Susan estaba tan concentrada en ser amorosa que nunca vio en realidad quién era Daniel.

Por otra parte, Daniel no amaba a Susan en realidad. En cambio, amaba la forma en que lo trataba. Mientras ella le ofreciera todo su amor y devoción, él la amaría. Pero cuando se sentía maltratado, se molestaba y no demostraba su amor hasta que Susan se disculpaba y prometía cambiar.

La mayor parte del tiempo, Susan sentía que estaba recibiendo el amor que necesitaba. En realidad, no era así. Por ejemplo, Daniel no le prestaba atención cuando hablaba. En el fondo se sentía herida. Pero en la superficie no le importaba porque creía que si lo amara lo suficiente, él cambiaría. Su fuerte expectativa de que un día recibiría el amor de Daniel actuaba para reprimir su dolor.

Igual que la persona que espera cobrar el millón de dólares, Susan esperó fielmente con una sonrisa devota en la cara. Terminó expresando sus sentimientos negados de infelicidad e insatisfacción en miradas esporádicas de desaprobación y resentimiento. Con el tiempo, inconscientemente empezó a tratar de moldearlo según su imagen ideal.

Esa tensión latente dio origen a un creciente conflicto. Susan pensaba que amaba a Daniel, pero en el fondo éste se sentía rechazado. Recibía un doble mensaje muy confuso. En la superficie ella era feliz con él y decía que eran "la pareja perfecta". Pero a un nivel más inconsciente, estaba insatisfecha con él e intentaba controlarlo, cambiarlo y rehabilitarlo. En modos sutiles le decía qué hacer corrigiéndolo, sermoneándolo, exigiéndole y quejándose.

Después de dos años de matrimonio, Daniel ya no se sentía atraído por Susan, mientras que ella se dio cuenta de que estaba enamorada de otro hombre, su médico. Este era ahora "compañero perfecto", el destinatario de su devoción. Daniel se mostró en extremo intolerante con sus sentimientos por otro hombre y se divorciaron.

Al hacerse tratar, Daniel aprendió la diferencia entre el amor verdadero y el amor condicional. Se dio cuenta de que nunca había amado a Susan, sino que había amado cómo se sentía cuando ella lo adoraba. Más tarde se casó con una mujer a la que amaba de verdad y poco a poco fue aprendiendo a dar amor incondicionalmente.

Susan también hizo terapia, y entonces reconoció su patrón de enamorarse del potencial de un hombre y luego tratar de ganarse su amor. Aprendió que al tratar desesperadamente de obtener amor en realidad no estaba ofreciendo nada a un hombre, sino que lo estaba rechazando. Lo que pensaba que iba a asegurar una relación exitosa en realidad era contraproducente.

Cuando la mujer vive en una promesa, es posible que parezca feliz y afectuosa frente a su hombre, pero sólo ama su personalidad potencial y no al hombre verdadero. De lo que no se da cuenta es de que él no va a cambiar mientras esté recibiendo el mensaje de que ella está feliz con el comportamiento de él.

Aquí hay una paradoja. Como ya mencioné, los hombres necesitan sentirse amados y aceptados tal como son antes que puedan cambiar. Ser aceptado "como es uno" no significa ser aceptado "como va a ser uno". Ciertamente, los hombres necesitan apreciación y aceptación. Sin embargo, por otra parte, también necesitan una respuesta honesta para determinar cómo pueden brindar más apoyo a las necesidades cambiantes de la mujer. Esto se logra a través de una comunicación y una persistencia afectuosas pero honestas para pedir apoyo. Entonces el amor, la aceptación y la apreciación que él recibe son reales.

El amor no requiere que uno esté feliz por todo lo que nuestra pareja dice y hace. La mujer puede demostrar amor y aceptación y también expresar sentimientos de frustración,

138

decepción, preocupación, ira, dolor, tristeza y temor. Unos días puede estar muy feliz y otros, menos feliz. Una parte de ella puede estar enojada y otra sentirse feliz por estar con él. Cuando está en contacto con sus verdaderos sentimientos y necesidades, cuando está feliz y demuestra apreciación, estos sentimientos van a ser reales y lo afectarán de un modo positivo. Sólo entonces él podrá responder de verdad a las necesidades de ella.

Ningún hombre puede crecer y alcanzar su potencial con una mujer a menos que ella sea auténtica. Cuando una mujer vive en una promesa, se comporta con su compañero como si estuviera cumpliendo sus sueños. Actúa como una millonaria pero cada día su cuenta disminuye. A un nivel inconsciente, se siente cada vez más insatisfecha, frustrada y decepcionada. En apariencia está cariñosa y feliz, pero su amor se vuelve demasiado dependiente y no parece auténtico.

El hombre recibe mensajes contradictorios. Por un lado, ella parece feliz con él y, por otro, siente que nada de lo que hace puede satisfacerla de verdad. Ella siempre trata de cambiarlo y moldearlo según su imagen ideal. Cada vez se siente menos atraído. No puede responderle de verdad porque ella no le está comunicando la verdad. No le está comunicando sus necesidades y tampoco expresa cómo se siente cuando esas necesidades no están satisfechas.

En algún punto, ella despierta y siente el vacío en su vida. El dolor es tan grande que ya no puede seguir negándolo. Pasa de la euforia a la depresión.

No es raro que una mujer sienta que tiene un matrimonio feliz y luego, después de diez años, despierta un día y se da cuenta de lo infeliz que ha sido en realidad. Luego rechaza a su compañero por no satisfacerla. Esta culpa que le achaca ciertamente se debe a la experiencia que ha tenido, pero es injusta. Él se sorprende cuando descubre que ella es tan infeliz. Dice que está dispuesto a cambiar y ella dice que está cansada de tratar de que la relación ande bien.

La fatiga de la mujer surge de años de tratar de que marche bien fingiendo que anda como sobre ruedas. Trató de ser afectuosa y agradable cuando en el fondo estaba furiosa y resentida.

Algunas mujeres pasan años viviendo en el futuro, negando el dolor del presente, mientras que otras atraviesan ciclos mucho más cortos. Pueden pasar de la euforia a la depresión en una semana, dos veces al mes o una vez en diez o veinte años. Cuanto más tiempo niegan su dolor, más grande es su depresión cuando llega.

Si la mujer desea hallar más estabilidad, necesita la oportunidad de compartir sus sentimientos de inseguridad y sentirse reconfortada por su marido o amigos íntimos. Cuando una persona en extremo abierta es feliz, a los demás puede parecerles que siempre lo es. Cuando se siente mal, parecería que *todo* está mal y que siempre será así.

Para encontrar una mayor estabilidad, la mujer necesita recordar lo variable que es su realidad. Tener un diario de sentimientos, experiencias e impresiones es muy útil, igual que los grupos de apoyo y la terapia.

En la mayoría de los casos, cuando una mujer de pronto descubre que no está recibiendo lo que necesita, se siente como una víctima. Culpa a su marido en vez de asumir la responsabilidad por los mensajes contradictorios que le envió todo el tiempo. Es importante notar que cuando ella despierta, para encontrar equilibrio tiene una necesidad válida de sentirse como una víctima durante un tiempo. Luego puede empezar a asumir la responsabilidad.

Esto no significa que vivir en una promesa es puramente culpa suya. Así como las mujeres pueden vivir en el futuro, los hombres pueden vivir en el pasado. Un hombre puede hacer feliz a su compañera una vez y luego esperar que se sienta satisfecha todo el tiempo. Los hombres hacen algo bueno e imaginan que las mujeres van a estar felices para siempre. Sienten y dicen: "Te amo" y piensan que la parte amorosa de la relación ya está resuelta. Esperan que las mujeres siempre sepan que esos sentimientos amorosos están allí.

Los hombres también pueden vivir en la negación. La visión de túnel hace que se nieguen a sí mismos. Es posible también que estén infelices con su relación y ni siquiera lo sepan. Minimizan la importancia de los problemas de la relación. Como el avestruz que esconde la cabeza en la arena, los hombres se esconden en el trabajo y no reconocen que hay problemas en su vida amorosa. Algunos están tan perdidos en el trabajo que ni siquiera saben que necesitan amor y no lo están recibiendo. No se dan cuenta de que aunque su cuenta bancaria esté creciendo, emocionalmente están vacíos.

Como las mujeres, los hombres también pueden vivir en el futuro. Imaginan que cuando sean más ricos y exitosos, ellos y sus mujeres estarán felices y satisfechos. La dura verdad es que en muchos casos el éxito en realidad provoca una tensión más grande en las relaciones. Después de "lograrlo", estas parejas se enfrentan a los problemas que pasaron por alto para ser exitosos.

Así como las mujeres despiertan y se dan cuenta de que son infelices, los hombres también pueden experimentar un cambio cuando su dolor interior es demasiado fuerte. El hombre despierta y se da cuenta de que quiere más de su relación. El problema es que piensa que tiene que encontrarlo en otra parte. No se da cuenta de que aprendiendo a comunicarse mejor puede curar el dolor y satisfacer sus necesidades en la relación actual.

Muchas veces, el impulso de obtener el divorcio es como esconder la cabeza en la arena, negar que el problema está dentro de nosotros y echarle la culpa a la relación. He visto literalmente cientos de parejas al borde del divorcio que, al aprender a comunicarse mejor, pudieron crear un matrimonio más afectuoso. Cuando alguien quiere obtener el divorcio, le recomiendo que antes busque ayuda. Si una pareja siente que está cansada de intentar, tal vez lo estuvo haciendo de maneras que no funcionan.

CULPARSE A UNO MISMO O A LOS DEMÁS

Otra diferencia común entre el hombre y la mujer es que ésta tiende a culparse a sí misma antes, mientras que el hombre primero culpa a los demás.

Cada vez que hay un problema, conflicto o experiencia

negativa, las mujeres tienden a sentir demasiada responsabilidad. Primero se sienten responsables y luego reconocen que otras personas tienen parte de esa responsabilidad. Son especialmente duras consigo mismas antes de ver cómo los demás contribuyeron a crear el problema. Esta "culpa hacia adentro" es un síntoma de percepción abierta.

Los hombres tienden a acusar a los demás antes de buscar su parte de responsabilidad en los problemas. Tienden a estar inmediatamente conscientes de los defectos de los otros y luego toman conciencia de los propios. Esta "culpa hacia afuera" es un síntoma de percepción concentrada.

La percepción concentrada ve los problemas como obstáculos para alcanzar un resultado u objetivo en particular. Desde esta perspectiva concentrada, cualquier obstrucción es percibida primero como culpa.

Por otra parte, la percepción abierta ve los problemas en un contexto más grande, como resultados que deben corregirse. Desde esta perspectiva, la mujer es rápida para ver todas las distintas formas positivas en que podría haber hecho algo para producir un resultado diferente.

Estas diferencias básicas suscitan mucha confusión en las relaciones. Cuando un hombre reacciona a un problema culpando a otra persona, la mujer equivocadamente supone que él ya consideró primero su responsabilidad, como lo haría una mujer, y que su conclusión es que ella tiene la culpa. Esto da al impacto de la culpa del hombre mucho más peso del que en realidad tiene. Si ella puede aprender a no reaccionar a la defensiva ante la culpa de él, da la oportunidad al hombre de calmarse y examinar su propia responsabilidad.

Cuando el hombre tiene poca autoestima, su inseguridad le impide tomar conciencia de su responsabilidad; se estanca en culpar a los demás y ser moralista. Las mujeres no pueden reconocer que esta actitud farisea del hombre a veces es sólo un mecanismo de defensa para ocultar su inseguridad. Cuanto más inseguro es un hombre, más seguro de sí mismo puede parecer. Los mujeres no ven esto porque cuando ellas se sienten inseguras, tienden a criticarse "culpándose hacia adentro" en lugar de encontrar defectos en los demás "culpando hacia afuera".

Cuando una mujer culpa a su compañero, es posible que él no haga caso a sus quejas porque supone que más tarde ella va a ver su propia parte de responsabilidad en el problema, como lo haría un hombre. Muchas veces el hombre no toma en serio los resentimientos válidos de la mujer porque supone que lo está culpando completamente sin aceptar ninguna responsabilidad. No se da cuenta de que ella ya contempló su propia parte del problema y ha hecho todo lo posible por corregirlo.

Al concluir el examen que este capítulo hace de la forma en que hombres y mujeres ven el mundo desde distintos puntos de vista, es importante volver a destacar que ninguna persona es exclusivamente masculina o exclusivamente femenina. Dentro de cada persona es posible toda clase de combinaciones de concentración y apertura. El hombre o la mujer pueden ser en extremo concentrados en un área de su vida, tener equilibrio de apertura y concentración en otra, y ser en extremo abiertos en otra.

Reconocer estas diferencias nos ayuda a entender cómo y por qué las relaciones con el sexo opuesto pueden ser tan difíciles. Este mayor entendimiento nos da más comprensión de las vulnerabilidades de los demás, así como una mayor claridad para esforzarnos por encontrar soluciones a nuestros problemas cuando surgen.

En el capítulo 5 seguiremos examinando nuestras diferencias y vulnerabilidades observando las formas divergentes en que los hombres y las mujeres reaccionan ante el estrés.

Capítulo 5

Los hombres y las mujeres reaccionan en forma distinta ante el estrés

La siguiente de las categorías más importantes de diferencias complementarias entre hombres y mujeres es la forma en que reaccionan ante el estrés. En una palabra, la conciencia masculina reacciona ante el estrés de un modo más objetivo o analítico mientras que la femenina es más subjetiva o sensible en sus reacciones.

La conciencia masculina se preocupa principalmente por lo que sucede en el mundo externo: *al cambiar el mundo externo objetivo, la naturaleza masculina trata de reducir el estrés*. El hombre reacciona ante el estrés retirándose dentro de sus pensamientos para determinar qué hay que hacer para reducir el estrés.

La psique femenina se preocupa más por el mundo interno subjetivo: *al cambiar ella misma, la psique femenina trata de reducir el estrés*. La mujer reacciona principalmente ante el estrés con sentimientos repentinos y fuertes. Estos sentimientos le permiten centrarse, explorar sus actitudes y hacer cambios dentro de sí misma para poder reducir su estrés. Por ejemplo, si hay algo que la perturba, puede reducir el estrés volviéndose más flexible, tolerante, perdonando, siendo paciente, comprensiva, etcétera. Al cambiar su actitud, reduce el estrés y se siente mejor.

Cuando está estresado, el hombre se sentirá motivado a influir en su ambiente o controlarlo a fin de cumplir con sus propósitos. Cuando le suceden cosas no deseadas, para mantener el control necesita analizar objetivamente la forma en que sus acciones son responsables de lo que pasó y darse cuenta de lo que puede hacer para cambiar las cosas.

Para entender de qué forma es responsable, primero tiene que examinar la situación. Se vuelve muy alerta y atento a lo que sucedió en su ambiente externo. Luego puede determinar lo que *él* hizo que llevó al problema. Su objetividad entonces puede determinar qué puede hacer para resolver el problema. De esta manera, puede empezar a entender y aceptar su parte de responsabilidad en lo que sucedió.

A diferencia del hombre, la mujer estresada tiene que centrarse explorando sus sentimientos. Luego puede darse cuenta de lo que sucedió, por qué sucedió y qué debe hacerse. Si la mujer siente y comprende sus emociones, entonces su pensamiento será abierto, flexible y claro.

Emociones destructivas

Reaccionar objetivamente significa alejarse, observar y analizar lo que pasó y por qué. Reaccionar subjetivamente significa sentir y explorar nuestra respuesta emocional a un problema o al estrés; significa explorar cómo nos afecta lo que pasó y por qué.

Cuando el hombre reacciona ante el estrés desde su lado femenino y emocional, tiende a perder sus actitudes positivas. Sus emociones negativas pueden volverlo destructivo, malhumorado y egocéntrico. Las emociones negativas no son malas. Son parte del proceso de curarse o desestresarse. Pero cuando el hombre experimenta sus emociones negativas *y* pierde su objetividad, sus emociones se vuelven mezquinas, amenazadoras y poco afectuosas. Cuando el hombre está enojado le resulta fácil perder el control y volverse violento, romper cosas o decir cosas crueles. Este es su lado oscuro.

Esto no significa que los hombres no deban ser emocionales. Significa que cuando el hombre estresado se mete en sus sentimientos antes de establecer una perspectiva objetiva, sus emociones tenderán a ser poco afectuosas o destructivas. Cuando el hombre se mete en sus sentimientos prematuramente, puede haber otros síntomas además de la mezquindad, la frialdad, la crueldad y la violencia: puede volverse malhumorado, necesitado, insulso, indeciso, apático y tiende a postergar las cosas. El síntoma principal es que pierde el control de sí mismo. Pierde el control porque al abandonarse a sus propias emociones, se desconecta de su fuente principal de poder: su capacidad de ser objetivo.

La mujer, por otra parte, no necesariamente pierde sus sentimientos positivos cuando se enoja. Tiene una mayor capacidad de sentirse enojada mientras mantiene el interés y el respeto por la otra persona. Puede estar furiosa y, aun así, ser muy capaz de oír y entender el punto de vista del otro. Mientras que la ira quizás hace que los hombres se vuelvan demasiado moralistas y desafiantes, puede ayudar a la mujer a descubrir lo que merece.

Cuando una mujer está estresada, lo más importante que puede hacer es mirar en su interior y examinar sus sentimientos. Al ser más subjetivas, las mujeres primero necesitan reaccionar emocionalmente y luego pueden ver una situación en forma más objetiva. En general, procesan sus sentimientos subjetivos antes de llegar a una conclusión acerca de lo que está pasando objetivamente. Al procesar sus sentimientos, exploran e identifican sus reacciones, luego cuestionan su validez y corrigen aquellos sentimientos que no son coherentes con su verdadero ser. Si una mujer se vuelve demasiado analítica u objetiva sin considerar sus sentimientos subjetivos, es posible que experimente pensamientos rígidos y se vuelva controladora, terca, confundida, exigente, mezquina, negativa y frustrada. Este es el lado oscuro de la mujer.

El hombre que no honra ni apoya sus propias reacciones objetivas automáticamente experimenta emociones negativas y destructivas. La mujer que no honra ni apoya sus propias reacciones subjetivas se vuelve rígida y testaruda en sus pensamientos.

Mientras que la mujer esté en contacto con sus sentimientos y actitudes positivas, sus pensamientos y actitudes serán positivos, y sus sentimientos serán afectuosos y brindarán apoyo.

AMBOS SON VULNERABLES A LAS DISCUSIONES

Cuando la mujer está emocionalmente perturbada pero niega o reprime sus sentimientos en un intento por ser lógica y racional, es probable que tenga muchas discusiones con los hombres. En esos momentos, sus afirmaciones serán rígidas y tercas. Esto no sólo resulta ofensivo para el hombre sino que también es amenazador. Le indica que no hay posibilidad de que sus ideas sean válidas y que su punto de vista no es apreciado. Mientras que ella piensa que tiene sentido, él se enoja y le "arroja" sus emociones negativas.

Por otra parte, si el hombre sólo arroja sus sentimientos negativos sin considerar objetivamente el punto de vista de su compañera, puede provocar que ella se ponga muy a la defensiva. Nuevamente, ella tenderá a ser testaruda y rígida. Desde esta perspectiva, las discusiones no conducen a nada y deben evitarse.

En una discusión, el hombre a veces arroja todas sus emociones negativas y se siente mucho mejor, pero deja a la mujer destrozada. Puede disculparse fácilmente por todas las cosas desagradables que dijo y espera que ella lo olvide, como lo hizo él. Es más fácil decirlo que hacerlo. Lo más probable es que ella recuerde durante un largo tiempo lo que se dijo y el dolor que le causó.

De un modo similar, si la mujer se vuelve muy testaruda, crítica y controladora, puede llegar a cerrar a un hombre durante días. En general, él no sabe qué sucedió, pero sí sabe que no quiere abrirse a ella nuevamente. Decide guardarse sus pensamientos.

Tanto los hombres como las mujeres son vulnerables a las discusiones, pero no son conscientes del efecto dañino para los dos cuando discuten. El impacto de las discusiones no debe tomarse a la ligera. Aunque las partes no se hacen daño físico, a nivel psicológico se lastiman y tardan en curarse. Cuanto más cerca estamos de alguien, más fácil es herirlo o ser herido.

Como los hombres obtienen su poder de su análisis objetivo de una situación, naturalmente no son conscientes de lo delicados y vulnerables que son los sentimientos de la mujer. El hombre no sostiene su sentido de identidad a través de sus sentimientos. Por ello, resta importancia a los sentimientos femeninos y hace hincapié en lo que él experimenta como importante, es decir, sus ideas y creencias. Cuando un hombre está emocionalmente perturbado, en general es incapaz de discutir de un modo que no hiera los sentimientos de la mujer. Además, los hombres comúnmente no tienen idea de cómo hieren los sentimientos de una mujer. Es como si entrara un elefante en una tienda de porcelana.

Es igualmente cierto, aunque menos sabido, que las mujeres pueden herir a los hombres con sus opiniones rígidas. Un comentario desaprobador como "deberías haber" de una mujer perturbada o a la defensiva puede detener en seco a un hombre. Instintivamente se cierra. Un instante está abierto y afectuoso y al siguiente, frío y ofensivo. La gran diferencia entre los hombres heridos y las mujeres heridas es que los hombres son mucho menos *conscientes* de que los están lastimando.

Sólo leyendo un libro como éste una mujer podría empezar a entender de qué forma lo está lastimando. Ciertamente él no puede decírselo. Ni siquiera lo sabe. Esta comprensión es vital para los hombres; por lo menos, cuando se cierran, pueden volverse más objetivos al entender lo que les está pasando. Cuando los hombres pierden su objetividad, se desplazan hacia su lado oscuro; las mujeres se desplazan hacia su lado oscuro cuando pierden su subjetividad.

Estos puntos de vista complementarios, la objetividad y la subjetividad, son dos formas de disminuir el estrés. La forma masculina de reducir el estrés es cambiar o eliminar cualquier objeto o situación que esté causando el estrés. La forma femenina es ajustar la propia identidad o actitud para no resultar afectada de una forma estresante, por ejemplo, cambiar la creencia o actitud que está causando el estrés.

Cambiar el comportamiento es la forma masculina de reducir el estrés, es decir, mejorar la situación haciendo algo diferente. Nuestro lado femenino reduce el estrés cambiando actitudes para mejorar la situación a través del perdón, el amor, la gratitud o la tolerancia.

CÓMO LAS MUJERES PIERDEN EL EQUILIBRIO

Lo que generalmente sucede en una relación es que la mujer tiende a transigir siempre y ajustarse para preservar la armonía y evitar confrontaciones. A nivel consciente, trata de cambiar. Después que sacrificó una y otra vez su posición, empieza a sentirse resentida porque el hombre no hace lo mismo. Ahora bien, a un nivel menos consciente, empieza a tratar de cambiar a su compañero. A esta altura, toda comunicación se vuelve manipuladora y muy desagradable para el hombre. Inevitablemente la rechazará o se rebelará contra ella.

La mujer empieza a manipular cuando falla su primer medio para obtener lo que necesita. Su problema es que nunca nadie le enseñó qué cambiar de ella para obtener lo que necesita. Cambiar no significa entregarse; no significa actuar de una manera en especial. El énfasis no está en cambiar su comportamiento y discurso, sino en cambiar sus actitudes negativas, como el resentimiento y la desconfianza. Significa purificar o liberar sus sentimientos negativos para poder ser quien realmente es. El descubrimiento de sí misma puede resultar difícil si nadie le enseñó a transformar los sentimientos negativos. En la niñez, la mayoría de las niñas sólo aprenden a suprimir, negar y reprimir sus sentimientos. Aprenden a ser buenas, agradables y felices todo el tiempo, aun cuando no es como se sienten realmente. Es posible que la supresión la haga parecer más afectuosa y positiva, pero en realidad la desconecta de su verdadera identidad, ser o "centro". Para manejar el estrés eficazmente, la mujer debe centrarse. Si permanece resentida o descentrada durante mucho tiempo, inevitablemente se volverá más manipuladora o controladora.

CÓMO CAMBIA LA MUJER

Para manejar el estrés, la mujer puede cambiar de un modo muy natural. En cierto sentido, en realidad no está cambiando, sino que vuelve a ser más quien realmente es. Al ser de naturaleza subjetiva, cambia al compartir y expresar sus sentimientos, pensamientos y deseos sin que se los invaliden. Para ello, necesita que la oigan con interés, comprensión y respeto. Estos aspectos importantes del amor la nutren y la ayudan a encontrar el centro.

Sin embargo, si se guarda sus sentimientos, poco a poco perderá el contacto con quien es; su pensamiento se volverá chato, superficial y rígido. No podrá adaptarse afectuosa y agradablemente a las presiones de la vida, el trabajo y las relaciones. Se sentirá consumida al tratar de ajustar su comportamiento y su discurso para ganarse el amor de los demás. Al intentar ganarse el amor, tratará de cambiar a los demás para obtener el amor que necesita. A esta altura, pierde su capacidad de adaptarse y cambiar frente al estrés. Es incapaz de mantener una actitud verdaderamente afectuosa y positiva.

En momentos de estrés, es fácil que la mujer con baja autoestima ajuste su comportamiento y discurso al relacionarse con los demás. Es mucho más difícil cambiar o transformar sus sentimientos. Quizá dé la imagen de una persona afectuosa y generosa, pero en el fondo está ocultando mucho resentimiento, desconfianza e insatisfacción. Estos sentimientos negativos debilitan su identidad y sus relaciones.

CÓMO LOS HOMBRES PIERDEN EL EQUILIBRIO

De un modo complementario, en las relaciones los hombres primero son objetivos y luego se vuelven subjetivos. Esto significa que, al principio de una relación, el hombre trata de mejorar las cosas haciendo feliz a su compañera cuando ella parece infeliz. La estrategia instintiva del hombre es cambiar el objetivo: si ella está infeliz, entonces él trata de hacerla feliz satisfaciendo sus necesidades.

Sin embargo, si él empieza a sentir que no puede cambiar las cosas, pierde el equilibrio, se vuelve más subjetivo y su actitud cambia. Es posible que se sienta moralista, desafiante, resentido, rencoroso, punitivo y crítico. Como resultado, se vuelve débil, malhumorado, inseguro y pasivo. Pierde su confianza y ya no está dispuesto a arriesgarse. Es posible que desarrolle patrones negativos para "salirse con la suya" a través de arranques y berrinches emocionales. Le resulta difícil deshacerse de su estado de ánimo negativo cuando pierde su objetividad.

CÓMO CAMBIA EL HOMBRE

El hombre, al ser objetivo por naturaleza, puede cambiar mejor reconociendo y resolviendo problemas ajenos a él. Por ejemplo, se vuelve más afectuoso y sensible reconociendo que los demás están heridos o afectados por ciertas cosas que él hace o deja de hacer. Mediante el deseo de cambiar su comportamiento se convierte en una persona mejor. Al resolver el problema, cambia en forma automática.

Cuando se ve "a sí mismo" (en oposición a su comportamiento) como el problema, le resulta muy difícil cambiar. A la mujer le cuesta mucho entender esto porque, al ser subjetiva por naturaleza, si identifica algo en ella misma que tiene que cambiar, puede empezar a cambiarlo con sólo decidir ser diferente. Mientras que el conocimiento de uno mismo es el ingrediente básico que permite a las mujeres cambiar, el conocimiento objetivo es necesario para que el hombre cambie: tiene que entender el problema fuera de sí mismo.

El hombre se siente impulsado a cambiar cuando es apreciado y aceptado, pero también reconoce que no está creando el resultado deseado y que es responsable. La mujer logra cambiar su forma de sentir cuando se siente amada, comprendida y segura pero reconoce que sus reacciones sensibles no son expresiones verdaderas de quien es en realidad, es decir, no reflejan su naturaleza afectuosa y responsable.

Cuando el hombre no logra satisfacer a su compañera después de intentar con todo lo que piensa que va a funcionar, inevitablemente se da por vencido y empieza a aceptar la situación pasivamente. En vez de hacerle frente cambiando su comportamiento, defiende sus acciones y la culpa a ella. Esto debilita al hombre. Tiene que entender la forma en que puede cambiar las cosas; de esa manera se siente inspirado y nuevamente motivado.

CÓMO LA MUJER LO ALEJA SIN DARSE CUENTA

Cuando el hombre es incapaz de satisfacer y complacer a su compañera, poco a poco cambia su enfoque. Empieza a negar sus impulsos masculinos naturales. Deja de ser responsable y decidido, y siente que nunca nada de lo que decida es bueno. Empieza a cerrar esta parte de él porque le resulta demasiado doloroso cometer errores por los que es posible que lo corrijan. Deja de correr riesgos porque para un hombre es muy desagradable pensar que la gente que ama y que lo conoce mejor no lo aprecia, acepta ni confía en él.

Cuando sus planes fracasan y la mujer corrige sus decisiones sin que se lo pidan, sin querer lo lastima y sienta precedentes para que él esté menos motivado e interesado. Él empieza a no desear dar de sí porque es demasiado doloroso sentir que ella lo corrige. Cuando ella lo corrige o está decepcionada de él, en el fondo el hombre se siente insuficiente e impotente.

Las mujeres corrigen a los hombre porque piensan que eso los motivará o ayudará a cambiar. La verdad es que los vuelve más tercos e inflexibles. Las mujeres no tienen idea de cómo afectan al hombre cuando tratan de cambiarlo.

Cuando el hombre fracasa, necesita tiempo para rumiar las cosas y poco a poco asumir la responsabilidad de su error. Por desgracia, en esos momentos la mujer siente el impulso de hacer comentarios ofensivos como "Te lo dije", alguna corrección como "Debiste haber...", alguna frase famosa como "Sabes que...", una pregunta retórica como "¿Por qué no..?", una generalización como "Tú nunca..." o un gesto compasivo como "Sé que debes de sentirte mal" (Me das lástima).

Ella supone equivocadamente que esta clase de comentarios lo harán darse cuenta de su error y recordarlo. Su verdadero efecto es estimular su sentimiento moralista y su olvido. Aunque reconozca su error, olvidará la lección que debió aprender. El hombre recuerda sus errores y aprende de ellos cuando no lo corrigen o rechazan por ellos. Necesita el apoyo para corregirse.

Lo que invalida las declaraciones anteriores son todos los intentos por ayudarlo a sentirse o comportarse mejor cuando él no pidió ayuda. Una de las cosas más valiosas que una persona podría decirle a un hombre presionado es "¿Qué sucedió?". Esto lo ayuda a centrarse y volverse más objetivo. Luego, si quiere hablar, y cuando lo haga, se le puede preguntar "por qué" piensa que sucedió aquello.

LO QUE EL HOMBRE NECESITA

Durante una situación estresante, el hombre necesita tiempo para rumiar sus pensamientos y sentimientos hasta poder comprender qué hizo y cómo podría haberlo hecho de otra manera. Luego se sentirá más cómodo hablando de lo que pasó y por qué pasó. A esta altura asume más responsabilidad por sus errores. Luego puede cambiar sin reprimir su naturaleza masculina.

Es como si el hombre no pudiera admitir que se equivocó a menos que encuentre la forma en que podría haber actuado de otra manera. Puede reconocer que cometió un error cuando se da cuenta de que "Si entonces hubiera sabido lo que sé ahora, podría haber hecho las cosas de otra manera".

LO QUE LA MUJER NECESITA

Cuando la mujer está perturbada necesita tiempo para explorar sus sentimientos hablando de ellos antes de poder mostrarse afectuosa, apreciativa, aprobadora y confiada. Cuando no puede explorar sus sentimientos, se siente agobiada, reacciona en forma exagerada y luego se siente exhausta. A esta altura, necesita todavía más tiempo para volver a su centro. Lo que más necesita del hombre es su cuidado y su atención, su respeto por las necesidades de ella, y su comprensión.

En general, los hombres emiten juicios y echan culpas cuando la mujer está perturbada. En cambio, ella necesita que él la escuche y la apoye sin tratar de arreglar o corregir sus sentimientos. Él —conscientemente— debe resistirse a tratar de darle consejos o decirle cómo debería sentirse. Cuando los hombres toman conciencia de cómo hieren a las mujeres sin darse cuenta, automáticamente se vuelven más considerados y respetuosos.

CÓMO LOS HOMBRES HIEREN A LAS MUJERES

Así como para la mujer es difícil no corregir al hombre cuando es irresponsable y le falla de alguna manera, para el hombre es igualmente difícil no juzgar los sentimientos perturbados de la mujer como débiles, locos, tontos, malos, estúpidos, malintencionados y egoístas. No se da cuenta de que cuando emite sus juicios la está hiriendo mucho más de lo que imagina.

Los juicios del hombre hacen que la mujer se aleje de su

centro y se pierda. Empieza a adquirir las cualidades negativas que él le dice que tiene. Por ejemplo, si él la juzga por ser egoísta y poco afectuosa, puede tener el efecto de volverla más egoísta y menos afectuosa. Él la tilda de loca; ella realmente empieza a sentirse loca. De la misma manera, cuando la mujer critica al hombre diciéndole lo que tiene que hacer, su forma de hacer las cosas se vuelve más rígida. Los juicios que surgen del resentimiento nunca sirven para mejorar a la otra persona.

Cuando la mujer está perturbada o estresada, necesita tiempo y apoyo para descubrir ella misma cómo puede cambiar para ser más afectuosa, aprobadora, apreciativa y confiada. Esto sucederá naturalmente cuando ella pueda expresar y examinar sus sentimientos.

Como el hombre y la mujer no entienden sus respectivas reacciones al estrés y las necesidades únicas que poseen, pierden contacto con sus identidades verdaderas y más maduras y se dejan dominar por sus "lados oscuros". Los sentimientos, creencias, perspectivas y actitudes negativas oscurecen sus características positivas inherentes.

NUESTROS LADOS OSCUROS

Cuando el hombre no puede sostenerse u obtener el apoyo que necesita cuando está atravesando por su reacción al estrés, su lado oscuro inevitablemente será provocado cuando se sienta herido, ofendido o lastimado. De la misma manera, cuando la mujer no recibe el apoyo que necesita, emerge su lado oscuro. En general, el lado oscuro del hombre surge cuando pierde su objetividad. El lado oscuro de la mujer surge cuando pierde su centro.

Cuando el hombre es incapaz de ser objetivo, empieza a retirarse —y termina cerrando sus sentimientos— para poder ser más objetivo. Al ser objetivo, el hombre puede reconocer su responsabilidad por provocar lo que pasó. A esta altura, él puede ser subjetivo; puede examinar con tranquilidad la forma en que fue afectado (sus emociones) y también examinar las formas en que podría cambiar.

Como ya dijimos, si el hombre es incapaz de mantener su objetividad cuando emergen sus sentimientos subjetivos, éstos tenderán a reflejar su lado oscuro. Es posible que se vuelva malhumorado, irritable, cruel, injusto y violento. Al "cerrarse", impide que estos sentimientos asomen. Es como un interruptor que impide que el circuito se sobrecargue.

Muchas veces la mujer trata de que el hombre exprese sus sentimientos cuando él necesita estar en silencio y rumiar las cosas en su mente. Ella no tiene idea de que está avivando el fuego de reacciones negativas y oscuras en este hombre al tratar de hacerle expresar lo que siente. La mujer lo hace instintivamente porque, al ser esencialmente femenina o subjetiva, sabe que necesita alguien que le pida que exprese lo que siente cuando está perturbada y ella especialmente necesita examinar sus sentimientos.

LA VIOLENCIA MASCULINA

Cuando un hombre está herido, si se permite sentir emociones de dolor antes de analizar objetivamente lo que sucedió, por qué sucedió y qué puede hacer al respecto, terminará reaccionando en forma exagerada con emociones inferiores. Esta reacción exagerada no es tan terrible, excepto que los hombres tienden a expresarla a través de sus sentimientos.

Es probable que la forma más negativa de expresar el dolor sea la venganza. Cuando un hombre está herido en general siente el impulso de la psique masculina de liberar su dolor y sentirse mejor. *Romper algo o lastimar a alguien es una forma inconsciente de decir "esto es lo que me hiciste".* A medida que los hombres aprenden a comunicarse más eficazmente, esta tendencia poco a poco disminuye.

De un modo primitivo, cuando un hombre se siente poseído por su dolor, al infligírselo a los demás puede experimentarlo objetivamente y librarse de él. Esto significa que puede ver, oír o sentir el dolor de otra persona y éste refleja el suyo.

Dick y Lynn llevaban dos años de casados cuando él descubrió que ella estaba teniendo una aventura secreta. Sintió el impulso de herirla y hacerla sufrir como estaba sufriendo él. Para castigarla, se volvió violento. La abofeteó y le dijo cosas insultantes. Luego se sintió mejor y todo quedó olvidado. En este ejemplo, Dick empezó a sentirse mejor cuando le pareció que Lynn estaba sufriendo igual que él. De un modo primitivo, sintió: "Ahora ella comprende mi dolor. No volverá a hacerlo".

En casos más extremos, el hombre puede llegar a encontrar placer en el dolor y el sufrimiento ajenos. El ejemplo más común de esto lo vemos en las películas. Cuando el bueno, cuyos hijos fueron asesinados, finalmente mata al malo, todos lo disfrutan. Se sienten mejor. El dolor de la injusticia desaparece como por arte de magia cuando el "malo" sufre y es maltratado. Este fenómeno también sucede con las mujeres pero está más fuertemente relacionado con los hombres.

En última instancia, una persona sólo puede regocijarse con el sufrimiento de otra si está profundamente dolida y es incapaz de curar sus heridas de un modo más civilizado. Esta observación ayuda a explicar la misteriosa satisfacción que siente la psique masculina al herir a los demás o vengarse.

PAZ EN EL MUNDO

La tendencia a liberar el dolor hiriendo a los demás es la base de toda la violencia y la guerra. Cuando los hombres aprendan a comunicar su dolor se volverán menos violentos. Sin embargo, hay una condición que debe cumplirse antes de que los hombres logren comunicar su dolor. Para hacerlo, primero deben ser capaces de sentirlo. Para sentir su dolor, el hombre necesita desarrollar su lado femenino.

Al escuchar y sentir el dolor de los demás, se despierta el lado femenino del hombre (percepción subjetiva) y él puede sentir y comunicar su propio dolor. Luego, al expresarlo, puede cicatrizar su pena y hallar alivio sin recurrir a la venganza.

Al dar mis seminarios para mejorar las relaciones, veo hombres que nunca han llorado abrirse, sentir su dolor y hallar alivio. Sin esta experiencia sincera de escuchar a los demás cuando expresan su dolor en una situación segura, sustentadora y respetable, los hombres no pueden acceder a sus propios remolinos internos de dolor y curarlos. Sus padres fueron alejados de sus propios sentimientos y, por lo tanto, la siguiente generación tampoco es capaz de sentir. Como resultado, los hombres están atrapados en un ciclo de devolver el dolor cuando se sienten heridos.

Asistir a seminarios o estar en un grupo que proporcione una atmósfera segura y sustentadora para expresar los sentimientos es la forma más rápida y más eficaz para desarrollar esta capacidad. La terapia personal sólo puede ser eficaz si el cliente está contento con sus sentimientos. El hombre necesita un largo proceso para desarrollar la capacidad de sentir, en especial si su tratamiento está limitado a una terapia personal. Cuando él logra sentir más, la eficacia de la terapia personal aumenta en forma notable.

Los grupos de apoyo son cada vez más comunes. Los hombres dependen cada vez menos de la venganza o de devolver el dolor para sentir alivio. Esta transformación gradual no sólo conduce a relaciones más afectuosas sino que es la base para crear paz en el mundo. Nuestro éxito personal al librarnos de la violencia se reflejará en el mundo cuando podamos mantener el amor y evitar la violencia en nuestras relaciones. Desde esta perspectiva, la paz en el mundo es una posibilidad real.

Infligir dolor

Cuando un hombre está herido a través de alguna interacción, si es incapaz de sentir y comunicar su dolor (y, en consecuencia, aliviarlo), siente la compulsión de devolver el daño. Sólo puede reaccionar a la maldad con maldad. No puede expresar una firmeza y justicia apropiadas desde un rincón compasivo de su corazón. La tendencia a devolver el daño está muy arraigada.

Cuando Dick se siente traicionado por la infidelidad de Lynn, se siente impulsado a herirla. Quiere que ella sufra igual que él. Este impulso origina violencia, venganza y crueldad. Una vez que la mujer sufrió en reacción a la venganza de él, y él puede ver y sentir su dolor, logra sentir alivio. El ciclo está completo.

Para romper este ciclo incivilizado de venganza y devolución, el hombre debe poder sentir y comunicar su dolor. Si Dick puede comunicar su dolor a Lynn, el impulso de vengarse será satisfecho sin necesidad de devolver el daño. En lugar de expresar su dolor a través de la venganza, él lo comunicó.

Si Dick puede comunicar su pena, es posible que Lynn, naturalmente, sienta una respuesta de empatía y compasión. Esta respuesta compasiva le demuestra a Dick que su dolor fue reconocido. Cuando ella siente el dolor de él —que puede sentir cuando no es atacada por él—, Dick se sentirá curado y podrá perdonar.

Sin embargo, la mayoría de los hombres no puede comunicar sus sentimientos perturbados de un modo que no sea amenazador, en especial si se sienten profundamente heridos. Para empezar a desarrollar la capacidad de comunicar el dolor de un modo seguro, el hombre tiene que escuchar el dolor de otros que sufrieron una injusticia similar. Al oír el dolor de los demás, él puede sentir, expresar y curar su propio dolor sin vengarse. Como resultado, se vuelve más capaz de escuchar el dolor de la mujer. Se vuelve más compasivo y comprensivo.

Es importante destacar que cuando un hombre es incapaz de ser compasivo, no significa que no se preocupe por su compañera. Cuando el hombre se aleja, la mujer muchas veces supone que a él no le importa su dolor. En realidad, sí le importa, pero se aleja porque está entrando en contacto con su resistencia a sentir su propio dolor. Su aparente resistencia a ella no es un signo de su falta de interés sino un síntoma de su incapacidad de sentir sus propias emociones.

Cuando los hombres aprenden a escuchar y luego a sentir y comunicar su propio dolor, se liberan del impulso inconsciente de infligir dolor. Los hombres que no pueden comunicar y liberar su dolor subjetivo seguirán infligiendo dolor a sus compañeras para sentirse aliviados interiormente.

AGRESIÓN PASIVA

Algunos hombres que lean esta descripción de la violencia masculina quizá sientan que son excepciones. Pero si miran profundamente en su comportamiento a lo mejor ven las diversas maneras en que dejan de brindarse para castigar en secreto o vengarse de los demás. Es posible que la venganza esté oculta tras el acto de ayudar a una persona enseñándole una lección. Muchas veces una persona no tiene la menor conciencia de sus tendencias agresivas. Esta agresión inconsciente se convierte en agresión pasiva. En lugar de *actuar* de una forma que inflige dolor, su *inacción* causa dolor.

Algunos ejemplos comunes de agresión pasiva son la tardanza, el olvido, la pérdida de apetito sexual, la fatiga, la falta de disposición para expresar pensamientos y sentimientos, una actitud carente de interés, terquedad, rebelión, juicios secretos, actitud moralista, arrogancia espiritual, satisfacción cuando alguien "malo" sufre en lugar de sentir compasión por su dolor.

LA AGRESIÓN MORALISTA

Otra forma en que los hombres expresan su agresión es siendo moralistas. El hombre justifica su comportamiento castigador echándole la culpa a otro. En una relación, es posible que no demuestre amor, sexo, bondad y atención o quizá directamente castigue mediante violencia, maldad e insultos. Sin embargo, el peor abuso es que hace a su compañera responsable de su comportamiento negativo y carente de amor.

Ciertamente este comportamiento negativo puede *entenderse* escuchando qué le hicieron, pero eso no lo *justifica*.

Siente que tiene razón al herirla porque ella lo hirió. Cree que ella es responsable de su conducta destructiva y negativa y merece ser castigada. Esto nunca es verdad. Castigar a alguien no hace que la situación sea correcta o justa.

A nivel global, para justificar su necesidad interna de violencia, los hombres imaginan a un enemigo que merece ese castigo. En realidad, ningún ser humano merece sufrir. Los hombres justifican la violencia definiéndola como una solución más que como un problema. Mientras la violencia sea vista de esta manera, seguirá existiendo.

Hasta que los hombres no puedan curar su dolor, sentirán el impulso de infligirlo a los demás como un medio para crear un cambio; seguirán justificando racionalmente su violencia como un mal necesario. En realidad, la violencia sólo será una solución hasta que llegue el momento en que los hombres sean capaces de sentir y comunicar su dolor sin infligirlo. La forma antigua (la violencia) estará con nosotros hasta que aprendamos las formas nuevas (la curación, la comunicación eficaz y la negociación).

La paz en nuestras relaciones y nuestro mundo gira alrededor del desarrollo de nuestro lado femenino. En el futuro, la compasión por el dolor de los demás —y no el impulso inconsciente de castigar— motivará las decisiones de los poderosos.

LA VIOLENCIA FEMENINA

Por supuesto que la mujer puede ser violenta, pero esto en general ocurre cuando su lado femenino está tan herido que se vuelve más masculina para protegerse. La violencia no es su primera reacción. Cuando las mujeres son violentas, a cualquier nivel, la causa es que su lado masculino está controlándolas.

Esencialmente no violentas, las mujeres quizá se someten a la violencia en vez que volverse violentas ellas mismas. Cuando sufren maltratos, su inclinación es hacer que los demás se sientan culpables o responsables de su dolor. A través de este proceso, el lado femenino siente alivio. Así como nuestro lado masculino obtiene alivio al devolver el daño, el lado femenino encuentra alivio haciendo que el abusador se sienta mal o parezca malo.

Para verdaderamente aliviar su dolor, antes que nada la mujer necesita que los demás lo oigan, lo compartan o lo sientan. Necesita compasión y comprensión para aliviar su dolor. Cuando no puede obtener suficiente comprensión, inconscientemente busca compensar esto tratando de obtener compasión. La estrategia que emplea la psique femenina es inducir la culpa en los demás, con la esperanza de que cambien. Asimismo, al conseguir que la otra persona se sienta culpable, la mujer puede demostrarse a sí misma que no merecía ese maltrato. En lugar de mejorar las cosas, esta estrategia hiere al hombre y entonces busca venganza.

Gracias a que las mujeres están recibiendo más información al respecto, son cada vez más conscientes de la forma en que quizás están maltratando indirectamente a los hombres. El modo más eficaz de herir a un hombre es quitarle la confianza, la aceptación y la apreciación a través de la censura terca, la duda, la crítica, el resentimiento y el juicio. Cuando las mujeres toman represalias mediante actitudes y sentimientos negativos, en general no se dan cuenta de lo mucho que lastiman a los hombres. Quizá ni siquiera son conscientes de que lo están haciendo. En una relación igualmente abusiva, las mujeres generalmente sienten que el hombre causa mucho más daño, pues el abuso masculino es mucho más obvio. La mujer puede proyectar la culpa en su compañero sólo con su tono de voz, mientras que el hombre tiende a abusar de un modo más abierto.

Como ya exploramos, cuando la psique femenina sufre un abuso y la mujer no puede expresar su dolor y ser oída, comienza a sentirse culpable e indigna. Inconscientemente es impulsada a aliviar su culpa mostrando la forma en que los demás son culpables o responsables de su dolor. Esto la alivia un poco, aunque sólo temporariamente. La verdadera curación todavía no tuvo lugar.

Las mujeres se sintieron obligadas a ser víctimas a fin de asegurarse la compasión de los demás. La mujer quizá siente que no tiene derecho de recibir compasión a menos que la hayan tratado injustamente. *De un modo negativo, al ser víctima se siente más digna de amor, compasión y apoyo.* Al aprender a comunicar su dolor sin convertir a su compañero en una mala persona, la mujer puede descartar esta actitud y recibir compasión sin tener que ser maltratada o convertirse en una víctima.

En algunos casos, la mujer empieza a castigarse cuando no logra aliviar su dolor y no se siente escuchada. Hay una serie de formas y grados en que la mujer se lastima. Quizá se priva de vivir experiencias o adquiere una conducta autodestructiva. Es posible que se enferme o se hiera a sí misma a través de la crítica, la duda y el juicio. A lo mejor continúa dando más en una relación aunque esté obteniendo menos.

Una forma de ver la enfermedad es reconocer que es una expresión de dolor psicológico sin curar. La enfermedad es "uno mismo" que se castiga a "sí mismo" a través del cuerpo. Desde esta perspectiva, las dolencias y las enfermedades son manifestaciones del lado oscuro de nuestra personalidad femenina. Así como el lado masculino castiga externamente, el lado femenino se castiga a sí mismo.

En un sentido positivo, nuestro lado masculino es responsable de estar al servicio de los demás, mientras que nuestro lado femenino es responsable de la autocuración y el crecimiento personal. Al escuchar el dolor de nuestro lado femenino, se cura la tendencia a la enfermedad y el sufrimiento.

Desde esta perspectiva, la guerra y la violencia son las expresiones de la incapacidad del hombre de curar este dolor; la enfermedad y la debilidad son los resultados de la incapacidad de la mujer de curar su dolor. Por supuesto que se trata de generalizaciones. Así como las mujeres pueden ser violentas, los hombres también se enferman. Pero en última instancia, nuestro lado masculino abusa hacia afuera, a través de acciones, y nuestro lado femenino se inflige el abuso a sí mismo.

Sin embargo, la forma principal en que la mujer se lastima a sí misma es subjetivamente. Se maltrata a sí misma a través de una opinión negativa de su persona. Como resultado, es posible que se castigue o se despoje en forma externa y objetiva. El principal síntoma de la opinión negativa de sí misma es un sentimiento de falta de mérito, impotencia y autocompasión. Al sentir lástima de sí misma, se niega el poder de crear más en su vida e indirectamente culpa a los demás, afirmando de esta manera su impotencia.

Por ejemplo, siente lástima de sí misma y dice: "Nadie me valora; nadie sabe lo mucho que trabajo y todo lo que me sacrifico". Al decir "pobre de mí", está negando su potencial interior de ser feliz y mejorar su vida. De esta manera, la autocompasión es una forma de violencia interior. Así como la violencia externa restringe nuestro potencial de ser felices, a través de la autocompasión restringimos nuestra capacidad de serlo.

Hay muchas maneras de herirnos a través de la autocompasión. Observemos algunas:

"Pobre de mí, si mi compañero no fuera tan mezquino e indiferente yo podría ser feliz."

"Pobre de mí, como no me llamó, me arruinó el día."

"Pobre de mí, no puedo hacer nada: soy completamente impotente."

"Pobre de mí, no hice esa inversión."

"Pobre de mí, tengo tanto que hacer y no puedo hacerlo."

"Pobre de mí, no tengo a nadie que me ame; estoy sola y a nadie le importa."

"Pobre de mí, les doy tanto a mis hijos y no recibo nada a cambio."

"Pobre de mí, durante años, di y di y no recibí nada a cambio."

"Pobre de mí, soy una persona tan afectuosa pero no tengo una pareja."

"Pobre de mí, tengo tanto talento y tan pocas oportunidades."

"Pobre de mí, no compré esa propiedad en los 70."

"Pobre de mí, ellos tienen dinero y yo no."

"Pobre de mí, di los mejores años de mi vida y ahora estoy sola, mientras que él volvió a casarse en seis meses."

"Pobre de mí, soy tan buena y noble y me traicionaron."

"Pobre de mí, trabajo el doble y gano menos."

En cada uno de estos ejemplos, nos limitamos a la experiencia de la infelicidad negando nuestro potencial para sentirnos bien con nosotros mismos y nuestra vida. Nuestra capacidad de amar y sentirnos agradecidos está restringida. Además, al sentir pena de nosotros mismos indirectamente enviamos un mensaje de censura e inducimos la culpa en los demás. La víctima o el mártir no se da cuenta de que, cuando siente pena de sí mismo, quizás obtiene más amor, pero está reforzando el patrón de ser la víctima.

Cuando las mujeres aprendan a expresar su dolor sin sentir autocompasión y resentimiento y por ello recibir la comprensión que necesitan, poco a poco podrán abandonar la tendencia a sentir pena de sí mismas. Cuando los hombres aprendan a expresar su dolor y oír y entender el dolor de los demás, poco a poco podrán abandonar la tendencia a ser mezquinos y violentos. Si una persona recibe la comprensión, el amor y el apoyo necesarios, parece casi milagroso lo rápidamente que puede empezar a abandonar estos patrones arraigados e inconscientes. Al dar mis seminarios de fines de semana, muchas veces he presenciado estas transformaciones.

Cuanto mejor aprendamos a entender nuestras diferentes reacciones y necesidades cuando estamos estresados, más esperanza sentimos para nuestras relaciones y el mundo. A medida que los hombres aprenden a escuchar los sentimientos de las mujeres, cobran más conciencia de los propios; se vuelven más compasivos, atentos, comprensivos y respetuosos con las mujeres. A medida que las mujeres sienten esta compasión, pueden expresarse más y aliviar su dolor en un trayecto de más amor, confianza, aceptación, perdón, gratitud, apreciación y control.

Al aprender a cuidarnos en momentos de estrés en lugar de exigir a nuestra pareja que nos organice, abandonamos el impulso de hacer que los demás sean responsables de nosotros. Entonces disfrutamos de la maravillosa experiencia de sentirnos responsables de ser todo lo que podemos ser y brindar apoyo a quienes amamos, en especial en momentos de estrés.

En resumen, cuando está estresado, el hombre necesita tiempo y espacio para encontrar soluciones objetivas (comportamiento positivo) y la mujer necesita tiempo y atención para encontrar sus soluciones subjetivas (actitudes positivas). Cuando no logran darse el apoyo que necesitan, corren el riesgo de dejarse dominar por sus lados oscuros. Para evitar las tendencias negativas, es esencial reconocer los distintos síntomas de estrés creciente.

En el próximo capítulo examinaremos los diferentes síntomas de estrés en hombres y mujeres. Al entender estas diferencias es más fácil apoyarse mutuamente en momentos de estrés. Cuando podamos reconocer nuestros propios síntomas de estrés, estaremos en mejores condiciones para recobrar nuestro equilibrio.

Capítulo 6

Los síntomas del estrés

Existen tres síntomas principales de estrés en los hombres. Es importante reconocerlos porque las mujeres tienden a tomárselos como algo personal y suponen equivocadamente que las cosas están peor de lo que están. Estos tres síntomas de estrés son: alejarse, refunfuñar y cerrarse. Cuando esto sucede, la mujer en general siente que no la aman y teme que las cosas no estén bien en la relación. Interpretar correctamente estos síntomas puede ayudar a la mujer a relajarse y brindar más apoyo a su compañero para sobrellevar el estrés y recobrar el equilibrio.

De la misma manera, hay tres indicaciones principales de estrés en las mujeres, que los hombres tienden a tomar como algo personal y lo interpretan mal. Sus síntomas de estrés son: agobio, reacciones exageradas y agotamiento. Cuando la mujer está perturbada, en lugar de saber cómo brindarle apoyo, el hombre en general se fastidia porque ella está molesta, lo cual empeora las cosas. Si aprende a reconocer estas reacciones al estrés y a interpretarlas correctamente, el hombre también puede relajarse más y aprender a brindarle más apoyo a su compañera.

Primero, examinaremos las tres reacciones masculinas típicas y luego las tres reacciones femeninas típicas.

La primera reacción del hombre frente al estrés es que se retira y se aleja de la situación. Mientras está estresado, el hombre tiende a negar sus sentimientos y su dolor emocional, y automáticamente se aleja. El síntoma general de alejamiento es que se detiene la comunicación. No tiene deseos de hablar. Inevitablemente, su compañera lo toma como algo personal y no reconoce que él se aleja porque es su forma de manejar el estrés.

La mujer supone equivocadamente que el problema es mucho más grave: supone que no la ama. Esto es comprensible porque para ella, alejarse sería un síntoma de mayor resentimiento en la relación y una falta de atención e interés. Naturalmente, no entiende que el hombre sienta menos interés por quienes ama cuando está estresado. En oposición, cuanto más estresada está ella, más se preocupa por el bienestar de quienes ama. Para ella, el alejamiento de él en esos momentos resulta muy confuso y, obviamente, muy difícil de entender.

Así como el hombre no es consciente de su dolor, tampoco lo es del de los demás. Es incapaz de sentir compasión. Minimiza la importancia de los problemas que surgen alrededor. Cuando es necesaria su empatía, se aleja automáticamente para evitar sentir su propio dolor.

Actúa como si todo estuviera bien; sin embargo, como está reprimiendo sus propios sentimientos, se vuelve distante e indiferente. Rechaza todas las formas de comunicación íntima o cualquier intento por ayudarlo. La mujer necesita entender que cuando el hombre está distante o indiferente, está luchando en su interior por resistirse a sus sentimientos dolorosos. Es probable que oponga resistencia o rechace cualquier intento por parte de ella de ayudarlo.

Por ejemplo, cuando Bill es incapaz de resolver un problema de trabajo, parece preocupado y distante porque está en esta primera reacción ante el estrés. Cuando empieza a alejarse, su mujer, Mary, en general lo toma como algo personal y supone que él ya no la quiere. En realidad, sí la quiere, pero su amor queda ensombrecido por su necesidad de alejarse.

SEGUNDA REACCIÓN MASCULINA ANTE EL ESTRÉS: REFUNFUÑA

Es posible que cualquier intento por hacer que Bill cambie de humor lo vuelva más irritable. Si no libera el estrés y encuentra equilibrio, las cosas empeoran. Se pone malhumorado y rezongón, especialmente si Mary trata de alegrarlo o de crear más intimidad. Cualquier intento por cambiarlo o cualquier pedido para que haga algo será recibido con resistencia y quejas.

Al resistirse a los intentos de Mary por cambiarlo o ayudarlo, es posible que Bill se vuelva más irritable. Al reaccionar de esta manera frente al estrés, parece insatisfecho con todo. Nada lo entusiasma o lo hace cambiar. Cuando está así, la mayor parte del tiempo no tiene idea de lo intimidante, amenazador, antipático y arisco que parece.

Si se le pide que haga algo, posiblemente gruña, refunfuñe, rezongue, se ponga ceñudo, grite o masculle varias expresiones de resistencia. En general, las mujeres interpretan mal estos rezongos como una negativa a brindar apoyo. No lo son.

Cuando un hombre está estresado, se concentra mucho más. Si está concentrado en alcanzar un objetivo y lo interrumpen para pedirle que haga algo que no pertenece a su enfoque actual, se resistirá a hacerlo. El síntoma de esta resistencia es refunfuñar.

Por ejemplo, Bill está sentado en el sofá, relajándose y leyendo una revista. Su centro de atención es ese artículo. Al ver que no está haciendo nada, su mujer le pide que saque la basura. Él actúa como si el pedido de su mujer fuera una interrupción muy importante y una intrusión.

Mary no puede entender esta reacción porque las mujeres son mucho más capaces de cambiar de una cosa a otra. Sin embargo, los hombres tienden a adherirse con rigidez a una tarea o preocupación a la vez. Luego, cuando terminan, se concentran en otra cosa. Por eso, cuando se le pide a un hombre que haga algo que interrumpe su concentración actual, seguramente se quejará. Cuanto más estrés sienta al cambiar de objetivo a mitad de camino, más protestará.

Estos rezongos en realidad son un síntoma de su disposición a brindar apoyo, que se está desplegando. Si no refunfuña, sino que permanece sentado en silencio, es un signo de que está pensando si desea hacerlo o no. Si rezonga, significa que *sí* está dispuesto a hacerlo pero que se resiste. Esta resistencia es natural y común en los hombres estresados.

Esta creciente resistencia masculina está relacionada con una diferencia fisiológica muy importante entre hombres y mujeres. Las mujeres tienen más cuerpo calloso en el cerebro. Es el tejido conectivo que une los hemisferios izquierdo y derecho del cerebro. Descubrimientos recientes han revelado que como las mujeres tienen más cuerpo calloso, pueden acceder más rápidamente y con más facilidad a partes diferentes del cerebro. Por ello, son más flexibles en su capacidad de cambiar de objetivo a mitad de camino.

La mujer sólo refunfuña en respuesta a un pedido si siente que la están usando injustamente. Su queja tiene poco que ver con cambiar de objetivos. Un hombre estresado refunfuña porque le están pidiendo que cambie de objetivo. Va a refunfuñar aunque sienta que el pedido es justo. Incluso va a refunfuñar aunque esté dispuesto a hacerlo. Hacerlo es su forma de *cambiar de velocidades*.

En general, las mujeres se sienten intimidadas por los hombres en esta etapa. Temen pedir apoyo porque sienten que el hombre parece indicarles que abusan de él. Suponen que él va a pensar que su pedido es injusto o improcedente y se va a sentir resentido porque eso las haría refunfuñar. Cuando a la mujer se le pide apoyo y rezonga, indica que siente que el pedido es injusto y siente resentimiento hacia quien se lo pide. Si en realidad hace lo que le piden, sentirá aún más resentimiento. La mujer interpreta mal los rezongos del hombre al pensar que tienen el mismo significado que para ella.

Cuando estaba escribiendo esta sección, mi mujer entró en mi oficina y dijo de un modo juguetón: "Interrupción, interrupción. Necesito tu atención un momento. Podemos concretar tu turno (con el médico) el lunes a las seis o el miércoles a las once. ¿Qué quieres que haga?". Me observé a mí mismo sintiendo una increíble resistencia a su interrupción. Me llevé las manos a la cara con un suspiro de frustración y luego cambié de velocidades. Noté que ella aceptaba mi frustración de buen grado. Pudo interpretar correctamente mi frustración sin tomarla como algo personal. Al entender esto, pudo expresar su pedido con ligereza y juguetonamente, y adelantarse a mi reacción malhumorada. Así como llegaron, mis rezongos se fueron.

Hay otra razón por la que la mujer interpreta mal los rezongos del hombre. Cuando él reacciona de mal humor a un pedido, ella supone que está diciendo que el puntaje de la relación está desparejo. Las mujeres suponen esto porque ellas mismas llevan la cuenta del puntaje. Así como son buenas dando y dando, tienden a ser igualmente buenas llevando la cuenta de cuánto reciben a cambio.

La mujer tiene el sorprendente talento de seguir dando con una sonrisa en la cara aunque el puntaje sea de 20 a 0. Cuando llega de 30 a 0 (según ella), empieza a rezongar como los hombres. Las mujeres no se dan cuenta de que cuando el hombre se queja, tiene poco que ver con ellas o el puntaje de su relación. Con tal de no arriesgarse a los rezongos del hombre, ella evitará pedir ayuda... y añadirá otro punto al tablero.

EL ARTE FEMENINO DE PEDIR

Para obtener apoyo del hombre, la mujer debe aprender a pedir. Si no pide, no obtendrá nada. Las mujeres suponen que si siguen dando y dando, con toda seguridad sus compañeros se sentirán más generosos y les darán más a su vez. Ciertamente, si uno da mucho en una relación, aumentan las probabilidades de recibir, pero es más importante aprender el arte de pedir sin exigir y pedir en forma directa y no

171

indirecta y dar a entender sus necesidades con sutileza.

Las mujeres tienen miedo de pedir. Esos rezongos son intimidantes. No sólo teme no obtener apoyo sino que teme todavía más que las cosas empeoren si él le brinda apoyo y luego siente más resentimiento. Si ella pide y él la ayuda con un refunfuño, lo que ella ignora es que después de un tiempo, él se recuperará y las cosas no van a ser peores.

Cuando Bill empieza a lograr su nuevo objetivo (sacar la basura), ya se siente mejor. Si entra y ella le demuestra que aprecia lo que hizo, entonces sus rezongos desaparecen y lo más probable es que se sienta mejor que antes.

Esta idea es ajena a las mujeres porque, si estuvieran con ánimo de rezongar y respondieran a otro pedido, generalmente se sentirían más fatigadas y resentidas después de llevar a cabo su objetivo. Como esta es una realidad de la mujer, ella la proyecta en el hombre. Teme pedir apoyo porque imagina que él se sentirá peor y rezongará más.

Para superar esta intimidación, la mujer tiene que practicar pedir ayuda y dar a su compañero el espacio para que se niegue. Dar a alguien espacio para decir que no es una parte esencial del arte de pedir. Sin esta clase de aceptación y apertura, un pedido se transforma en una exigencia; se transforma en una obligación o en un "deberías". Pedir sin ser abierto probablemente empeore las cosas.

Si el hombre dice que no y ella no se lo echa en cara, él lo nota de inmediato. Siente una mayor disposición para apoyarla la próxima vez que le pida algo. Pedir apoyo abiertamente por lo menos le indica al hombre que el puntaje poco a poco está quedando desparejo. Le indica que ella lo necesita pero no lo critica o juzga. Le indica que ella está postergando sus necesidades de buena gana por él, pero que sigue deseando su apoyo. Le da más oportunidades de ayudarla y hacerle la vida más fácil.

Esto es lo opuesto de lo que hacen muchas mujeres. No piden ayuda sino que secretamente se resienten con el hombre por no ayudarlas. Luego, cuando el tablero está 20 a 0 le piden algo, y si él se resiste, reaccionan con resentimiento: "¿Cómo se atreve a quejarse cuando hice tanto por él mientras que él se queda sentado?". Aun cuando le piden algo, se adelantan a su rezongo, se endurecen por dentro y exigen en lugar de pedir. Para el hombre es difícil responder a una exigencia o cuando se siente censurado. Quiere dar libremente, no por obligación.

Este análisis ayuda a las mujeres a entender por qué los hombres parecen perezosos en las relaciones. Muchas veces el hombre supone que el puntaje está parejo porque la mujer sigue dando cuando no recibe. No se imagina que el puntaje está 20 a 0 cuando ella sigue haciendo cosas con una sonrisa en la cara. Después de todo, si el hombre piensa que está dando más de lo que recibe, tiende a dejar de dar de inmediato hasta que el puntaje se empareja.

La otra indicación que debe recordar la mujer cuando se enfrenta a los gruñidos del hombre es pedir apoyo y luego guardar silencio. Mantener el silencio. No debe defender su pedido con todas las razones de por qué él "debería" hacerlo, que le toca hacerlo a él o que ella lo hizo veinte veces más. Sólo debe pedir y guardar silencio. Esta es la famosa pausa tan llena de significado. Contiene todas las posibilidades.

La mujer debe dejar que el hombre rezongue mientras se viste o que dé un portazo. Luego, cuando él se va, ella debe sentir su propia apreciación por su amor y apoyo. Cuando él regresa, debe hacerle saber que es su príncipe azul que la salvó de una situación difícil. La próxima vez rezongará un poco menos hasta que terminará deseando brindarle apoyo porque ella es muy apreciativa. Esta aceptación amorosa del lado rezongón es lo que lo ayuda a curarse de él.

TERCERA REACCIÓN MASCULINA ANTE EL ESTRÉS: SE CIERRA

Si Bill se siente aún más estresado, terminará "cerrándose" por completo. Es como si en un instante sus sentimientos desaparecieran por completo. Se vuelve insensible y frío.

Cuando un hombre se cierra, es una reacción automática. Las mujeres no entienden esta reacción correctamente porque si una mujer se cierra lo hace por elección propia.

Cuando el hombre se cierra, ella siente que la está castigando injustamente. En realidad, el hombre se cierra automáticamente cuando siente que en su conciencia aparecen emociones dolorosas. Es un mecanismo de defensa sobre el que tiene poco control. Cuando el hombre se cierra, está pidiendo espacio, pero la mujer lo interpreta como una declaración de rechazo total.

En la tradición de los nativos norteamericanos, cuando un guerrero estaba perturbado, se retiraba a su cueva y nadie debía seguirlo. Todos entendían que los hombres bajo tensión necesitan estar solos. El guerrero necesitaba ir a su cueva a rumiar el problema que lo inquietaba. Su mujer estaba advertida de que si corría tras él, sería quemada por el dragón que vivía en la cueva. El guerrero saldría cuando estuviera listo.

Cuando el hombre se cierra, es un signo de advertencia de no tratar de ayudarlo de ninguna manera. La mujer debe darle espacio y comprender que está manejando su dolor y frustración en silencio. Debe apreciar que él se preocupa tanto que quiere resolver su problema. Debe confiar en que cuenta con los recursos para manejar lo que hace falta manejar. No debe tocarlo. Los indios advertían acerca del dragón porque cuando el hombre está cerrado y es provocado y tiene que salir, lo hará desde su lado oscuro.

POR QUÉ LOS HOMBRES SE CIERRAN

La mayoría de los hombres reaccionan al estrés intenso cerrando sus sentimientos y contemplando una situación objetivamente. Aunque el lado femenino del hombre esté muy desarrollado en muchas áreas de su vida, cuando está bajo tensión, lo más probable es que reaccione alejándose y tratando de averiguar qué pasó. Esto se llama rumiar una situación. Toda su percepción se contrae y se concentra. Luego trata de alejarse de ella retirándose de sus reacciones emocionales. Al volverse objetivo de esta manera, puede empezar a recuperarse.

Como la naturaleza esencial del hombre es masculina,

para combatir el estrés necesita retirarse y tomarse un tiempo para estar solo. Esto intensifica su fuerza masculina. No es el momento para que explore sus reacciones emocionales. Su desequilibrio durante el estrés le impide procesar sus reacciones emocionales subjetivas. La primera reacción de la mayoría de los hombres, cuando se enfrentan al estrés, es desconectarse de sus sentimientos para rever objetivamente lo que sucedió.

Las mujeres se sienten muy amenazadas por el alejamiento del hombre porque, para que una mujer se cierre, tiene que sentirse tan perturbada que desea rechazar a una persona. No es el caso del hombre. Mientras que los hombre se cierran en forma automática al reaccionar ante el estrés, las mujeres se cierran como resultado de una decisión consciente. La mujer sólo se cierra después que se dio por vencida con una persona. Si alguien la hirió en repetidas oportunidades y ella perdió toda la confianza y la aceptación, entonces toma la decisión consciente de cerrar sus sentimientos. Las mujeres no se dan cuenta de que el hombre se aleja sólo para recobrar el equilibrio y evitar el asalto de las "emociones negativas".

El hombre tiene la capacidad de cerrarse completamente en un instante. La mujer, por otra parte, se cierra poco a poco, con el tiempo. Para ella se trata de un proceso gradual de construir un muro de resentimiento acumulado, ladrillo por ladrillo. Con el tiempo, cuando el muro está levantado, elige cerrarse para protegerse de más abuso.

Así como el hombre puede cerrarse en un instante, puede volver a abrirse en un instante. En general, las mujeres desconfían del hombre cuando se abre con tanta facilidad. Suponen que finge sentirse mejor. Desde el punto de vista de la mujer, ella nunca podría cerrarse y abrirse con tanta rapidez. Cuando el hombre se cierra, en general necesita mucho espacio y luego puede volver a abrirse con rapidez.

Si la mujer trata de sacar a un hombre de su encierro, provoca su lado oscuro. Preguntarle qué siente —en un momento en que sus sentimientos están bloqueados— es buscarse problemas. Cuando el hombre está molesto, natu-

ralmente tiende a irse a su "cueva" para tranquilizarse y solucionar las cosas.

Después que la mujer se haya "quemado" varias veces
tiene más miedo del hombre cuando éste se cierra. No se da
cuenta de que el dragón sólo sale cuando lo obligan a salir
de la cueva antes que esté listo.

Los hombres deben entender que como la mujer no se
cierra con facilidad, instintivamente interpreta mal lo que él
hace y supone estar en graves problemas. Imagina que el
problema es mucho más grave de lo que es. Al saber esto, el
hombre puede contribuir explicándole que, cuando se cierra, va a regresar y entonces podrá hablar de eso.

Sugiero que cuando los hombres se cierran, digan a sus
compañeras: "Necesito tiempo para pensar. Ya volveré y
entonces hablaremos". Cuando empiece a practicar esto,
quizá todo lo que pueda decir sea: "Necesito tiempo para
pensar y ya voy a volver". En esos momentos, decir: "Y luego hablaremos" es un compromiso muy grande que va en
contra de la naturaleza masculina. Cuando los hombres re-
cobran su equilibrio, les resulta más fácil hablar de lo que
los estaba perturbando.

Cuando el hombre regresa luego de cerrarse, es posible
que no tenga nada que decir porque se dio cuenta de que
no había nada por qué preocuparse. Se da cuenta de que su
reacción fue exagerada o que vio algo desde el punto de
vista equivocado, y que ahora todo está bien. En la mayoría
de los casos, cuando el hombre dice que todo está bien cuando vuelve luego de haber estado en su cueva, la mujer tiene
que confiar en él y relajarse.

LAS MUJERES Y EL ESTRÉS

Cuando el hombre siente estrés, tiende a retirarse men-
talmente para reconectarse con su verdadera identidad y
encontrar equilibrio. Sin embargo, la mujer necesita experimentar sus sentimientos para reconectarse con su verdadera identidad. Si no puede procesar sus sentimientos, tiende
a desequilibrarse más y a tener tres reacciones comunes ante

el estrés: agobio, reacciones exageradas y agotamiento. En cierto sentido, son los equivalentes femeninos de las reacciones masculinas ante el estrés.

Es esencial que el hombre aprenda a interpretar correctamente la reacción de la mujer ante el estrés. De otra manera, tiende a echarle culpas y a defenderse cuando no es necesario. Cuando una persona siente que se interpretan mal sus reacciones ante el estrés, pierde el equilibrio todavía más.

PRIMERA REACCIÓN FEMENINA ANTE EL ESTRÉS: SE SIENTE AGOBIADA

Al enfrentarse al estrés, la psique femenina se vuelve más emocional. Si la mujer no está acostumbrada a estar en contacto con tanta emoción, pierde el equilibrio y no puede trazar una línea clara ente sus sentimientos y los ajenos. Automáticamente siente un impulso interior de responder no sólo a sus sentimientos sino también a los sentimientos y necesidades de su compañero y las demás personas.

Empieza a sentirse agobiada, como si tuviera demasiado que hacer y no pudiera descansar hasta que "todo" estuviera hecho. Se siente exigida de todas partes.

Al negar sus necesidades para respetar los deseos de su compañero y de los demás, se siente aún más agobiada. Sigue dando y dando pero no se toma tiempo para recibir o darse a sí misma. Es posible que hasta se someta impulsivamente a las necesidades de los demás. No puede decir que no hasta que está totalmente consumida.

En el estado de agobio, la mujer pierde su capacidad de dar prioridad a las diversas presiones y responsabilidades que siente. Le resulta cada vez más difícil separar sus necesidades de las ajenas. Es como si todo fuera igualmente importante: desde pagar las cuentas atrasadas... hasta barrer debajo de la cama... regar las plantas... doblar las remeras de su marido... devolver algunas llamadas... prepararse para salir esa noche... conseguir las instrucciones para el picnic de la semana próxima... pasear el perro de una amiga.

Observemos un ejemplo. Cuando Mary se siente agobiada, es posible que Bill le pida inocentemente que le haga una llamada, una llamada que no es muy importante para él. (Bill está acostumbrado a pedirle a Mary que haga cosas pequeñas que "no son tan importantes" porque en general ella dice que sí con una sonrisa). Si ella dijera: "Lo siento, estoy retrasada", en general sería una respuesta buena. Bill haría su llamada y se olvidaría del asunto. Quizás hasta vería si pudiera ayudarla de alguna manera. Por desgracia, cuando Mary se siente agobiada, esa no es la respuesta que surge de su boca.

En cuanto él se lo pide, ella reacciona con un tono de voz frustrado e impotente. Dice: "Ahora no puedo, tengo que preparar la cena. Ya tengo demasiado que hacer. Tengo que llamar a la maestra de Julie, cambiar los pañales del bebé, ordenar este lío, sacar el saldo de la chequera, terminar de lavar y esta noche vamos al cine. Tengo tanto que hacer que no puedo hacerlo todo".

En un instante, Bill reacciona a la reacción de Mary ante el estrés con su propia reacción ante el estrés. Se retira y se aleja. Le resulta difícil volver a sentarse en el sofá y mirar la televisión sin alejarse de sus sentimientos interiores y su conexión con ella.

En vez que desear apoyar las necesidades de Mary, siente resentimiento contra ella. Sin embargo, las razones de su resentimiento son otras de las que ella imagina. Siente resentimiento porque ella no le pidió ayuda antes, por hacerlo sentir como un fracaso (o en lenguaje de Marte, por "tildarlo de flojo" o "derribarlo").

En realidad, no lo derribó. Él mismo lo hizo interpretando mal el agobio de ella. Sin embargo, ser "tildado de flojo" es su experiencia. Está molesto porque siente que le falló de alguna manera. Cuando ella está feliz, él siente que es responsable, pero cuando ella es desdichada, él siente que fracasó. De esta manera, toma el agobio de ella como algo personal, como si él lo hubiera causado o hubiera debido evitarlo. No se da cuenta de que el agobio no tiene nada que ver con él.

Para Bill, el agobio de Mary suena como si ella estuviera culpándolo por no darle más apoyo. Cuando ella se queja de todas las exigencias que tiene, él supone que lo está reprendiendo por no darle más apoyo y esperar tanto de ella. No es la intención de Mary.

Cuando un hombre "se retira", lo que la mujer oye es que al hombre no le importa. En realidad, él no está diciendo nada, sino que simplemente está ocupándose de sí mismo. De la misma manera, cuando la mujer se siente agobiada, no está diciendo nada, sólo está ocupándose de sí misma. Está tratando de expresar sus sentimientos para sentirse comprendida. Al ser comprendida, se siente más centrada y menos abrumada.

LO QUE LE OCURRE AL HOMBRE CUANDO LA MUJER ESTÁ AGOBIADA

Cuando la mujer está agobiada, el hombre tiende a retirarse y alejarse de ella para librarse de los sentimientos de culpa e insuficiencia que siente en respuesta a ella. Se toma su infelicidad, agobio e impotencia como algo personal. Siente que le falló de alguna manera, pero no sabe cómo decirlo sin quedar mal.

No le dice que está frustrado porque ella sea tan infeliz y que quiere que sea feliz. No le dice que está decepcionado por no haber hecho más para facilitarle las cosas. No le dice que está preocupado por ella y que no quiere que se sienta tan sola y sin apoyo. No le dice: "Entiendo lo difícil que debe ser". No la abraza y le dice: "Te amo, hablemos de eso".

Es lo que él siente pero no lo dice porque no sabe cómo, y no sabe que hace falta decirlo. ¡Qué vergüenza! Como no entiende lo que ella necesita en esos momentos y como no aprendió a comunicar sus sentimientos, automáticamente se aleja. La ironía es que ella se imagina que él siente precisamente lo opuesto. Se imagina que no le importa. Por dentro él se siente infeliz porque ella es desdichada, pero por fuera actúa como si todo estuviera bien. Y todo el tiempo aumenta su resistencia a ella. Como resultado, ella se siente más abandonada, perturbada e impotente.

El hecho de que una mujer agobiada exprese sus problemas como si fueran crisis inmensas ayuda a explicar por qué los hombres tienden a interpretar mal este estado y se sienten culpados. El hombre se guarda su sensación de agobio y concentra su preocupación en un "gran" problema. Sólo enumera una lista de problemas si culpa a alguien por ellos. Por este motivo, supone que la mujer que hace esto lo está culpando. Cuando se aleja, ella sí empieza a culparlo por ser tan frío e insensible. Este es otro ejemplo de cómo nuestras suposiciones equivocadas se convierten en profecías que se cumplen. Dos personas que se aman mucho pero que no entienden sus diferencias en poco tiempo quizás empiecen a sentir resentimiento, desconfianza y se peleen.

Cuando la mujer se siente agobiada, necesita que su compañero sea una caja de resonancia. Él puede ayudarla a encontrar equilibrio escuchándola y entendiendo su frustración. Por desgracia, él supone equivocadamente que ella le está pidiendo que rectifique la situación. Es típico que escuche algunos de sus problemas y luego trate de ofrecer soluciones, suponiendo que si sus soluciones son buenas, entonces ella se sentirá mejor.

Él espera esto porque cuando un hombre está perturbado y descubre una buena solución a su problema, en general se siente mejor enseguida. Cuando ella sigue perturbada y enumera otros problemas, el hombre empieza a sentirse rechazado e impotente.

Desde este punto de vista, parece imposible complacerla. Pocas veces está contenta y, al parecer, le exige más de lo que él puede darle. Aunque él quiera ayudarla no lo hará porque se siente culpado y acusado de no haberla ayudado.

Bill en general se impacienta con Mary cuando ella está agobiada. A él le suena a queja y autocompasión. Tiene ganas de decir: "No te preocupes por todo. Te alteras por cualquier cosa. No hace falta hacer todo. No es tan importante. ¿No puedes ser feliz? No todo es tan difícil. Siempre tienes demasiado que hacer". Sin embargo, decir esto empeora las cosas. Cuando Mary se siente agobiada no necesita un sermón. Lo que necesita es alguien comprensivo y compasivo.

Para obtener esta clase de apoyo, ella debe darse cuenta

de que Bill fácilmente interpreta mal su agobio como censura y rechazo. Ella puede pedirle apoyo pero debe advertirle que en este momento está un poco agobiada y que no es culpa de él.

Estas palabras pueden cambiar mucho las cosas para el hombre: NO ES TU CULPA. Ella puede decir simplemente: "Si suena como si estuviera culpándote, lo siento. Definitivamente no es tu culpa".

Después que el hombre le presta atención durante un rato, debe dejar de intentar arreglarle la vida y comprender que ella no necesita que se la arreglen. La mujer ya está en proceso de sentirse bien aunque a él le parezca que se está quejando. Al ser oída, su actitud cambiará automáticamente. Una frase de él puede resultar particularmente útil: después de escuchar durante algún tiempo, puede decirle: "Realmente no sé cómo lo haces". Por supuesto que si esto no se hace con sinceridad, puede causar el efecto contrario.

OBTENER LO QUE ELLA NECESITA

Es casi imposible que una mujer agobiada reciba del hombre lo que necesita —tener a alguien que comprenda y valide su dolor y malestar, examinar y expresar sus temores sin que la interpreten mal— a menos que ella le recuerde que no es culpa suya y aprecie su ayuda. Para la mujer es difícil obtener apoyo cuando está agobiada porque, cuando expresa lo que siente, lo hace parecer como censura.

Sin embargo, en términos generales, si otra mujer escucha estos sentimientos la entenderá de inmediato. Por esta razón, es importante que las mujeres se busquen para darse apoyo mutuo en lugar de esperar recibirlo sólo de su compañero. Para los hombres, un objetivo importante es aprender a comprender el agobio femenino. Pero hasta que no lo logren, las mujeres deben volcarse principalmente a sus amigas en busca de apoyo.

El resultado de sentirse agobiada es que la mujer naturalmente pasa a la segunda reacción ante el estrés. Empieza a acumular el malestar emocional y su reacción a las situaciones es exagerada. Confunde con facilidad la razón de su molestia, y la causa con el efecto. Si está perturbada luego de un largo día de calamidades estresantes y llega su marido, es posible que olvide que la razón de su molestia es su día difícil y reaccione como si él fuera la causa de su malestar. En cierto sentido, el peso del día se concentra en el hombre.

Al hablar sobre todas las otras cosas que la molestan, puede empezar a aliviarse y lo hará. Pero hasta que esto suceda parecerá que cualquier cosa de la que esté hablando sea la única razón de cómo se siente. Parecerá que está culpando y castigando al hombre.

En ese estado, una mujer que reacciona en forma exagerada tiende a decir cosas irracionales, injustas, incoherentes e ilógicas, cosas que luego olvida o dice que no era su intención decir. Es posible que algunos minutos más tarde se ría de lo que dijo. Esto es parecido a la forma en que el hombre responde cuando está estresado. Se vuelve irritable y refunfuña, pero si no se le ofrece resistencia ni se lo culpa de nada, se le pasará enseguida. Así como la mujer debe aprender a pedir apoyo y pasar por alto los rezongos, el hombre tiene que preguntar cómo se siente la mujer y escucharla sin tomárselo como algo personal, sin defenderse, sin tratar de arreglarle la vida y sin interrumpirla con correcciones, explicaciones y sermones.

Aunque al parecer ella lo hace responsable de sus sentimientos, no es su intención hacerlo. Ella está en el proceso de averiguar qué la está alterando. En realidad no sabe lo que la molesta y cuánto es culpa de su compañero o qué parte de esos sentimientos surge de otras fuentes.

Denise tiene 38 años y es madre de tres niños. También es tenedora de libros. Su marido, Randy, es arquitecto. Un día él llegó a su casa del trabajo quince minutos tarde. Cuando entró, su mujer estaba fría y muda. Él dijo:

—¿Está lista la cena? Me muero de hambre.

Entonces ella le arrojó la comida a la mesa y le dijo:

—Aquí la tienes, se quemó.

La respuesta interior de Randy fue ponerse furioso e indignado. Sintió: "¿Cómo se atreve a estar tan enojada conmigo cuando sólo llegué quince minutos tarde? Entendería que se molestara un poco pero no tanto". Echó la silla hacia atrás y se puso de pie, profirió algunos insultos y se fue a comer a otra parte.

La respuesta de Randy a la reacción exagerada de Denise resultó igualmente desconcertante para ella. Cuando las mujeres tienen reacciones exageradas, los hombres se sienten castigados. A su vez, los hombres sienten: "Si me van a castigar por un delito, entonces 'que el delito esté a la altura del castigo' ". Entonces el hombre comete un delito que esté a la altura del castigo que ella le infligió. Él la trata de una forma que merece una intensa reacción por su parte.

Este impulso interior de castigarla tratándola de una forma que racionalmente aseguraría una reacción negativa por parte de ella, es la fuente de problemas fundamentales en las relaciones. Cuando el hombre logra entender que ella no le está arrojando todos sus sentimientos negativos y que siempre hay una extensa lista de otras cosas que la molestan cuando ella tiene una reacción exagerada, entonces no se lo toma como algo personal. Puede darse cuenta de buen grado de que no está tan molesta con él por llegar tarde como parece. En realidad, seguramente ella tuvo un día largo y difícil, y él llegó a la casa al final de ese día. Finalmente la mujer tiene a alguien con quien hablar y él es el blanco de todos esos sentimientos encontrados.

Observemos lo que realmente le sucedió a Denise aquel día. Cuando estaba sacando el saldo de su chequera, se dio cuenta de que no figuraban dos cheques y entonces no podía sacar el saldo. Supuso que el culpable era su marido distraído, que a veces hacía eso. A esa altura del día, estaba más molesta porque no tenía la información que por la distracción de Randy. Este fue su primer contratiempo. Llamémoslo un contratiempo de 20 grados.

Media hora más tarde fue a la cocina a preparar té y vio que su hija Katherine se había olvidado el almuerzo. Ahora Denise estaba frente a otra situación de estrés. ¿Debía llevarle el almuerzo al colegio o dejar que una niña de doce años pasara hambre? Podemos llamar a este un contratiempo de 10 grados. Como Denise ya tiene un malestar de 20 grados, experimenta este nuevo problema como un contratiempo de 30 grados.

Esto se llama carga emocional acumulada. No ocurre sólo a las mujeres que son tenedoras de libros, sino a todas las mujeres cuando tienen una reacción exagerada frente al estrés. Esta es la explicación racional de una reacción que para los hombres es en extremo irracional e injusta.

Sigamos revisando lo que le sucedió a Denise aquel día. Después de pensarlo, resolvió llevarle el almuerzo a Katherine al colegio. Se subió al auto pero no arrancaba. La batería estaba muerta. Alguien había dejado la puerta del auto abierta toda la noche. Ahora tenía un nuevo motivo de estrés. Llamémoslo un estrés de 30 grados. Pero por lo que precedió a este contratiempo, se convierte en un fastidio de 60 grados.

Imaginemos por un momento que Katherine hubiera llamado a su casa en ese momento para pedirle a Denise que le llevara el almuerzo. ¿Qué clase de reacción recibiría? En lugar de un contratiempo de 10 grados, que es lo que sintió Denise originalmente por el almuerzo olvidado, ahora sería el blanco de una reacción por un fastidio de 60 grados. Afortunadamente para Katherine, no llamó a su casa.

Denise volvió a la cocina para llamar al automóvil club para que fueran a recargar la batería. Camino a la casa, recogió el correo. Cuando estaba haciendo la llamada, notó una carta del Banco. La abrió y encontró un estado de sobregiro. Normalmente eso sería un contratiempo de 30 grados. Pero aquel día se acumuló automáticamente con lo anterior y se convirtió en uno de 90 grados. Cuando Denise llamó al automóvil club, lo que normalmente le haría sentir 30 grados de frustración e incomodidad, ahora sentía 90 grados de alteración.

Ahora imaginemos qué habría pasado si Randy hubiera

llamado a su casa en ese momento para decirle que había olvidado asentar un cheque en particular. En vez de ser un contratiempo de 20 grados, que era lo que sintió originalmente, sentiría una molestia de 90 grados. En vez de sentirse algo frustrada por la distracción de Randy, sentiría resentimiento contra él por ser un idiota tan irresponsable, desconsiderado e inmaduro. Afortunadamente, Randy no llamó a su casa.

Después que Denise terminó su humillante llamada, fue al armario a buscar alivio. Cuando buscó la reserva de galletitas escondidas, encontró un rastro de excremento de ratón en el estante de la cocina. "¡Caca de ratón!", gritó cuando alcanzó el límite de su frustración y rabia. Tengamos en cuenta que, durante las últimas tres semanas, Randy había estado tratando de atrapar al pequeño culpable. Otro día, cuando Denise no estaba tan perturbada, ese descubrimiento de un ratón en la cocina sólo justificaría una molestia de 15 grados. Pero hoy registra 15 más 90, o sea 105 grados.

Ciertamente, si observáramos la reacción de Denise a los excrementos de ratón, podríamos pensar que fue muy irracional. Pero considerando lo que precedió a esa experiencia, es muy comprensible. Lo que ella necesita cuando su reacción es exagerada es que se comprenda esto.

En un momento semejante no está en su poder discriminar racionalmente que sólo sufre una molestia de 15 grados por el ratón, de 10 grados por el almuerzo de Katherine, de 20 grados por la chequera incompleta, de 30 grados por la batería del auto, de 30 grados por el sobregiro del Banco. Todo se une en una reacción de 105 grados.

Cuando los hombres logran entender este proceso tienden menos a tomarse la reacción exagerada de la mujer como algo personal. Continuemos revisando lo que pasó aquel día nefasto en la vida de Denise cuando le arrojó a Randy la comida a la mesa.

Después que el mecánico le recargó la batería, se subió al auto. Cuando estaba saliendo, se dio cuenta de que se había olvidado el almuerzo de Katherine. Detuvo el auto, lo estacionó y corrió a la casa. Cuando regresó al auto, no pudo arrancarlo. Otra batería muerta. Bueno, unos momentos antes, una batería muerta sería una molestia de 30 grados. Esta vez, ella sintió los 105 más los 30 = 135 grados. Denise se sintió completamente humillada al tener que volver a llamar al automóvil club. Penosamente tuvo que soportar al hombre que le decía por teléfono: "¿No llamó hace cuarenta y cinco minutos?". Cualquier otro día, se hubiera sentido algo avergonzada y habría hecho algún chiste. Pero como ya había acumulado 105 grados de molestia, eso constituyó un importante revés para ella.

Ya agotada de tanta inquietud interna, se dirigió al dormitorio a recostarse unos momentos y esperar a que llegara la segunda grúa. Cuando cerró los ojos, sintió un momento de paz. Pero cuando se levantó a tomar agua, vio en el suelo otro rastro de excrementos de ratón. Nunca los había visto fuera de la cocina. "Caca de ratón", que antes era una molestia de 15 grados, ahora era una calamidad de 150 grados.

En ese momento, Denise sintió pánico. Su mente se vio invadida de temores y preocupaciones: ¿cuántos ratones habría ahora? ¿Qué clase de enfermedades portarían? ¿Estarían en los cuartos de los niños? ¿Caminarían encima de éstos mientras dormían? ¿Habría más bichos en el altillo? En lugar de estar algo asustada acerca de una invasión de ratones, ahora estaba 150 grados perturbada por ello. De más está decir que no pudo relajarse y disfrutar de su descanso.

Cuando le recargaron la batería, Denise estaba más decidida que nunca a llevarle el almuerzo a Katherine al colegio. Tenía sólo diez minutos para llegar antes que empezara la hora del almuerzo. Camino al colegio, perdió cinco minutos en una calle que estaban arreglando. Un retraso tan pequeño en general constituiría un contratiempo de 10 grados o quizá de 30 grados si estuviera apurada. Sin embargo, aquel día llegó a los 30 grados más 150 grados, lo que sumó 180 grados que la perturbaban.

Para cuando llegó al colegio, Katherine ya se había ido a almorzar afuera con una amiga. Un viaje en vano al colegio sería un contratiempo de 20 grados. Esto sumaba 200 grados en total.

Ya era hora de que Denise buscara a su hija de tres años.

Susie se quejó todo el camino a casa porque quería ir a nadar, pero Denise le explicó una y otra vez que hacía demasiado frío. Susie eligió precisamente ese día para tener un gran berrinche. Los niños en general hacen eso. Pueden sentir la acumulación de sentimientos explosivos y expresan su rabia. Todo ese día Susie estuvo especialmente quejumbrosa y molesta. Esa clase de trato por parte de su hija haría que la mayoría de las madres reaccionaran con por lo menos 20 grados de molestia. Para Denise, ahora eran 220 grados. Se arrepintió del día en que había querido tener hijos.

Estaba decidida a hacer algo bien, de modo que optó por preparar una comida muy especial para su marido. Preparar la cena fue particularmente frustrante porque la pequeña Susie la llamaba todo el tiempo y quería toda su atención. Cuando Randy no llegó a tiempo, Denise dejó el salmón en el horno para que no se enfriara. Luego Susie la distrajo otra vez. Cuando Randy llegó, Denise se acordó del salmón. Corrió al horno pero descubrió que estaba quemado.

Randy notó que su mujer estaba fría y callada. Dijo:

—¿Está lista la cena? Estoy muerto de hambre.

Un día normal en que Denise no hubiera acumulado tantos contratiempos, el hecho de que Randy llegara 15 minutos tarde no hubiera tenido importancia, en general, 10 grados de molestia. Pero ese día eran 15 más 220 = 235 grados. Estaba furiosa con él. Si Katherine hubiera entrado en ese momento, Denise hubiera estado 235 grados molesta con ella. Si hubiera visto la foto de un ratón, estaría 235 grados molesta por la invasión de ratones.

Cuando Randy preguntó si la cena estaba lista, la reacción interna de Denise fue: "¿Es todo lo que tienes que decirme? Después de todo lo que hice por ti. Llegas tarde. Ni siquiera llamas. Ni siquiera me saludas ni me preguntas cómo fue mi día. Eres tan egoísta; sólo te importa lo tuyo. Por mí, puedes morirte de hambre. Espero que te mueras de hambre". Se sentía tan perturbada que no supo qué decir. Se quedó fría y callada y simplemente le arrojó la comida a la mesa diciendo: "Aquí tienes, se quemó". La mirada que le envió comunicó sus 235 grados de molestia. Eso y su tono de voz lo dijeron todo.

La respuesta de Randy fue volverse 235 grados intolerante y furioso. Indignado, pensó: "¿Cómo se atreve a estar tan enojada conmigo, cuando sólo llegué 15 minutos tarde? Entendería que estuviera algo molesta, pero no tanto". Entonces se puso de pie, profirió algunos insultos y salió en silencio a comer afuera. Pensó, furioso: "Ya me las pagará por esta reacción exagerada".

Un hombre en esta situación no se da cuenta de que la mujer ya pagó por ella. Tuvo que vivirla todo el día. Lo que ella necesita es algo de compasión por lo que sufrió. En lugar de suponer que ella lo está castigando y en lugar de ponerse a la defensiva, el hombre necesita retroceder un poco, respirar unas cuantas veces y tratar de relajarse. Luego debe proceder con cautela, tratando cuidadosamente de empatizar con ella pero sin tratar de arreglarle la vida, corregirla o defenderse.

LA TÉCNICA DE "QUÉ OTRA COSA"

Lo que el hombre puede decir, mientras la abraza, es: "¿Cómo te sientes?" o "Veo que estás perturbada. ¿Qué pasa?" Después de escucharla durante unos instantes, y cuando ella deja de hablar, en lugar de responder a lo que ella dijo con una lista de explicaciones con respecto a por qué no debería estar tan molesta, el hombre debe recordar la frase mágica: "¿Qué otra cosa te está perturbando?" O simplemente puede seguir preguntando: "¿Qué otra cosa?" o "Sigue" o "Dime más". Entonces debe escuchar más.

Estas preguntas le dicen a la mujer que le importa y que está interesado en entenderla. "Qué otra cosa" también la ayuda a no perderse mientras se concentra en una sola fuente de su molestia. Estas preguntas ayudan a validar su dolor, que es lo que más necesita. Mientras habla, permite a la otra persona entender realmente por lo que ella está pasando con más empatía y compasión. Cuando se siente escuchada y comprendida, la intensidad de su alteración disminuye. Es posible que empiece a reírse del día espantoso que tuvo.

Cuando el hombre usa esta técnica, debe responsabilizarse de preguntar sólo si de verdad puede escuchar. Debe respetar su tolerancia para escuchar quejas. Si sólo puede escuchar durante dos minutos antes de ponerse a la defensiva, frustrado y furioso, entonces no debe seguir preguntando: "¿Qué otra cosa te está molestando?". Debe retroceder y tener algo de espacio. Debe tratar de ser atento y decir algo como: "Sé que estás molesta, pero necesito algo de tiempo para pensar en lo que dijiste. Luego hablaremos más". En el momento de paz que sigue, el hombre puede ayudarse recordando que está tomándose innecesariamente la molestia de ella como algo personal. Puede recordarse que no es la intención de ella.

Si el hombre no alcanzó el punto de frustración completa, podría probar con otros dos enfoques. Puede preguntar: "¿Te sirve que te escuche?". Si ella puede decir: "Sí, lo aprecio", entonces él puede seguir escuchándola. Un poco de apreciación ayuda inmensamente al hombre.

Él también podría decir: "Sé que estás perturbada y quiero darte apoyo. Sin embargo, después de un rato, empieza a sonar como si todo fuera culpa mía. ¿Eso es lo que quieres decir?"

En general, ella dirá, muy sorprendida: "No, no quiero decir eso". Entonces él puede añadir: "Gracias. Dime más".

Cuando el hombre entiende esto, puede escuchar y realmente comprender y sentir una creciente compasión. Cuando practica escucharla, lo último que debe tratar de hacer es explicar por qué no es responsable por el dolor de ella. Si lo hace, entonces la mente de la mujer empezará a buscar todas las razones por las que él podría ser la causa de su malestar. En consecuencia, discutirán por eso. El hombre conscientemente debe elegir una postura que no explique sino que investigue o examine cuando escucha. Su tarea no es defenderse sino darle a la mujer la oportunidad de abrirse. Cuando ella se siente escuchada sin que la culpen ni la juzguen, automáticamente su actitud cambia y se vuelve más afectuosa, positiva, centrada y aprobadora.

De la misma manera, cuando la mujer aprende a no culpar o juzgar los rezongos del hombre (el equivalente masculino de las reacciones exageradas), automáticamente éstos desaparecen cuando logra hacer algo para complacerla. Si la mujer culpa al hombre por rezongar, él justificará sus quejas y luego seguirá rezongando. Cuando la mujer tiene una reacción exagerada y el hombre se defiende —haciendo que ella se sienta mal—, ella reaccionará aún más ante su falta inmediata de apoyo. Si el hecho de que él la invalide normalmente constituye un malestar de 30 grados, ese día terrible Denise sentiría 265 grados de malestar.

EVITAR LOS PEROS

Cuando una mujer experimenta agobio o una reacción exagerada ante una situación estresante, muchas veces se siente confusa. En esta confusión, tiende a hacer preguntas. Si el hombre no las oye como censura, entonces en general las oye como si la mujer estuviera pidiendo una solución. El hombre supone que ella espera que él la haga sentir mejor respondiendo a sus preguntas. Podría estar perturbada y empezar a hablar acerca de lo que está molestándola; él la escuchará durante dos minutos como máximo y pensará que ahora entiende su problema y tiene una solución.

En realidad, ella está en el proceso de explicarse las cosas. Por buena que sea la solución de él, ella dirá "pero" y seguirá hablando acerca de las cosas que la están perturbando. Para el hombre, esto es frustrante porque supone que una vez que le da una buena solución a su problema, ella debe sentirse mejor. Por supuesto, esto es bueno para los hombres pero no para las mujeres.

El hombre debe recordar que cuando ella está molesta no se sentirá mejor hasta que haya hablado durante un rato. No quiere soluciones ni es capaz de apreciarlas. Al hombre le cuesta recordar esto porque, cuando él habla de sus problemas, en general es para pedir ayuda para encontrar una solución. Si alguien le da una buena solución, se siente muy bien. Cuando ella no se siente bien, el hombre se lo toma como algo personal. Se molesta porque no aprecia su inteligencia.

Otra diferencia entre el hombre y la mujer ayuda a explicar por qué muchos hombres tienen la idea equivocada de que las mujeres son incompetentes. La mayoría de las veces, cuando un hombre habla de un problema, es algo que estuvo pensando durante mucho tiempo antes de expresarlo en voz alta. Hablar de lo que lo está molestando es reconocer que no sabe qué hacer con ese problema. Se resiste a admitirlo porque, si alguien le ofreciera una solución simple, podría llegar a sentirse muy incómodo. Podría sentirse tonto e inútil.

Cuando una mujer empieza a hablar de lo que la está molestando, es posible que deba hablar sobre 10 a 15 dificultades antes de entender totalmente lo que en realidad la perturba. Entonces se siente mejor. Desde un lugar centrado observa cómo puede resolverlo. Por esta razón, la mujer no tiene vergüenza de compartir su lista de problemas sin sentirse amenazada porque no encontró soluciones a ellos. Después de escuchar a la mujer que se relaja de esta manera, el hombre en general empieza a formarse dos juicios o conclusiones muy incorrectos.

CÓMO ÉL SE EQUIVOCA AL INTERPRETAR
LA RELAJACIÓN DE LA MUJER

La primera suposición equivocada que tiene el hombre cuando la mujer expresa una lista larga de cosas que la perturban es que ella debe ser realmente incompetente para no ver la soluciones a esos "problemas tan insignificantes". El hombre supone que el grado de perturbación expresado indica la frustración de una persona al tratar de resolver un problema en particular. Pero el grado de perturbación de la mujer cuando menciona un problema tiene poco que ver con su capacidad para resolverlo. Más bien, tiene que ver con la acumulación de estrés. Señala su necesidad de ordenar las cosas.

La segunda suposición falsa que tiene el hombre es que

la mujer no puede ser feliz a menos que se resuelvan todos sus problemas. Como él se preocupa por ella, quiere hacerla feliz y cree que la forma de hacerlo es resolviéndole los problemas. Cree equivocadamente que al hablar de sus problemas ella le está pidiendo que se los resuelva. Para él, la lista extensa de pesares y dificultades suena como una serie de exigencias, quejas y críticas. Se siente atacado, como si ella estuviera diciendo que él es el responsable.

Cuando él escucha su lista de problemas, se frustra porque sabe que no puede resolverlos todos. Luego llega a la conclusión de que ella tiene demasiados problemas. La acusa de tener demasiados problemas, cuando todo lo que ella en realidad necesita para ser más feliz es que la escuchen y la comprendan. Él se lo toma como algo personal.

El estrés de la mujer aumenta, su percepción se abre y ella ve más problemas posibles. Por esto es que las mujeres tienden a preocuparse demasiado por muchas cosas.

Los hombres se preocupan de la misma manera, como ya hemos visto, pero tienden a concentrarse en un problema en particular. Así como la mujer asocia su grado acumulado de malestar con un número creciente de problemas externos, el hombre toma el grado acumulado de malestar en su vida y lo coloca en un solo problema, minimizando la importancia de otras cosas en su vida. Cuando está concentrado en un problema, parece indiferente a otros problemas. Sin embargo, si se distrae de ese estado en extremo concentrado, parecerá indignado; rezongará, se quejará, ofrecerá resistencia o tendrá un berrinche.

La mujer hace demasiadas suposiciones acerca de la reacción masculina ante el estrés. Llega a la conclusión de que él no se preocupa por ella o sus necesidades o que no la ama. También se equivoca al suponer que él se resiste a responder a las necesidades de ella porque considera que no tienen validez. Después de refunfuñar durante un rato, él recuerda que ella merece más apoyo de su parte y quiere dárselo. De la misma manera, después de tener una reacción exagerada, la mujer se da cuenta de que su compañero no tiene la culpa.

Cuando una mujer tiene una reacción exagerada, si su compañero le diera un poco de comprensión y un signo de empatía hacia su estrés y su lucha en lugar de juzgarla mal, ella se recuperaría rápidamente. La forma más eficaz de hacerlo es con un abrazo. Las mujeres necesitan que las toquen y las abracen. Es una de las mejores formas en que un hombre puede comunicar su apoyo. Muchas veces el hombre no sabe qué hacer o decir. Ese es el momento para respirar profundamente, relajarse y sentir su amor, o es el momento para abrazar en silencio a su compañera. De la misma manera, si la mujer puede darle "espacio" al hombre para que rezongue, él se recuperará más rápidamente.

Cuando la mujer le da espacio al hombre para que rezongue, también debe darle la oportunidad de ser su héroe. Muchas veces las mujeres piensan en pedirles apoyo a sus compañeros, pero no lo hacen por temor a su resistencia. Al no pedir apoyo, lo mantienen en una caja como si fuera el tipo malo, indiferente y egoísta.

De la misma manera, cuando el hombre da comprensión a la mujer, también debe darle la oportunidad de sentirse especial, digna y amada. De vez en cuando, puede hacer y decir cosas para que se sienta amada y especial. Cuando ella realmente está hablando de su malestar, él puede usar frases tranquilizadoras como "Te mereces eso" o "Tienes derecho a sentirte de esa manera" o "Mereces sentirte..." o "Tienes derecho a hacer eso", etcétera. Además de comprensión, ella necesita validación, empatía, atención y compasión. Una forma útil de pensar en validación es "entender con respeto".

La mujer necesita expresar sus sentimientos de la misma manera en que el hombre necesita ir a su "cueva" y rumiar las cosas solo. En el proceso de "rumiar", el hombre rápidamente identifica el problema y luego trata de encontrar una solución. Encontrar una solución lo hace sentirse mejor. Por otra parte, la mujer necesita descubrir lo que está sintiendo y luego qué la hace sentirse mal. En lugar de buscar una solución, examina las posibles relaciones entre lo que está sintiendo y lo que le está pasando.

Así como el hombre ensaya varias soluciones posibles para su problema, la mujer considera muchas relaciones posibles entre sus sentimientos y lo que está sucediendo alrededor hasta que encuentra una (o más) que se adapta. Su percepción se expande y revisa todos los hechos externos posibles en conexión con sus sentimientos perturbados. Cuando logra ver con claridad su relación con el ambiente, entonces puede asumir la responsabilidad de sus sentimientos. A esta altura puede darse cuenta de que nadie es responsable de lo que siente. Ahora puede cambiar sus sentimientos negativos y transformarlos en positivos.

Mientras la mujer se expresa para descubrir lo que siente, si el hombre trata de resolverle los problemas, no sólo sentirá que nada la complace, sino que le impedirá encontrar equilibrio.

CÓMO LOS HOMBRES SE DEJAN ENGAÑAR

Lo que los hombres encuentran muy engañoso cuando tratan de ofrecer apoyo a una mujer con una reacción exagerada es que, cuando la mujer está perturbada, hace muchas preguntas mientras habla. Dice cosas como:

"¿Por qué piensas que mi jefe hace eso?"
"¿Cómo tengo que saber que...?"
"¿Por qué no se da cuenta de que estoy tratando de ayudarla?"
"¿Qué voy a hacer?"
"No sé por qué estoy tan perturbada."
"¿Qué debo hacer cuando eso pase?"

Al oír esto, el hombre naturalmente piensa que ella está pidiendo una explicación o una solución. Al contrario, ella necesita su muda comprensión o empatía para ayudarla a examinar y descubrir qué está sucediendo en su interior. En general, los hombres responden a esta idea diciendo con frustración: "Bueno, si no debo solucionarle los problemas, ¿qué se supone que debo hacer?". La respuesta a esta pre-

194

gunta en general resulta obvia para las mujeres, pero no para los hombres.

Para el hombre, puede ser muy difícil escuchar sin "hacer" algo, en especial cuando le hacen preguntas. Las siguientes son algunas formas en que el hombre puede "hacer" algo al escuchar:

1. Puede tomar la decisión de brindarle toda su atención.

2. Puede practicar no decir nada que pueda sonar como una solución.

3. Puede asentir con la cabeza.

4. Puede dar respuestas tranquilizadoras como: "humm", "ajá" o "dime más".

5. Puede usar la frase "Entiendo". Advertencia: no debe usar esta palabra con demasiada frecuencia porque de lo contrario, ella pensará que la trata como si fuera tonta. Es posible que sienta: "¿Cómo puede *entender* cuando sé que no llegué al fondo del asunto?"

6. Puede evitar responder a las preguntas. Debe dar por sentado que ella está haciendo preguntas retóricas, que señalan algo en vez que requerir una respuesta. Si ella insiste en una respuesta, el hombre debe ser indefinido. Debe decir cosas como: "No estoy seguro" o "Necesito tiempo para pensar en eso" o "No tengo una respuesta en este momento". Ciertamente es apropiado hacer preguntas y responderlas, pero cuando una mujer está molesta es mejor permanecer en la postura de escuchar y entender en vez de explicar y arreglar.

Si él trata de resolver su malestar, no la está ayudando; sólo está ofreciendo resistencia al proceso natural femenino de exploración. Cuando él da soluciones, espera que ella se sienta mejor; cuando ella no se siente mejor, él empieza a rezongar y culparla por estar molesta. Cuando ella dice "pero" en respuesta a sus soluciones, él se siente rechazado.

Ella en realidad no está rechazando sus ideas o soluciones. Simplemente está diciendo "Aún necesito estar molesta; todavía no llegué al verdadero problema. Necesito que sigas dándome apoyo y que no esperes que me sienta mejor de inmediato".

Él no puede oír este mensaje porque ya piensa que conoce el verdadero problema. Se frustra cuando ella no está de acuerdo. Lo que en realidad lo desconcierta es que aunque él tenga razón sobre lo que está perturbándola, el hecho de que se lo diga no la ayudará. Es algo que ella tiene que descubrir sola.

La realidad es que cuando ella está molesta, confusa y desestabilizada, necesita recobrar su equilibrio. Nadie puede hacerlo por ella. Sin embargo, puede ayudarla una persona afectuosa y atenta que le sirva de tornavoz. En sentido literal, un tornavoz es una lámina fina de madera colocada en un instrumento musical para aumentar su resonancia. Cuando una persona sirve de tornavoz, aumenta la percepción de sí misma que tiene la persona que habla, lo cual le permite encontrar su identidad más afectuosa y aprobadora cuando pierde el equilibrio.

Cuando la mujer desea recobrar su centro esto la ayuda mucho. Es muy difícil de hacer a menos que el hombre entienda que ella no está pidiendo soluciones y que ni siquiera es capaz de apreciarlas a esta altura.

Si la mujer se siente agobiada y su malestar aumenta hasta el punto de tener una reacción exagerada, al no obtener el apoyo que necesita pasará a su tercera reacción frente al estrés: el agotamiento.

TERCERA REACCIÓN FEMENINA
ANTE EL ESTRÉS: SE AGOTA

Como resultado de sentirse perturbada y agobiada, Denise puede perder la resistencia de inmediato y sentirse totalmente exhausta. Está desesperada, quiere darse por vencida. Con esta reacción, realmente está pidiendo apoyo. Por desgracia, el mensaje que llega a los demás —en especial a los hombres— es que no han podido darle apoyo y nada de lo que pudieran hacer la complacería.

El síntoma principal de esta tercera reacción ante el estrés es que ella empieza a sentirse agotada y exhausta. Hasta este momento, es posible que al parecer ella tuviera las cosas "en orden", luego, casi instantáneamente parece completamente agotada, impotente, desdichada y malhumorada.

El hombre se siente muy amenazado por una mujer agotada porque es muy doloroso pensar que él fue incapaz de satisfacerla. No se da cuenta de que el agotamiento es una consecuencia inevitable de su estado desequilibrado. El hombre debe percatarse de que no es culpa suya. También debe darse cuenta de que como ella es humana, volverá a perder el equilibrio una y otra vez, por bueno que sea él ofreciéndole apoyo.

Así como los hombres "se cierran" de vez en cuando en respuesta al estrés, la mujer se agota. Así como las mujeres interpretan mal aquella reacción y se sienten amenazadas cuando el hombre se cierra, los hombres interpretan mal la reacción femenina y se sienten amenazados cuando la mujer se agota. De la misma manera en que el hombre puede abrirse de inmediato después de cerrarse, la mujer puede sentirse positiva y llena de energía inmediatamente después de sentirse agotada.

Una forma en que el hombre puede entender a la mujer agotada es darse cuenta de que, metafóricamente hablando, su fisiología masculina está equipada con un medidor de presión que le advierte cuándo está dando más de lo que recibe. Le indica que descanse y se cuide para evitar agotarse. Pero las mujeres no tienen estos medidores de presión. Cuanto más estresadas se sienten, más se olvidan de sí mismas. Su solución al agotamiento es centrarse sintiéndose oída y apoyada. En un sentido práctico, ¡necesita un poco de ayuda!

En ese momento, la mujer necesita sentir que no está sola. Necesita la ayuda de los demás. La mayoría de los hombres se sienten muy amenazados por esto. El hombre ve la carga que la mujer está llevando y supone que para que ella se sienta mejor, él tiene que cargar con todo el peso. Da por sentado que ella no tiene más energía para cumplir con sus responsabilidades. Es un craso error. En realidad, la mujer alcanzó su límite. Él puede hacerla sentir mucho mejor asumiendo algunas de sus responsabilidades y luego devolviéndoselas.

Cuando la mujer alcanza su límite, parece estar completamente vacía e impotente. La verdad es que todavía tiene energía, sólo que está desconectada de ella porque sabe que lo que siente que "tiene" que hacer no puede hacerlo sola. Necesita ayuda. Hasta que no se sienta apoyada, estará desconectada de sus fuentes de energía.

LA GOTA QUE REBASÓ LA COPA

Las mujeres se desarman cuando van más allá de su límite. El verdadero factor que causa este colapso puede compararse a la gota que rebasa la copa. No es el peso de la carga lo que la lleva a perder la resistencia, sino una o dos pequeñeces. Si el hombre puede escucharla hablar de todas las presiones y responsabilidades con las que tiene que cargar, y luego ofrecerse a aligerarle la carga llevando parte del peso, la ayudará muchísimo. Es posible que ella no se sienta mejor de inmediato, pero lo apreciará mucho y se recuperará mucho antes de lo que él imagina.

El hombre en general se muestra reacio a ayudar a la mujer en su estado de agotamiento porque supone que la forma de ayudarla es identificar las tareas más difíciles y luego hacerlas. Eso no es necesario. Es más, sentirá resentimiento al tener que hacer las tareas más difíciles de ella. Lo que puede hacer es elegir los quehaceres de la lista de la mujer que para él resultarían más fáciles. Todo lo que ella necesita es que la alivien de dos o tres cosas para recobrar sus fuerzas.

Esto funciona porque, cuando ella está exhausta, cada carga parece igualmente pesada. Lo que necesita es que alguien cargue con parte de su peso. Lo que no necesita es el resentimiento del hombre hacia su necesidad. Si él se da cuenta de que no tiene que arreglar *todo* para ayudarla, entonces le resulta mucho más fácil ofrecerle su apoyo sin sentirse resentido.

Cuando los hombres se enfrentan a una mujer agotada, son famosos por dar sermones acerca de que la mujer no debería hacer tanto. Dicen cosas como:

"Asumes demasiadas responsabilidades."
"Relájate, te preocupas demasiado."
"Todo esto no es tan importante."
"No pasa nada si llegamos tarde."
"No es tu responsabilidad."
"Bueno, no tienes que hacer eso."
"La vida no es tan difícil."
"Alégrate, ¿quieres?"

Esta clase de consejo no sólo no es útil sino que empeora las cosas. Ella se siente herida de la misma manera en que él puede ofenderse cuando ella le dice "Te lo dije" o expresa alguna clase de perogrullada como "Bueno, eso es lo que pasa cuando improvisas" después que él comete un error.

A veces, para el hombre es casi imposible escuchar y responder con afecto a una mujer agotada. Después de todo, él supone que ella lo está culpando y/o está esperando que le resuelva todos sus problemas. Si él también está muy estresado, es muy probable que se cierre de inmediato.

Por eso es esencial que la mujeres tengan muchas áreas de apoyo en su vida. No es realista esperar que el hombre le dé todo el apoyo que ella necesita, en especial cuando ella está experimentando las reacciones ante el estrés. El hombre tendría que estar equilibrado todo el tiempo, lo cual es improbable.

En general, las personas se atraen porque su grado de dolor interno es similar. Ante cualquier reacción que ella tenga, él la seguirá de inmediato. Cuando él se cierra, ella se agota; cuando ella se siente agobiada, él se retira y se aleja.

En estos momentos, Denise debe hacerse responsable de

recobrar el equilibrio sola o con el apoyo de los demás. Cuando lo logra, puede apoyar a Randy si él todavía lo necesita. De la misma manera, quizá Randy es el primero en recobrar el equilibrio, entonces puede tener la fuerza para apoyarla si ella todavía lo necesita.

UNA REACCIÓN SANA

La razón para señalar nuestras diferentes reacciones ante el estrés con tanto detalle no es para disculpar a nuestras parejas sino para liberarnos de tomar sus reacciones como algo personal. Como observamos una y otra vez, sin este conocimiento de nuestras diferencias, hasta con las mejores intenciones podemos fácilmente empeorar las cosas.

En ocasiones nos tienen que recordar que cuando nos relacionamos con el amor verdadero nos vemos a nosotros mismos en nuestra pareja. Con este sentimiento de conexión y unidad, cuando apoyamos sus necesidades automáticamente recibimos a cambio. Dando con el corazón abierto (o con verdadero amor) experimentamos gozo en nuestra vida.

Cuando amar no es gozoso, entonces nos sentimos confundidos con respecto al amor. Cuando el amor es difícil o resulta un esfuerzo, exigimos que nuestra pareja nos arregle. Muchos de nosotros confundimos el amor con la necesidad. Recibimos las cosas al revés. Suponemos que ser amado significa que se satisfagan nuestras necesidades. En realidad, una relación sana ayuda a los dos a curarse mutuamente.

El verdadero gozo de una relación especial, íntima y comprometida es la oportunidad de compartir y celebrar los buenos momentos, y dar a la otra persona cuando lo necesita. Cuando nosotros tenemos necesidad de algo y nuestra pareja no nos lo da, podemos suponer que ella también está necesitada y, por lo tanto, es incapaz de apoyarnos en forma activa.

No es realista buscar a nuestra pareja para que nos cure cuando perdemos el equilibrio. A veces puede hacerlo, pero no podemos depender de eso. Cuando empezamos a depender de los demás para que nos curen, nos arreglen o nos cambien, entonces para ellos resulta más difícil brindarnos apoyo.

Entender nuestras distintas reacciones ante el estrés nos da un enfoque constructivo para curarnos o pedir a los demás que nos ayuden a curarnos. La ventaja es que cuando logramos encontrar el equilibrio, conocemos las estrategias correctas para apoyar a nuestra pareja. En el capítulo 7 examinaremos cómo movernos hacia el equilibrio y la expresión de todo nuestro potencial a través del desarrollo de nuestros lados masculino y femenino.

Capítulo 7

Cómo hallar el equilibrio

Hasta el momento hemos explorado la forma en que nuestros lados masculino y femenino determinan cómo experimentamos a los demás y a nosotros mismos, e incluso influyen sobre la forma en que reaccionamos ante el estrés. Cuando podemos identificar nuestros lados diferentes es más fácil hallar el equilibrio. Reconocer que perdimos el equilibrio nos ayuda a movernos hacia un mayor equilibrio. Más allá de que uno sea hombre o mujer, para encontrar mayor amor y eficacia en todas las cosas de la vida, hace falta equilibrar los lados masculino y femenino.

Cuando ambos sexos logran equilibrar la percepción concentrada y la percepción abierta, su creatividad se enriquece. Cuando pueden equilibrar sus actividades laborales, se aseguran mayor satisfacción y éxito. Cuando pueden reaccionar tanto desde su mente como de su corazón, pueden responder a los demás con amor y otras actitudes positivas.

¿Cómo puede lograrse el equilibrio? Para encontrar el equilibrio, una persona debe comprender, aceptar, apreciar y respetar ambos lados de sí misma: el masculino y el femenino. Lo ideal sería que sucediera de la siguiente manera:

A medida que un niño desarrollara naturalmente su energía masculina, se permitiría que su energía femenina se desplegara simultánea y espontáneamente. Estaría naturalmente entre sus lados masculino y femenino. A medida que se convirtiera en adulto, tendría la libertad de expresar tanto su lado femenino como su lado masculino. Su energía femenina apoyaría armoniosamente junto con su energía masculina lo que hace y quien es.

Por ejemplo, a medida que Billy creciera en un ambiente ideal, presenciaría, miles de veces, el apoyo de su padre a su madre. A través del ejemplo de su padre, aprendería a honrar y a respetar la femineidad. Cuando su madre estuviera estresada, tuviera reacciones exageradas, se sintiera agobiada o agotada, vería a su padre responder con comprensión y respeto compasivos en lugar de indiferencia o censura. Su padre la abrazaría y la escucharía. De esta manera, Billy aprendería a escuchar sus propios sentimientos femeninos.

Al crecer, se sentiría seguro al desarrollar y expresar al mismo tiempo sus lados masculino y femenino. Por ejemplo, no sería juzgado por llorar o mostrar sus sentimientos. No sólo su madre lo abrazaría sino también su padre, que comprendería sus sentimientos de la misma manera. Su padre se sentiría orgulloso de él tanto por sus cualidades masculinas de aptitud y eficacia como por sus cualidades femeninas de bondad y amor. Además, su padre sabría que para apoyar a su hijo, tendrían que hacer cosas juntos. El padre de Billy se tomaría el tiempo para enseñarle deportes y otros hobbies, salir juntos y disfrutar de las actividades de su hijo. No le exigiría tener éxito, sino que disfrutaría de sus logros y participaría afectivamente en sus pérdidas.

En un ambiente ideal, el niño es apreciado por sus cualidades masculinas y respetado por sus cualidades femeninas. Si es respetuoso de su ambiente y da afecto a los demás, es apreciado por ello. Sin embargo, si es más masculino y centrado en sí mismo, su madre no juzga que es un defecto. No lo ve como malo y, cuando hace cosas malas, lo perdona. Los niños con mucha masculinidad tienden a ser traviesos y necesitan mucha aceptación y perdón.

Su madre ideal aprende cuánta confianza y espacio dar a Billy y dónde tomar el control. Respeta la necesidad del niño de sentirse independiente y en control de su vida. Ella acepta que el niño tiene que aprender sus propias lecciones, sabiendo que la sobreprotección puede debilitarlo y dañar su confianza en sí mismo. Ella acepta sus diferencias y lo aprecia. No da por sentado todo lo que él hace. Le permite tomar decisiones y sentirse importante. Le pide apoyo respetuosamente en lugar de exigírselo a través de la culpa y la desaprobación. Cree en él y confía en su proceso de desarrollo.

Lo que es más importante, Billy llega a saber que su madre ama a su padre. Como resultado, las cualidades masculinas en su interior tienen la oportunidad de emerger y desarrollarse. No necesita disculparse por ser como es, o no permitirse algo para ganar el amor de su madre. Se siente dueño de examinar sus tendencias agresivas imponiéndose y corriendo riesgos. No se siente mal por ser egoísta, alejarse, rezongar o estar irritable. Sobre todo, no tiene que ser diferente de su padre para que su madre lo ame. Se siente seguro en su masculinidad porque ve que su madre todo el tiempo demuestra que ama a su padre, que representa su lado masculino.

De la misma manera, una niña idealmente desarrollaría su energía femenina y, al convertirse en mujer, descubriría y permitiría toda la expresión de su energía masculina. Su energía masculina apoyaría a la persona que es y lo que hace.

Por ejemplo, a medida que Sharron creciera en un ambiente ideal, observaría todo el tiempo a su madre apoyar a su padre. A través del ejemplo de su madre, aprendería a confiar en su propio lado masculino y a apreciarlo. Se sentiría a salvo para confiar en ser femenina en formas en que veía a su madre ser femenina. Cuando su padre estuviera estresado, alejado, rezongón o cerrado, Sharron vería a su madre que seguiría amándose a sí misma, aceptando al padre de Sharron con confianza y apreciación.

Libre de resentimiento, su madre se impondría pero perdonaría. De esta manera, Sharron aprendería a satisfacer sus deseos y necesidades en una relación sin recurrir a la manipulación. Vería a su madre reconociendo y apreciando a su padre por todas las formas en que él contribuyó en la familia. Con este ejemplo, se sentiría segura de su propio poder masculino para contribuir con los demás y marcar una diferencia.

Al crecer, se sentiría segura al explorar y desarrollar concurrentemente sus lados masculino y femenino. No la juzgarían poco femenina si quisiera lograr grandes cosas y marcar una diferencia. Si fuera buena en matemática, la apreciarían por eso. Si fuera enérgica, precoz o exigente sería admirada por su fuerza y su voluntad. Y, sin embargo, cuando Sharron se sintiera emocional, tierna o vulnerable, recibiría amor, ternura y confianza. Su madre pasaría el tiempo necesario hablando con ella, escuchándola y consolándola.

La madre de Sharron no esperaría que fuera "adulta" cuando todavía es una niña, sino que le permitiría desarrollarse a su propio ritmo. También enseñaría a Sharron a respetar sus fronteras respetando las suyas propias: su madre no sería una mártir y tampoco sentiría resentimiento al brindarse a los demás. Enseñaría a Sharron a pedir lo que deseara y a compartir sus sentimientos cuando estuviera perturbada. Sharron crecería en contacto con sus sentimientos y confiando en ellos.

En un ambiente ideal, la niña es respetada por su bondad femenina y admirada por su fuerza masculina. Cuando es enérgica, creativa y agresiva, la admiran y la reconocen. Cuando es afectuosa, buena, dulce, encantadora, lo que sea, sigue siendo amada. No se siente presionada para ser buena o estar feliz todo el tiempo. Si es tierna y vulnerable, no la retan ni le dicen que crezca. Se siente segura para expresar su ira y también para tener miedo o llorar. Puede ser desinteresada o egoísta y aun ser aceptada por sus padres.

El padre ideal de Sharron es cuidadoso y acepta sus sentimientos, vulnerabilidades y necesidades. Sabe que se supone que ella es diferente de él y respeta esas diferencias. Y, sin embargo, cuando emergen sus cualidades masculinas, él está allí para jugar con ella, enseñarle y hacer cosas con ella. Piensa en el día de ella y le hace preguntas que le indican que está interesado. Así como aprendió a apoyar a su madre con pequeños regalos, también sorprende a Sharron con pequeños regalos de vez en cuando. Con esto, ella se siente especial. Como resultado, se siente segura de lo que vale. Crecerá sin sentir la necesidad de controlar sino con una disposición confiada de dar fuerza a los demás con su amor.

Él entiende que las niñas tienen una fuerte tendencia a culparse, de modo que tiene mucho cuidado de demostrar interés o disculparse cuando comete errores o la perturba de alguna manera. De esta forma, la ayuda a respetarse. En presencia de su padre, se siente segura para expresar sus sentimientos, opiniones y deseos. Cuando ella habla, él le brinda su atención. Cuando ella se siente abrumada y reacciona en forma exagerada, él no la reprime; sabe cómo escucharla y consolarla sin tratar de arreglarle la vida. Ella se siente segura de ser bonita y atractiva. Se siente cómoda pidiendo apoyo. Él puede establecer límites y a la vez hacer que se sienta digna.

Lo que es más importante, Sharron siente el amor de su padre hacia su madre. Aprende que ser femenina es algo adorable. Por eso, su identidad femenina se siente segura al emerger y desarrollarse. No necesita ocultarse, negarse o fingir ser alguien que no es. Tampoco necesita cambiar para ganarse el amor de su padre. Ve a su madre que es ella misma y que es amada por un hombre. Es una experiencia muy importante. No tiene que ser diferente de su madre para que su padre la ame. Se siente segura en su femineidad porque ve a su padre que ama y respeta a su madre, que representa su lado femenino.

Los niños que crecen en un ambiente tan afectuoso y respetuoso tienen la oportunidad de desarrollar sus lados masculino y femenino simultáneamente. Esta interacción equilibrada de energías masculinas y femeninas se refleja más tarde en todos los aspectos de sus vidas. De esta manera, pueden realizar más de su potencial humano. En particular, este equilibrio interno se refleja en su capacidad de tener relaciones armoniosas y que se brindan apoyo mutuo.

Por supuesto, pocos de nosotros —si es que alguno lo hizo— crecimos de esta forma ideal. Cada vez que el pequeño Billy veía a mamá rechazando a papá, tenía una opción: "¿Rechazo a papá rechazando así la parte de mí que es como él o rechazo a mamá y rechazo la parte de mí que es como ella?"

Cada vez que Billy es rechazado o recibe oposición, tiene otra opción: "¿Elijo negarme a mí mismo o elijo perder el amor?"

Cuando papá se enoja y le grita a su hija Sharron, ¿se da cuenta ella de que papá tiene algún problema o supone que hay algo en ella que no funciona y que debería ser más como él para protegerse?

¿Acaso Bill rechaza su lado masculino porque papá hirió a mamá?

¿Acaso Sharron rechaza su lado femenino porque ve lo débil e impotente que es su madre?

Estos son sólo algunos ejemplos que revelan cómo nuestra niñez nos modela. Nadie escapa de la niñez sin reprimir o negar alguna parte de uno mismo para sobrevivir, estar seguro, ser libre y ser amado.

En consecuencia, reprimimos el desarrollo natural de los diferentes aspectos de nuestros lados masculino y femenino. Si mientras crece, el lado masculino de Billy no recibe amor, apreciación, aceptación y confianza, es posible que empiece a reprimir su masculinidad para obtener el amor de su madre. En este caso, sus cualidades femeninas tienen una mayor oportunidad de desarrollarse. Pero si sus compañeros de colegio se burlan de él o si empieza a sentirse rechazado por su padre, es posible que niegue aspectos de su lado femenino. En general, los niños crecen fluctuando de normales a demasiado sensibles (o agradables) y luego a machos (o insensibles).

A medida que las niñas se desarrollan, es posible que algunas partes maduren en equilibrio mientras que otras sean rechazadas. Al reprimir su lado femenino, se vuelve más masculina o demasiado responsable. Esto puede darle mucho poder, pero al precio de sentirse desconectada de su verdadera identidad. Se siente como si no se conociera y experimenta un vacío o una falta de satisfacción. Si luego rechaza su lado masculino, no sólo se desconecta sino que se siente débil, necesitada y desesperada. Se vuelve demasiado vulnerable a los demás y demasiado independiente. Es posible que se sienta incapaz de cuidarse a sí misma. En muchas formas, se siente como una niñita, inepta para imponerse.

Cuando un niño reprime su masculinidad, sus cualidades masculinas no se desarrollan. Luego, de adulto, cuando quiere despertar esas cualidades, debe reconocer que necesitarán tiempo para desarrollarse y tener la conducta apropiada. Por ejemplo, al ser agresivo y romper cosas, un niño aprende de a poco a ser más respetuoso. Si esta agresión está encerrada durante años y luego surge en la adultez, se debe tener cuidado de canalizarla en forma apropiada.

De la misma manera, si una niñita crece con demasiada rapidez y adopta el papel de mamá porque su madre tiene algún problema funcional o no está disponible, entonces es posible que esa niña y su necesidad de pronto la absorban de adulta. Es el precio que paga para curar su pasado y estar plena y completa. Afortunadamente, es un fenómeno temporal que puede ser recurrente pero que poco a poco desaparece. Si ella puede amar y aceptar esta parte "rechazada" y necesitada de ella, puede integrarla en su percepción y ser más plena y completa.

Es importante notar que es posible y muy común reprimir selectivamente aspectos diferentes de la masculinidad y la femineidad. De esta manera, al leer ejemplos a lo largo de este libro de tendencias masculinas y femeninas, el hombre podría relacionarse con muchos de los ejemplos masculinos, pero a veces también relacionarse con los ejemplos femeninos, y viceversa en el caso de las mujeres.

Por desgracia, como no hemos tenido un modelo claro para ser totalmente masculinos o femeninos, muchas veces nos sentimos confundidos acerca de quiénes somos. En consecuencia, como no nos enseñaron a equilibrar y expresar nuestras energías masculinas y femeninas, caemos en suposiciones sexistas acerca de nosotros y los demás. Estas suposiciones limitan la expresión de nuestro potencial inherente. En nuestro esfuerzo por amoldarnos, debemos suprimir partes de nosotros mismos.

A continuación se enumeran siete suposiciones sexistas (erróneas) comunes:

1. Las mujeres son afectuosas y los hombres, duros.
2. Las mujeres son irracionales y los hombres, inteligentes.
3. Las mujeres brindan apoyo y los hombres son destructivos.
4. Las mujeres son débiles y los hombres, fuertes.
5. Las mujeres son sumisas y los hombres, dominantes.
6. Las mujeres son dependientes y los hombres, independientes.
7. El papel de una persona está predeterminado por su género.

Estas creencias generales sexistas suscitan miles de otras suposiciones más específicas e injustas como "el hombre debe trabajar en el mundo mientras la mujer se queda en la casa" o "las mujeres son mejores enfermeras y los hombres son mejores médicos".

Las siete categorías anteriores de discriminación sexual son importantes porque directamente inhiben y restringen nuestro potencial que, en última instancia, trasciende nuestras diferencias sexuales manifiestas. Ciertamente, el género ejerce influencia sobre la expresión de nuestro potencial, pero de ninguna manera determina lo que podemos hacer.

Nuestro verdadero potencial interno para dar trasciende nuestras diferencias sexuales. Cada uno de nosotros ha de:

1. Tener un propósito
2. Ser inteligente
3. Ser creativo
4. Ser afectuoso
5. Ser poderoso
6. Ser decidido
7. Confiar en sí mismo.

Todos y cada uno de nosotros tienen su propia mezcla única de estas cualidades humanas esenciales. Naturalmente, cada persona tiene sus propias limitaciones, pero esas limitaciones no están determinadas por el sexo. Es un gran error suponer que el género determina nuestra capacidad de amar, expresar poder o entender. Estas actitudes encajonan a las personas dentro de categorías imaginarias e inhiben toda la expresión de quiénes somos o qué podemos hacer.

El verdadero significado de la igualdad

Los hombres y mujeres son creados iguales; en última instancia, la esencia del espíritu del hombre y la mujer es la misma. Todos los hombres y las mujeres tienen inteligencia y corazones afectuosos. Pero la forma en que desarrollamos nuestro potencial individual es diferente para cada persona.

Nuestro mayor poder es amar y apoyarnos mutuamente. Cada persona es única y tiene un don especial que ofrecer. Es desafortunado que supongamos que para encontrar igualdad debemos ser como los demás. Respetando y apreciando nuestras diferencias singulares, nos damos la oportunidad de florecer y descubrir nuestros propios dones. En realidad, todos somos diferentes e interdependientes. A través del reconocimiento de esta interdependencia podemos llegar a expresar todo nuestro poder.

Como seres humanos, todos tenemos un propósito. Cuanto más entendemos y aceptamos nuestras energías masculinas y femeninas, más podemos descubrir el tesoro sagrado de saber quiénes somos y qué podemos hacer. Podemos abrir el cofre de este tesoro explorando las energías masculinas y femeninas en nuestro interior. Esta exploración nos conduce a una mayor comprensión, que abre la puerta a una mayor autoestima, valoración de nosotros mismos, confianza, felicidad y paz.

Si ignoramos esto, puede resultar muy confuso amarnos a nosotros mismos y a los demás. A veces, aun cuando tratamos de apoyarnos a nosotros mismos y a los demás, sin saberlo saboteamos nuestro éxito.

Capítulo 8

Por qué las mujeres no se sienten amadas

Las mujeres muchas veces se quejan de que no se sienten amadas, mientras que sus compañeros no tienen idea de qué están hablando o de cómo cambiar las cosas. Es típico que el hombre pregunte: "¿Cómo es posible que no se sienta amada? ¡Con todo lo que hago por ella!". Luego procede a hacer una lista de todo lo que hace para apoyar a su familia, como ganar un sueldo regular, concentrarse en que el negocio crezca, invitarla al cine, etcétera. En realidad no entiende por qué ella no se siente amada.

Observemos un ejemplo que revela que las diferencias entre el hombre y la mujer pueden crear esta confusión.

La percepción masculina y la femenina

John, un entrenador de fútbol, tiende a concentrarse en un objetivo a la vez. Es consciente de todos los factores pertinentes a ese objetivo, pero en el proceso de concentrarse exclusivamente en un punto, de un modo típicamente masculino, pierde conciencia de las personas y circunstancias de su vida que no están directamente relacionados con su propósito. Su percepción está restringida a la distancia o sendero entre él mismo y su punto de concentración. En general, lo único que importa es el objetivo.

Cuando su punto de concentración cambia de un objetivo a otro, su percepción cambia en forma drástica y trae la información que necesita para el nuevo objetivo. Su percepción es redirigida, aunque sigue concentrada en un solo punto.

Como John no equilibró sus lados masculino y femenino (percepción concentrada y abierta), cada cambio de enfoque significa que pierde conciencia de todo lo que no sea su nuevo objetivo. Puede incluso olvidar lo que estaba haciendo un rato antes si no tiene conexión con su nuevo punto de concentración.

El punto de vista de John de su propio valor está determinado por lo bien que él piensa que se está desplazando hacia el objetivo que tiene en mente. De hecho, su sentido de sí mismo proviene de la forma en que él afecta su ambiente. Se identifica con sus acciones, su "hacer". Casi se podría decir que mientras esta haciendo algo, está en contacto consigo mismo.

Por otra parte, la mujer de John, Pam, con su percepción femenina, capta todo el cuadro. Si está consciente del objetivo de John, no sólo ve su objetivo sino que ve cómo se relaciona con ella y las demás personas de su vida. Automáticamente se preocupará por cómo el objetivo de John podría afectar la relación entre ellos y con sus hijos. Tenderá a estar aún más consciente de cómo la concentración de John en su objetivo le afecta la salud. También tendrá noción de qué sucederá tanto si John tiene éxito como si no lo tiene. La percepción concentrada de John no ve con facilidad todas estas consecuencias. Primero se preocupa por la posibilidad de alcanzar el objetivo; ella ve todas las posibles consecuencias de ir tras el objetivo.

La percepción abierta de Pam le permite ver una serie de posibilidades en cualquier situación. Pero como ella no entiende la percepción concentrada de John, llega a la conclusión apresurada de que él no se preocupa por ella o su familia cuando toma una decisión antes de tener en cuenta primero cómo los va a afectar. Y así supone equivocadamente que él no ama a su familia.

Todos los años, a mediados de agosto, John empieza a entrenar a su equipo de fútbol para la temporada de otoño. Durante la primera parte del año escolar, pasa tiempo extra con el equipo, tiempo extra en su casa mirando vídeos del rendimiento del equipo e incluso tiempo extra enseñando álgebra al mejor pateador del equipo.

Cuando termina la temporada de fútbol, pasa tiempo después de clases observando otros deportes colegiales con la esperanza de encontrar una posible estrella del fútbol para el año siguiente. A principios de las vacaciones de verano, John finalmente puede relajarse. Pero dos semanas más tarde, la nueva temporada se convierte en su punto principal de concentración.

Con toda la atención que John le dedica a su trabajo, es probable que consiga tener un equipo ganador. Su colegio estará contento con él y terminará siendo titular, lo cual asegurará sus ingresos para muchos años.

Mientras tanto, Pam está en su casa, educando a sus hijos y tratando de apoyar John en su objetivo por tener un equipo de fútbol ganador. Todas las mañanas le prepara un desayuno sustancioso para que tenga mucha energía; él se lo toma a toda prisa y se va al colegio. Ella pasa tiempo buscando la comida favorita de su marido y le prepara la cena todas las noches. (Muchas veces John llega tarde a cenar cuando los entrenamientos duran más de lo previsto.) Ella se asegura de que los niños se porten bien cuando él llega a casa para que tenga algo de paz y tranquilidad, y siempre trata de hablar sobre temas familiares cuando el trabajo de John está yendo bien.

Pam se asegura de que John tenga la ropa limpia y planchada, y procura quitarle todas las manchas de pasto. Lo escucha mientras él describe los problemas que tiene con diversos jugadores, y muchas veces lo ayuda a entender cómo tratar a un jugador obstinado. Ella asiste a todos los partidos. De hecho, es el único momento en que salen juntos.

Como es de esperarse, en algún momento el problema estalla entre John y Pam. A primera vista, parecería que John es el "malo" de esta situación pero, en realidad, ambos están haciendo lo que sus respectivas energías les indican que hagan. John no entiende el problema y Pam no tiene idea de que su forma de manejar dicho problema sólo empeora las cosas.

Pam ha ido perdiendo contacto consigo misma y sus propias necesidades y está resentida porque John no responde a ellas ni las toma en consideración. John está tan concentrado en su objetivo de ganar partidos de fútbol que al principio ni siquiera sabe que existe un problema y, cuando se entera, no lo comprende. No tiene idea de que las necesidades de Pam no están satisfechas, en parte porque ella no le comunicó cuáles son esas necesidades. Desafortunadamente, ella piensa que sí las expresó, pero lo hizo de un modo que John no pudo oírlas.

Cuando John se empeña en la nueva temporada, Pam trata de ser afectuosa y aprobadora. Después de algún tiempo, cuando él no parece notar o apreciar sus sacrificios, se siente resentida. Empieza a quejarse por todo lo que John no está haciendo en la casa. Unas veces él le dice que no debe preocuparse; otras, le promete hacer algo y luego se olvida. En ocasiones, ella le sugiere formas en que puede pasar más tiempo con sus hijos. Él asiente, distraído, o comenta que todo va a estar bien.

Pam no se siente amada cuando John no responde a sus necesidades. Al principio, reacciona trabajando más para entender y satisfacer las necesidades de su marido. Pero él no se da cuenta, porque no está en su naturaleza notar algo que no sea parte de su objetivo.

Por fin, Pam no puede aguantar más y estalla, diciéndole que siente que no la quiere en absoluto. Él se pone a la defensiva y le hace notar que trabaja duramente para mantener a la familia. Si ella insiste, él invalida sus sentimientos por completo declarando que reacciona con exceso y se comporta irracionalmente.

Pam no entiende que en su intento por demostrar amor, aceptación y apoyo, apenas si reprimió sus sentimientos negativos de ira, frustración, tristeza, decepción, temor y preocupación. Estos sentimientos se acumulan en su interior hasta que finalmente los expresa con una actitud de rechazo que dice: "Hice todo esto y en cambio tú no hiciste nada. Te amo, pero tú no correspondes a ese amor".

Nadie le enseñó a Pam a expresar sus sentimientos negativos con un actitud amorosa. Oscila entre dos extremos: o bien suprime sus sentimientos negativos para mostrarse afectuosa, o bien se vuelve poco amorosa (resentida) y expresa sus sentimientos negativos.

Ninguna de estas dos fórmulas sirve. Si John debe responder a sus necesidades y problemas, tiene que oír la verdad de cómo se siente ella. Si Pam tiene una actitud resentida, desaprobadora, poco apreciativa o desconfiada, él no podrá entender lo que dice. Pero si ella finge ser afectuosa, feliz y aprobadora, tampoco servirá porque él supone que todo está bien y seguirá concentrado en su trabajo.

Pam tiene que practicar la expresión de sus sentimientos negativos antes que se acumulen, y John tiene que practicar cómo escuchar los sentimientos de ella. Cuando la comunicación verbal no funciona, el siguiente paso es la comunicación escrita. La mejor forma de comunicar sentimientos de perturbación con amor es escribirlos y leérselos luego a su pareja.

En el capítulo 13 de este libro describiré una técnica para escribir sentimientos de una forma que centra a una persona en sentimientos amorosos y comunica sus experiencias y necesidades. Si la carta no funciona, entonces otra opción posible es buscar la ayuda de un consejero.

A menos que John se haga tiempo para escuchar y apoyar a Pam, y a menos que ella aprenda a expresar sus sentimientos y necesidades sin resentimiento, es inevitable que Pam siga encontrándose con la resistencia de John.

Pam no se sentirá amada mientras no entienda su responsabilidad de comunicar sus sentimientos, deseos y necesidades. Pero para ella es casi imposible aceptar esta responsabilidad a menos que antes se dé cuenta de que la percepción concentrada del hombre lo lleva a comportarse de otra forma que la mujer.

Como la percepción abierta de la mujer la motiva a tener en cuenta las necesidades de aquellos a quienes ama, Pam no se imagina cómo John puede olvidarse de ella si en realidad la ama. La experiencia de ella de amar a alguien es dejarse absorber por sus necesidades. Cuando la actitud de él es tan distinta, ella llega a la conclusión equivocada de que no la ama.

Cuando Pam no se siente amada, al principio se concentra en ser más digna de amor antes que en expresar sus sentimientos, deseos y necesidades. Trata de merecer amor dando más a su marido y suprimiendo sus sentimientos negativos. No está mal darle más a John. Dar es siempre bueno. El problema de Pam es que no es buena recibiendo. Cuanto más da sin recibir, menos receptiva se vuelve.

Pam piensa que es fuerte y confiada en sí misma. Pero al volverse menos receptiva, John experimenta menos atracción o interés en ella. Cuando Pam da sin ser receptiva al mismo tiempo (femenina), poco a poco se endurece y pierde las suaves cualidades femeninas que originalmente motivaron el interés de John hacia ella. Cuando ella suprime sus emociones, se va desconectando de sus sentimientos naturales de amor, gozo, gratitud y confianza. John, al estar concentrado en su trabajo, ni siquiera es consciente del cambio.

SÍNTOMAS QUE PUEDEN BUSCAR LAS MUJERES, MEDIDAS QUE PUEDEN TOMAR

Para ayudar a las mujeres a reconocer que un problema de la relación está creciendo, estos son algunos signos de atención:

1. Su compañero invariablemente se olvida de hacer cosas para usted.

2. Usted no se siente cómoda al pedir apoyo.

3. Su compañero hace algo por usted, pero usted siente que no es suficiente.

4. No se siente segura al estar perturbada y se da cuenta de que oculta sus sentimientos.

5. Se da cuenta de que se molesta por cosas pequeñas y evita los verdaderos problemas.

6. Su compañero no parece estar atraído apasionadamente hacia usted y a usted no le importa.

7. Se siente resentida porque da más que él.

8. Siente que si él cambiara, usted sería feliz.

9. Se siente culpable o ridícula porque no es feliz.

La mayoría de las mujeres experimentaron cada uno de estos síntomas en algún momento de la relación con un hombre. Es natural sentir estas cosas, en especial si no se entienden las diferencias entre el hombre y la mujer.

Estas son algunas sugerencias para que las mujeres combatan esos síntomas:

1. Acepte que él es diferente de usted y practique pedir su apoyo.

2. Cuando esté molesta, practique expresar ese sentimiento, pero trate de intercalarlo con sentimientos positivos de confianza, aceptación y apreciación.

3. Cuando esté expresando sus sentimientos, periódicamente asegúrele que no lo está culpando y que el hecho de que la escuche es útil y usted lo aprecia.

4. Cuando se sienta resentida, hable con amigas o practique la técnica de la carta de los sentimientos (Capítulo 13) para hallar perdón. Desde una actitud más indulgente, exprese sus sentimientos.

5. Practique pedir apoyo y aceptar que él no siempre diga que sí. Déle la oportunidad de apoyarla a su manera.

6. Reconozca cualquier cosa que él haga por usted. No considere que es su obligación hacerlo.

7. Cuídese usted antes de cuidarlo a él. Si está cansada o bajo mucha tensión, no se martirice dando más. Dé menos para que él sepa que necesita más apoyo.

8. Cuando él haga sugerencias para apoyar la relación —"Salgamos a cenar" o "Vayámonos de vacaciones", por ejemplo— tenga especial cuidado de no corregir, criticar o tratar de mejorar sus ideas.

9. Únase a un grupo de apoyo de mujeres o inicie uno. Reúnanse semanalmente si es posible, lean secciones de este libro y compartan sus experiencias de usar esta nueva información.

10. Hágase amiga de alguien que tenga una buena relación y comparta sus experiencias con ella. Si no puede encontrar una amiga, entonces busque un consejero o terapeuta que la ayude.

11. Lea y discuta secciones de este libro con su compañero. Averigüe cuáles son sus ideas y reacciones y trate de aceptarlo. Exprésele sus sentimientos para que pueda comprenderla mejor.

John puede cambiar si entiende las necesidades de Pam. Primero, debe darse cuenta de que ella necesita su ayuda para examinar lo que siente. Debe respetar que ella tiene necesidades pero no es consciente de ellas. Su tarea es ayudarlo a descubrir lo que necesita. Luego, naturalmente, se sentirá motivado a participar más en la relación.

El problema que tienen los hombres es que, en general, no son conscientes de que están perdiendo interés. Sólo tienen conciencia de que están más interesados en su trabajo que en su relación.

Éstas son algunas señales de advertencia para ayudar a los hombres a reconocer que se está originando un problema en la relación:

1. Está tan concentrado en su trabajo que invariablemente se olvida de comprar cosas que prometió a su compañera que llevaría a su casa.

2. Le prometió a su compañera que arreglaría cosas en la casa y luego se distrajo con otros proyectos suyos.

3. No entiende los sentimientos de su compañera y se encuentra diciéndole cómo se debería y cómo no se debería sentir.

4. Se pregunta por qué su compañera se molesta tanto por cosas pequeñas.

5. Muchas veces se encuentra escuchando a medias a su compañera o a sus hijos porque está preocupado con un problema de trabajo o se distrae con la televisión.

6. Se "desconecta" o se impacienta cuando su compañera empieza a hablar.

7. Ya no se siente atraído apasionadamente hacia su compañera cuando tienen relaciones sexuales.

Es probable que no haya un hombre sobre el planeta que no haya experimentado cada una de estas señales, posiblemente unas cuantas veces. Cada una es un ejemplo de percepción abierta que, entre paréntesis, no es mala. Sin concentración, nada podría hacerse, pero cada una de estas situaciones es un ejemplo de demasiada concentración, que impide al hombre tener conciencia de las necesidades de los demás. La concentración se vuelve negativa cuando no está equilibrada por la apertura.

Al reconocer estos signos de que está demasiado concentrado, el hombre puede empezar a abrir su percepción escuchando a su compañera. A algunos hombres, si están demasiado concentrados, les resulta insoportable siquiera pensar en tomarse el tiempo de escuchar a alguien hablar de sus sentimientos. Este estrés de "tener que escuchar" puede evitarse si el hombre alienta a su compañera a escribir sus sentimientos y luego se programa un momento para escucharla.

INTIMIDAD PLANEADA

Este tiempo programado se llama "intimidad planeada". Su propósito es que el hombre escuche los sentimientos de su compañera y entienda sus necesidades. La mejor manera en que John puede hacerlo es leer en voz alta los sentimientos que Pam escribió en su carta. Esta actividad es más eficaz cuando ella aprende a expresar sus sentimientos negativos de una forma afectuosa y sin resentimiento. Pam no sólo escribe sus sentimientos sino que también escribe una breve carta de respuesta que le gustaría oír. Esto la ayuda a ponerse en contacto con sus sentimientos y asegura que John tenga las palabras y la percepción de lo que ella necesita. De esta manera, John podrá responder a los sentimientos de Pam de una manera afectuosa, amorosa, respetuosa, atenta y considerada.

Cuando John aprende a escuchar y Pam aprende a expresar sus sentimientos, ambos tienen mayor equilibrio. Con el tiempo, se comunican sin tener que depender solamente de las cartas y el tiempo planeado para leerlas. John adquiere la capacidad de dejar de lado el trabajo cuando se relaja y pasa tiempo con su esposa. Pam aprende a expresar libremente sus sentimientos, necesidades, deseos y preferencias sin parecer crítica o exigente.

Una de las formas más esenciales en que una mujer que lee este libro puede recibir más apoyo es tomar conciencia de las cosas que de verdad necesita. Si está en una relación, podría subrayar los puntos referentes a ella, y luego pedir a su compañero que leyera el libro e hiciera lo mismo, para que cada uno pudiera entender mejor las necesidades del otro. Escuchar la serie de casetes Secretos de Relaciones Exitosas (ver las listas al final del libro) es otra forma de absorber este material e inspirarse con una nueva comprensión de la diferencia entre los sexos.

En el próximo capítulo examinaremos una serie de enfoques para que la mujer se sienta amada y apoyada.

Capítulo 9

El arte de tener relaciones satisfactorias

En general, los hombres suponen que una vez que la mujer está satisfecha, debe permanecer así. Una vez que él demostró su amor, ella debe saber que siempre esta allí, y no debe necesitar que se lo digan o se lo recuerden. Desde el punto de vista masculino, esta actitud tiene sentido.

A las mujeres les cuesta mucho aceptarla. No es coherente con su realidad interna. La mujer necesita que le digan que es especial, digna, comprensible y merecedora de amor. Los hombres también necesitan que se lo digan pero obtienen ese aliento principalmente a través de su trabajo. Sin embargo, las mujeres necesitan seguridad a través de su relación.

Cuando el hombre fracasa en su trabajo, empieza a dudar de su propia valía. De un modo complementario, cuando la mujer siente que su marido la pasa por alto, empieza a dudar de su propia valía. Constantemente necesita signos, símbolos y seguridad verbal que le indiquen que es amada. Los hombres también tienen esta necesidad de seguridad a través de las relaciones, pero mientras el hombre esté en una relación, tenderá a ser inconsciente de esta necesidad. El solo hecho de que tiene una relación le da seguridad y se siente competente. La felicidad de su mujer probablemente lo apoyará, mientras que la mujer necesita una atención directa y afectuosa que le dé seguridad.

Si el hombre tiene una relación, no es probable que se preocupe por el rechazo a menos que éste suceda. No siente conscientemente la necesidad de que le den seguridad porque su éxito en el mundo le da esa seguridad. Como resultado, le es difícil respetar la constante necesidad de la mujer de que le den seguridad.

El razonamiento concentrado del hombre es más o menos así: "Aunque estoy preocupado por el trabajo estos días, ella debería saber que la amo hoy, mañana y siempre a menos que le diga lo contrario". Para la mujer, esto es tan absurdo como los siguientes comentarios para un hombre: "Aunque él está quebrado y sin trabajo, debería saber que volverá a ser rico, porque en un momento lo fue antes que el negocio quebrara" o "Aunque hoy salió último, debería saber que es un ganador porque una vez ganó un torneo de tenis".

Ciertamente, los fracasos del hombre lo desafían a darse cuenta de su valía independientemente de sus éxitos, pero es igualmente cierto que cuando, después de sus fracasos, tiene éxito, su sentido de valía se refuerza. Después que su negocio quebró, debe reorganizarse y volver a intentarlo. Cuando empieza a tener éxito, su confianza se vuelve más sólida. Esto puede compararse con el proceso de desarrollar músculos: al esforzarlos, crecen más fuertes. De la misma manera, a través de una serie de obstáculos, el hombre que puede volver a intentarlo refuerza su autoestima.

La valoración que la mujer tiene de sí misma se ve desafiada cuando su compañero se aleja o la pasa por alto temporariamente. Esta dolorosa experiencia es un momento para centrarse y darse cuenta de su propia valía independientemente del amor del hombre. Sin embargo, es igualmente importante que sus sentimientos de inseguridad estén acompañados de seguridad y apoyo por parte del hombre. Esta seguridad es necesaria para reforzar y profundizar su confianza y autoestima.

Sin embargo, si ella se acerca a su compañero culpándolo, lo más probable es que él se resista y no le brinde apoyo. En el capítulo 13 presentaremos la técnica de la Carta de Amor, una forma de pedir apoyo sin ofender a su pareja.

SEGURIDAD VERBAL

Todos los días, la mujer necesita recibir alguna forma de seguridad verbal que le indique que es amada. Esto significa decir cosas como "Te amo, te amo, te amo, te amo, te amo, te amo, te amo..." Básicamente, hay una forma de decirlo, y hay que hacerlo una y otra vez.

A veces, los hombres dejan de decir "Te amo" porque quieren ser nuevos y originales. Se imaginan que la mujer se va a cansar o aburrir de oírlo. Pero decir "Te amo" nunca está de más. Decirlo en realidad es un proceso que le permite a la mujer "sentir" el amor del hombre. Es posible que él la ame, pero si no lo dice, ella no lo va a sentir. Una forma en que el hombre puede verlo es comparando la simple frase "Te amo" con otra que él nunca se cansa de oír. Esa frase es "Gracias". Muy pocas veces el hombre se cansa de que le digan "Gracias" cuando hace algo por alguien.

Otra frase que es muy valiosa para la mujer es "Entiendo". Si (y sólo si) el hombre entiende, es muy útil decirlo en voz alta. Cuando el hombre dice "Entiendo", la mujer tiene la seguridad de que la escuchó. Una frase complementaria que los hombres aprecian es "Tiene sentido". Cuando el hombre oye "Tiene sentido", se siente igualmente apoyado.

SÍMBOLOS DEL AMOR

La mujer necesita símbolos de amor. Cuando el hombre le lleva flores, por ejemplo, éstas destacan su belleza y su femineidad y le indican todo lo que vale. Las mujeres necesitan recibir flores en forma regular. Para ella, las flores son símbolos del amor del hombre. Hacen que ese amor sea concreto. Por eso, es desafortunado cuando el hombre supone que ella se va a cansar de recibirlas y entonces deja de enviárselas.

Regalos grandes o pequeños, todos sirven para una función romántica muy importante. Ayudan a la mujer a saber que es especial. Se siente especial cuando él la trata de un modo especial. Hacerle regalos es una forma de honrar la necesidad de la mujer de que le den seguridad.

Las notas breves también son símbolos eficaces de amor. Son recordatorios afectuosos que simplemente dan seguridad. No es necesario ser original o creativo. Basta con decir lo básico, una y otra vez. Mientras las notas expresen lo que siente, serán eficaces. Algunos de los recordatorios básicos son: "Te amo, te extraño, eres el deleite de mi vida, simplemente un recordatorio para decirte que te quiero".

Otra cosa agradable es comprar a veces una tarjeta afectuosa, graciosa o bonita. Estos pequeños recordatorios pueden escribirse en tarjetas que acompañan un pequeño regalo o una flor o pueden estar solos. Cuando escriba una tarjeta, trate de ocultarla en un lugar que sorprenda a la otra persona. Esto hace maravillas. Estos recordatorios también pueden expresarse mediante llamadas telefónicas sorpresivas cuyo único propósito es decir "Te amo".

Muchos hombres lo saben instintivamente y hacen esto al principio de la relación, pero después de un tiempo dejan de hacerlo porque suponen equivocadamente que el gesto ya es antiguo y no hace falta.

CUANDO LOS SIGNOS DE AMOR DESAPARECEN

En las relaciones, muchas veces la mujer termina sintiendo que el hombre no la ama porque deja de darle la misma atención que al principio de la relación. Cuando la calidad de la atención cambia, al no entender demasiado bien a los hombres, la mujer supone que él no es feliz con ella y no la quiere. La calidad de la atención es el signo más importante de amor.

El siguiente es un ejemplo:

Cuando Phil y Ann vinieron a verme para una sesión de consejo, ella se quejó de que él ya no la amaba. Phil no podía entender de qué hablaba. Él sabía que la amaba; para él no tenía sentido que ella no lo supiera. Estaba terriblemente frustrado.

Después de discutir un rato sobre el tema, Phil empezó a darse cuenta de que cuando Ann decía "No me amas", lo que realmente quería decir era "No me tratas de la manera especial con que solías tratarme". Él quería saber más, de modo que le pedí a Ann que cerrara los ojos y recordara cómo la hacía sentir el amor de Phil.

Ella examinó sus sentimientos y luego dijo lentamente:

—Me hacía sentir cálida, me hacía sentir amada, me hacía sentir especial, me hacía sentir feliz, me hacía sentir tranquila, me hacía sentir juguetona, me hacía sentir libre, me hacía sentir aceptada, me hacía sentir presente, me hacía sentir deseada, me hacía sentir segura y me hacía sentir satisfecha.

Le pedí que continuara y agregó:

—Suave, delicada, afectuosa, apreciativa, digna, confiada y vulnerable.

Luego le pregunté:

—Cuando se siente de esta manera, ¿por qué cosa se siente más agradecida?

Ann enumeró lo siguiente:

—Me siento agradecida por ser amada y cuidada. Me siento agradecida por ser una parte especial de la vida de Phil. Me siento agradecida cuando me trata con respeto. Me siento agradecida cuando se esfuerza por confortarme. Me siento agradecida cuando me escucha y me hace sentir oída. Me siento agradecida cuando inicia nuevas actividades y aventuras para compartir entre los dos.

"Me siento agradecida cuando nota que necesito hablar, me pregunta cómo me siento y dedica tiempo a escucharme. Me siento agradecida cuando puedo expresar mi tristeza y él me abraza, eso me hace sentir reconfortada. Me siento agradecida cuando nota un nuevo vestido o corte de pelo y lo aprecia. Me siento agradecida cuando quiere estar conmigo. Me siento agradecida cuando me sorprende con pequeños regalos o notas. Me siento agradecida cuando me llama cuando está de viaje y me da su número. Me siento agradecida cada vez que se adelanta a mis necesidades. Entonces tengo la certeza de que de verdad me quiere y está allí para mí, no sólo para él.

Mientras Phil escuchaba, las lágrimas le caían por las mejillas. Cuando ella terminó, él dijo:

—Cuando hablabas, recordé algunos de los momentos más felices y me di cuenta de que las cosas cambiaron con los años. De alguna manera, hasta ahora, no me había dado cuenta. —Abrazando a su mujer, le dijo: —Yo también te extrañé.

Hasta ese momento, Phil había estado tan concentrado en otras cosas que había olvidado lo importante y maravilloso que se sentía al ser necesitado por Ann. Se dio cuenta de la importancia que tenía el amor de ella y recordó lo especial y preciosa que en realidad era su mujer.

Ese día, Phil aprendió que cuando su mujer no se siente amada, no se ha vuelto irracional; es una importante señal de que no está recibiendo lo que necesita. Ahora sabe que cuando pasa por alto las necesidades de Ann, corren el riesgo de perder contacto con su amor especial.

Si el hombre no se mantiene en contacto con los sentimientos de su compañera, no sólo se olvida de lo que es importante sino que también ella lo hace. Es probable que ella no sepa exactamente lo que necesita, pero empezará a sentir resentimiento contra él. Quizá no sabe qué le falta, pero sí sabrá que le falta algo.

Cuando el hombre está dispuesto a oír las necesidades de la mujer, ambos ganan. Ann experimentó el poder de comunicar a Phil lo importante que era para ella. Al expresarle que su amor la hacía sentirse positiva, él se sintió más motivado a brindarle apoyo. Al expresar su gratitud, Ann lo ayudó a sentirse apreciado, aceptado y con ascendiente.

LAS COSAS PEQUEÑAS SIGNIFICAN MUCHO

Antes de lograr entender la diferencia entre la percepción de la mujer y la del hombre, yo no podía entender por qué mi mujer se molestaba cuando me olvidaba de hacer lo que para mí eran cosas pequeñas —cosas pequeñas como traer un diario a casa, pasar por la tintorería, arreglar una ventana, pintar los armarios de la cocina o decirle que alguien nos había invitado a una fiesta—. En este contexto, las cosas grandes serían ganar dinero, decir la verdad, ser monógamo, "estar allí" en momentos de emergencia, pagar la hipoteca, etcétera.

De vez en cuando, cuando yo olvidaba algo, ella se ponía molesta y me decía que sentía que yo no la amaba. Yo me preguntaba cómo podía interpretar el hecho de que me hubiera olvidado de buscar el diario como una señal de que no la amaba.

Finalmente, llegué a darme cuenta de que, desde su punto de vista, recordar las cosas pequeñas era una expresión de mi amor. Esas "pequeñas cosas", que eran sus necesidades, estaban directamente relacionadas conmigo. Cuando las olvidaba, a ella le resultaba difícil no interpretar mi acción como falta de interés y amor por ella. Cuando yo consideraba que aquellas cosas no eran importantes, en realidad la que no se sentía importante era ella.

Cuando el hombre pasa por alto algo que la mujer considera importante, ella siente que la está pasando por alto a ella. Descubrí que responder a las pequeñas cosas y responsabilizarme por ellas era una forma esencial de expresar mi amor hacia mi mujer y trasmitirle seguridad. Como ella en realidad es la persona más importante de mi vida, una vez que entendí la relevancia de las "cosas pequeñas", se volvió algo automático prestar atención a sus deseos. De hecho, una vez que entendí que esa era una necesidad legítima suya, yo pude aplicar mi concentración masculina a resolver el problema.

Ahora que entendía cómo afectaba a mi mujer mi rutina de profesor olvidadizo, pude comprender sus sentimientos cuando me olvidaba las cosas. Ya no me sentía impulsado a decirle que no debía molestarse tanto. Por otro lado, ella había llegado a entender mi tendencia masculina a concentrarme en un objetivo y no tomar mi olvido como algo personal.

Si los hombres supieran lo importante que son para las mujeres estas "pequeñas cosas", habría más mujeres felices. A algunas mujeres les da vergüenza decir al hombre lo importantes que son. Sin embargo, si hacemos el esfuerzo de recordar las "cosas pequeñas" que necesita la mujer, veremos lo distintas que resultan las cosas.

CÓMO AUMENTAR LA CREATIVIDAD DEL HOMBRE

Trasmitir seguridad a la mujer no es la única razón para honrar las cosas pequeñas. Cuando empecé a prestar más atención a los deseos y preferencias de mi mujer, descubrí que hacer las cosas pequeñas muchas veces me ayuda a hacer otras cosas que quizás estoy postergando. Estos cambios de enfoque me ayudan a evitar concentrarme demasiado en tareas que tal vez me están agotando.

Cambiar de enfoque también es una técnica eficaz para resolver problemas. Cuando nos hemos concentrado demasiado en la resolución de un problema, si dirigimos temporariamente nuestra atención a otra cosa menos exigente —una de las "cosas pequeñas" que necesita nuestra compañera, por ejemplo—, esto da al inconsciente la oportunidad de resolver nuestro problema. Es probable que la solución surja en nuestra conciencia cuando ni siquiera estemos pensando en el problema.

A LAS MUJERES LES GUSTA EL TRATO ESPECIAL

A la mujer le encanta que el hombre de su vida la distinga y la trate de un modo especial. Yo lo aprendí a la fuerza, cuando mi mujer y yo dimos nuestra primera fiesta importante de familia. Yo había ido a mi oficina mientras Bonnie hacía los preparativos. Al volver a casa, me sentía muy orgulloso porque me había acordado de llevar mi cámara de vídeo. Aunque filmar las fiestas familiares era algo que yo valoraba, podría perfectamente haberme dejado absorber por los problemas de trabajo y haberme olvidado de llevar la cámara.

Cuando llegué a casa, ya todos habían llegado. Fui directamente al living room a instalar la grabadora, las luces y la cámara. Cuando empecé a mover el equipo, las niñas corrieron a saludarme. Poco a poco, todos los miembros de la familia fueron yendo al living e intercambiamos abrazos y comentarios mientras yo seguía preparando el equipo de vídeo.

Cuando terminé, fui a la cocina a saludar a mi mujer. Por supuesto, yo esperaba que Bonnie estuviera encantada de que no sólo me hubiera acordado de la cámara sino de que ya la hubiera instalado. En cambio, estaba distante y malhumorada. Resultó que ella esperaba que yo la saludara primero y luego fuera a instalar la cámara. Sin embargo, era la última persona con quien hablé. Yo estaba sorprendido porque, desde mi punto de vista masculino, si ella quería verme, podría haber ido al living en cualquier momento.

Cuando por fin tuvimos la oportunidad de hablar, me dijo que estaba herida porque le parecía que yo la estaba pasando por alto. Ella hubiera querido que yo llegara a casa y fuera directamente a buscarla para abrazarla, luego saludar a los demás y finalmente ir a instalar la cámara. Al instalar la cámara en primer lugar, no hice que Bonnie se sintiera especial. Desde su punto de vista, el hecho de que me concentrara en la cámara significaba que la cámara era más importante que ella o mis invitados.

Lógica romántica

Ciertamente, si yo me hubiera puesto a la defensiva, podría haber tildado a mi mujer de poco razonable y exigente. Pero desde un punto de vista romántico, lo que ella decía tenía sentido. Por supuesto que me encanta cuando Bonnie o las niñas se ponen contentas de verme. Eso siempre me hace sentir especial y bien. ¿Por qué no habría ella de sentir lo mismo?

Me di cuenta de lo importante que es para las mujeres que los hombres las elijamos. En realidad, las mujeres no saben lo especiales que son para nosotros a menos que se lo digamos y se lo demostremos. Como la mujer puede ver tantas posibilidades, con toda facilidad puede imaginar que una cámara, u otra cosa, podría ser más importante para el hombre que para ella. Al hombre nunca se le ocurre que su mujer pueda sentir de esa manera. Después de todo, él sabe que la ama, de modo que supone que ella también lo sabe. Pero no lo sabe, por lo menos no en forma automática; se lo tienen que decir una y otra vez.

Cuando llegué a entender esta diferencia, también me di cuenta de que sería fácil darle a mi mujer el tratamiento especial que ella necesita. Hasta el día de hoy, cada vez que llego a casa, lo primero que hago es ir a buscarla, darle un beso y un abrazo y luego preguntarle cómo fue su día.

Cuando ella va a mis seminarios de relaciones, voy a buscarla para darle un abrazo aunque haya gente esperando para hablar conmigo. Yo solía dar preferencia a las personas que me esperaban; después de todo, era el tiempo dedicado a ellas y yo podía hablar con mi mujer en cualquier momento. Esta actitud definitivamente no es romántica y hace que la mujer se sienta poco importante y trivial. La sencilla fórmula para que la mujer se sienta especial es: tratarla de un modo diferente y antes que a los demás. No hay que dejar lo mejor para el final. La mujer nunca se cansa de oír y ver las formas en que su marido la ama.

UN SECRETO PARA QUE LA MUJER SE SIENTA AMADA

Es posible que la forma más importante para que la mujer se sienta amada sea completamente la opuesta a la que piensan todos los hombres. La mayoría de ellos piensan inconscientemente que, si no se quejan de la relación, sus compañeras se sienten amadas y valoradas. Después de todo, si la mujer no se queja del hombre, él se sentirá apreciado. El hombre no entiende que cuando él actúa como si todo estuviera bien en la relación, su compañera supone que la relación no es importante para él, en virtud de lo cual siente que la que no es importante es ella.

En general, el hombre tiende a molestarse y preocuparse más por sus problemas de trabajo. Cuando llega a su casa, su mente todavía está en el trabajo. Su compañera recibe el mensaje de que para él, el trabajo es más importante que ella. Si este hombre aprende a identificar sus propias frustraciones, decepciones y preocupaciones en la relación, le trasmitirá a la mujer que ella sí es importante, que la aprecia y la necesita. Aquí radica un secreto para que la mujer se sienta amada: la mujer se valora más cuando su apoyo emocional es reconocido, deseado y apreciado.

Jean, de treinta y seis años, se quejaba todo el tiempo de que su marido, Paul, de cuarenta y tres, un médico exitoso, no la valoraba. Aunque Paul era el típico ganapán, Jean era la excepción de la típica ama de casa. Paul estaba resentido porque él ganaba todo el dinero y su mujer no estaba dispuesta a hacerse responsable de las tareas domésticas.

Cuando le pregunté por qué, Jean dijo:

—Me niego a ser su sirvienta. Lo único que hace cuando llega a casa es quejarse de lo poco que me ocupo de él y de la casa. Dice que trabaja mucho y que quiere que yo me esfuerce de la misma manera. No me importa darle más, pero por mucho que dé, no lo valora. Sólo me critica o señala lo que no hice. Me hiere cuando siento que me considera su sirvienta.

Paul explicó que sólo quería que ella tuviera la casa limpia y la cena preparada cuando llegaba a su casa. Con tono frustrado, dijo:

—Sólo le lleva dos horas del día hacerme feliz. Lo único que tiene que hacer es tener la casa limpia y preparar una cena agradable. Luego es libre de hacer lo que quiera. Todo lo que pido son dos horas de trabajo en la casa.

A la observación de Paul, Jean respondió:

—Me pone furiosa cuando siento que sólo soy una sirvienta para él. —Paul no tenía idea de que sonaba tan condescendiente con su mujer. Jean oía que lo único que necesitaba de ella era que trabajara en la casa. Por otra parte, pensaba que decía: "Te valoro tanto que sólo espero que trabajes un par de horas".

Luego le pregunté a Paul por qué para él era tan importante que la casa estuviera limpia y su cena, preparada. Se puso emocional y respondió:

—Significa que ella realmente aprecia lo mucho que trabajo. Muchas veces dice que el dinero no le importa. Cuando dice eso me da la sensación de que estoy haciendo todo esto para nada. Trato de asegurar nuestro futuro y ella piensa que sólo me preocupo por mí mismo.

"Es doloroso cuando pienso que ella no me aprecia. Si pudiera llegar a casa y sentir su amor por mí y su apreciación por lo que hago, mi vida tendría sentido. De lo contrario, siento resentimiento hacia ella. Necesito su apreciación por todo lo que hago por ella. Al no tenerla, me vuelvo demasiado crítico.

Al oír esto, a Jean se el encendió la cara y los ojos se le llenaron de lágrimas. Por primera vez, sintió lo importante que era para Paul su apoyo y su amor. Se dio cuenta de que, al prepararle la comida, no era simplemente su cocinera. En cambio, era una forma de lograr que él se sintiera apreciado por sus esfuerzos al sostener a su familia económicamente. Al oír la necesidad frustrada de Paul de su apreciación y su amor, Jean pudo sentir que era una parte muy importante en la vida de su marido.

Desde esa interacción tan sentida, Jean pudo liberar todo su resentimiento y disfrutar de sus tareas de ama de casa además de dedicarse a otros intereses. Paul se dio cuenta de que al mostrarle a Jean que la necesitaba más emocionalmente y no en términos de su trabajo, logró que ella se sintiera más valorada, amada y especial.

Para la mayoría de los hombres, esto es muy difícil porque en general no son conscientes de lo que *ellos* realmente necesitan de una relación. Para ayudar a la mujer a sentirse amada y valorada, el hombre necesita expresar su frustración y su decepción cuando no recibe la apreciación y el apoyo emocional que necesita. Esto no sólo ayuda a la mujer a sentirse importante sino que también le indica cómo dar más apoyo en forma eficaz. Cuando el hombre aprende a comunicar sus necesidades emocionales, no sólo aumenta la autovaloración de la mujer sino que la incita a dar más.

Como hemos visto, una de las principales razones de por qué las mujeres no se sienten amadas es que los hombres no tienen un punto de referencia para darles instintivamente lo que necesitan y tampoco pueden articular sus propias necesidades. En el próximo capítulo, examinaremos con más detalle nuestras principales necesidades emocionales.

Capítulo 10

Cómo dar y recibir apoyo emocional

Las reglas que gobiernan las relaciones exitosas cambian de la misma manera en que cambia la sociedad. Los adelantos políticos, tecnológicos y científicos han cambiado a la humanidad por encima de las preocupaciones inmediatas de supervivencia y seguridad. Los hombres y las mujeres ya no se necesitan tanto el uno al otro para asegurar su supervivencia y seguridad física. Hoy en día, los hombres y las mujeres forman relaciones no sólo para apoyar sus necesidades físicas sino también para satisfacer sus necesidades superiores psicológicas o emocionales.

Cuando las necesidades físicas de supervivencia y seguridad se ven satisfechas, las relaciones adoptan una nueva orientación; las necesidades emocionales tienen precedencia y, por lo tanto, surgen nuevos problemas y conflictos. Estos conflictos surgen porque toda una nueva serie de necesidades empieza a aparecer en la conciencia. En cierto sentido, es como si las necesidades emocionales se volvieran más exigentes. Estuvieron allí todo el tiempo pero estaban en un lugar más profundo. Al asomarse, nuestras necesidades psicológicas desempeñan un papel fundamental en el éxito de nuestras relaciones.

Por ejemplo, durante un período de dificultades económicas, es posible que una pareja se lleve muy bien. Son los dos contra el mundo. Finalmente, logran un nivel más alto de seguridad económica. En lugar de disfrutar de una paz y una satisfacción mayores, experimentan un conflicto y una insatisfacción mayores. Cuando la batalla termina en el mundo exterior, empieza en casa.

Mike tenía 22 años cuando se casó con Ellen, que tenía 26. Durante ocho años, Mike y Ellen estuvieron muy satisfechos con su matrimonio. Cuando empezaron, los dos eran pobres. Ellen trabajaba como asistente de vuelo para apoyar a Mike, que estudiaba derecho. Recordaban esas épocas como difíciles pero llenas de amor, diversión y momentos tiernos juntos. Al parecer, la pareja no tenía problemas en su relación. Era como si fueran un equipo que luchaba para asegurarse la supervivencia y la seguridad. Podían pasar por alto con facilidad sus problemas porque imaginaban que un día las cosas cambiarían.

Ocho años más tarde, Mike era un abogado exitoso con muy buen sueldo y Ellen era la madre de dos niños. A pesar de que todo parecía estar bien en la relación, no era así. En cuanto sus necesidades materiales se solucionaron externamente, empezaron a notar lo insatisfechos que estaban el uno con el otro. Mike ya no estaba interesado en su mujer ni se sentía excitado por ella. Ellen fingía que todo estaba bien. Tres meses después que se mudaron a su nueva casa de cuatro dormitorios, Mike se enamoró de su secretaria.

Cuando Ellen se enteró, vinieron a verme para que los aconsejara. Ella se dio cuenta de que se había sentido igualmente insatisfecha. Después de trabajar mucho en su relación, pudieron solucionar las cosas. Mike y Ellen tuvieron suerte. Muchas parejas no buscan ayuda sino que simplemente se divorcian.

Cuando una relación sufre el cambio de estar basada físicamente a estar orientada emocionalmente, la pareja debe saber que es inevitable que surjan problemas nuevos. Las formas antiguas de relacionarse no resultan satisfactorias.

Como en general las mujeres son más conscientes de sus necesidades emocionales, la mujer es la que experimenta primero la falta de satisfacción. Su compañero, a su vez, empieza a sentir una falta de satisfacción en respuesta a la insatisfacción de la mujer. Al volverse más exitosos, él se vuelve más intolerante de la insatisfacción femenina porque hay menos razones físicas que la justifican. El razonamiento masculino es que como tienen más desde el punto de vista material, ella debería estar feliz.

La realidad es que, como están más seguros económicamente, surgen las necesidades emocionales que requieren el continuo apoyo y la atención del hombre. Él tiende a resistirse porque piensa que, al haber logrado la prosperidad económica, su trabajo está hecho. Ninguno de los dos es feliz y cada uno tiende a culpar al otro. Uno de los mayores problemas es que, en primer lugar, ambos se resienten al tener estas dificultades.

Estos nuevos problemas no pueden evitarse. Si los dos *entienden* y *aceptan* que es inevitable, entonces no sentirán tanto resentimiento. *No van a cuestionar la relación; en cambio, cuestionarán sus antiguos estilos de relacionarse y comunicarse.* En lugar de cambiar de pareja, pueden concentrar sus energías en mejorar sus habilidades para dar y recibir apoyo emocional.

CÓMO CREAR APOYO EMOCIONAL

Es mucho más fácil ofrecer un verdadero apoyo emocional cuando recibimos ese apoyo en la niñez. También es más fácil corregir una situación en la que nuestras necesidades no están satisfechas si ya conocemos la clase de apoyo que necesitamos. Las personas tienen dificultades crónicas en sus relaciones porque no tienen experiencias concretas de lo que es posible, una imagen de lo amorosa y sustentadora que es una relación. Si sus padres tenían problemas al respecto, ¿cómo pueden siquiera concebir cómo es el apoyo emocional?

Por ejemplo, si a una persona la pasaron por alto o le faltaron al respeto en la niñez, le resulta difícil lograr que le presten atención y la respeten cuando es adulta. Como nunca tuvo la experiencia de recibir respeto siendo ella misma, es posible que termine resentida, exigiéndolo, lo cual aleja a los demás. O si no, quizá niegan su propia identidad para ganarse el respeto. El problema de ser exigente o de negar la propia identidad para recibir apoyo emocional es que aunque esa persona lo logre, el apoyo es difícil de recibir. Nunca parece suficiente.

Gail, una agente de viajes, tenía 42 años cuando se despertó una mañana de vacaciones y se dio cuenta de que era "completamente infeliz", estaba insatisfecha con su vida y su relación. Se sentía vacía y sola, Sentía que nadie "realmente" la había amado, respetado o apreciado.

Con la ayuda de algunos consejos, su marido Glen trató por todos los medios de apoyarla y convencerla de que era importante y amada. Al ayudarlos, vi que él la amaba profundamente pero ella era incapaz de aceptar su amor. También descubrí las formas en que él, sin saberlo, hacía casi imposible una comunicación sincera.

Ella dijo:

—Me doy cuenta de que él se esfuerza por complacerme. Hasta me siento culpable por no apreciar todo lo que hace. No sé por qué nada de lo que haga es suficiente. Pero cuando hablo en realidad no me oye. No ve quién soy. Creo que no me ama de verdad.

Cuando se sintió invadida por una profunda emoción, inspiró lentamente y se echó a llorar.

—Nadie me ama. Nadie me amó jamás. La única persona que me amó fue mi padre, que se murió cuando yo tenía siete años.

Por primera vez en mucho tiempo, Gail empezó a aflojarse y expresar su dolor interior a Glen. Estaba sorprendida de que él no la rechazara. Cuando logró expresar sus sentimientos y no sólo quejarse, él pudo oírla y responder con una profunda comprensión. Con algo de ayuda, Gail empezó a abrirse y revelar sus sentimientos de inseguridad, tristeza e incluso de ira. Para ella, eso era totalmente nuevo; estaba acostumbrada a guardarse todo y tratar de parecer afectuosa y agradable.

Cuando expuso ese lado suyo "no tan equilibrado", Glen respondió con mayor amor. Eso confundió a Gail. Preguntó:

—¿Cómo puedes amar esta parte de mí? Siempre dijiste cuánto amabas lo fuerte, bondadosa e independiente que era.

—Claro que amo esa parte tuya —aseguró Glen—. Pero también amo esta parte blanda y cálida. Siento que me necesitas y soy importante para ti. Aunque no quisiera que te sintieras así todo el tiempo. También me gusta tu parte fuerte.

Gail dijo:

—Esto es confuso... ¿cómo puedo saber cuánto estás dispuesto a aceptar? ¿Cómo puedo saber cómo ser para ser digna de amor?

Tomándole las manos con suavidad, Glen se le acercó más, y con lágrimas de amor en los ojos, dijo:

—Te amo tal como eres. Te amo cuando estás feliz y te amo cuando estás triste. Te amo cuando simplemente eres tú. Cada vez que *tratas* de parecer feliz cuando no te sientes de esa manera, entonces no eres tú. Para mí es difícil sentir mi amor por ti profundamente cuando no eres realmente tú. Amo esta parte tuya suave y vulnerable.

Ella sonrió y respondió diciendo:

—Yo amo esta parte *tuya* cálida, afectuosa y comprensiva. Por primera vez realmente me siento amada. Me siento segura. Puedo decir que me gusta ser quien soy.

Gail pudo sentir realmente el amor de Glen porque, por primera vez, realmente le abrió su corazón. Mientras fingiera ser lo que no era, cuando Glen la amaba, la que recibía su amor era su falso personaje. Cuanto más apreciado había sido su lado fuerte, más había sentido que su lado vulnerable y necesitado era débil e inaceptable.

Al compartir toda su verdad de quién era, Gail pudo recibir el amor que verdaderamente merecía. Al asumir la responsabilidad de ser ella misma y de expresar sus sentimientos sin resentimiento, pudo atraer el apoyo emocional de Glen a las partes más profundas y ocultas de su personalidad que más necesitaban el amor de él. Cuando recibió ese apoyo, empezó a amar esas dos partes que le pertenecían. Así logró respetarse cada vez más y apreciar y confiar en el amor de Glen.

Gail aprendió a compartir sus necesidades emocionales con su marido y a pedirle ayuda. Cuando él fue aprendiendo a darle lo que necesitaba, ella logró aprender lo que él necesitaba. Este proceso resulta mucho más fácil si tenemos una imagen clara de cómo necesitamos que nos brinden apoyo, y si tenemos en cuenta que las necesidades de nuestra pareja son diferentes.

LAS SIETE ACTITUDES POSITIVAS

Hay siete necesidades o actitudes emocionales básicas que son esenciales para crear una relación verdaderamente afectuosa y que brinde apoyo emocional: amor, atención, comprensión, respeto, apreciación, aceptación y confianza.

Todas estas actitudes están presentes en diversos grados cuando una persona se siente emocionalmente apoyada. Los sentimientos positivos como la plenitud, la paz, la gratitud, la satisfacción, la excitación y la confianza se generan automáticamente cuando podemos satisfacer nuestras necesidades emocionales primarias.

Amor. El amor es una actitud de conexión, unión, expresión o vinculación. Sin emitir juicios o valoraciones, dice: "Es posible que seamos diferentes pero también somos parecidos. Me veo en ti y te veo en mí". A nivel mental, el amor se expresa mediante la comprensión. Reconociendo un sentido de afinidad, dice: "Me relaciono contigo de este modo similar". A nivel emocional, el amor se expresa mediante la empatía. Reconoce una afinidad de sentimiento. Dice: "Entiendo tus sentimiento; yo los tuve similares". A nivel físico, el amor se expresa mediante el contacto.

Atención. Una actitud atenta reconoce nuestra sincera responsabilidad de responder a las necesidades del otro. Significa mostrar un profundo y sincero interés por el bienestar de la otra persona. Cuando nos importa alguien, es un signo de que nos afecta su bienestar o su falta de él. Cuanto más nos importa, más nos sentimos motivados naturalmente a apoyar a los demás. Brindar atención también es un reconocimiento de lo que es importante para alguien. Acentúa el hecho de que esa persona es especial.

Comprensión. Una actitud comprensiva valida el significado de una afirmación, un sentimiento o una situación. No presume de saber de antemano todas las respuestas. Una actitud comprensiva comienza a partir de no saber, reúne significado de lo que oye y trata de validar lo que se comunica. Mediante la comprensión podemos ver el mundo a través de los ojos de otra persona. Una actitud comprensiva dice: "Antes de juzgarte, me quitaré los zapatos y me pondré los tuyos un rato".

Respeto. Una actitud respetuosa reconoce los derechos, deseos y necesidades del otro. Cede a los deseos y necesidades de la otra persona, no por miedo sino reconociendo su validez. El respeto reconoce el valor y la importancia de quién es una persona, así como de sus sentimientos. El respeto es la actitud que nos motiva a servir de verdad a otra persona porque se lo merece.

Apreciación. Una actitud apreciativa reconoce el valor de los esfuerzos o el comportamiento del otro. Reconoce que la expresión de la forma de ser o la conducta de la otra persona enriqueció el bienestar del que aprecia. La apreciación es la reacción natural al recibir apoyo. La apreciación nos inspira a dar a los demás con un sentimiento de plenitud y gozo. La apreciación reconoce que nos beneficiamos con el regalo que nos ofrecieron.

Aceptación. Una actitud de aceptación reconoce que la forma de ser o el comportamiento de otra persona es recibido de buen grado. No rechaza sino que más bien afirma que la otra persona es bien recibida. De hecho, la aceptación está acompañada de un sentimiento de gratitud por lo que hemos recibido. No es una actitud pasiva, indiferente o reprobatoria. Aceptar a una persona significa validar que esa persona es suficiente para nosotros. No significa que pensamos que no puede mejorar; indica que no tratamos de mejorarla. La aceptación es la actitud que perdona los errores de la otra persona.

Confianza. Una actitud confiada reconoce las cualidades positivas del carácter de la otra persona como pueden ser la honestidad, la confiabilidad, la justicia y la sinceridad. Cuando no hay confianza, la gente en general saca conclusiones negativas o erróneas con respecto a la intención de alguien. La confianza da a una ofensa el beneficio de la duda, afirmando que debe de haber alguna buena explicación de por qué sucedió. La confianza crece en una relación cuando cada uno reconoce que el otro nunca tiene la intención de herir. Acercarse a la otra persona con confianza significa creer que esa persona puede y está dispuesta a brindarnos apoyo.

NECESIDADES MASCULINAS Y FEMENINAS

Lo que es más interesante e importante con respecto a las necesidades emocionales primarias es que algunas son más importantes que otras según el sexo. El amor, la primera de las siete necesidades, es igualmente importante tanto para hombres como para mujeres. La importancia de las otras seis necesidades emocionales varía. El lado masculino de una persona principalmente tiene la necesidad de recibir confianza, de ser aceptado y apreciado, mientras que el lado femenino de una persona necesita principalmente ser cuidado, comprendido y respetado.

Como el hombre y la mujer no entienden que sus necesidades primarias son diferentes, cometen un error muy común: dan a su pareja lo que ellos mismos quieren, suponiendo que eso es lo que la otra persona también quiere. Se sorprenden cuando su pareja no les devuelve el favor.

Por ejemplo, muchas veces la mujer actúa con el hombre con tanto cuidado y comprensión que él siente que ella no confía en él. Ella le da cuidado y comprensión porque es lo que principalmente necesita de su compañero. Ella supone equivocadamente que él va a regocijarse con su actitud de cuidado y va a responderle de la misma manera. En cambio, es posible que el hombre responda mostrándose neutral, o quizás interprete su apoyo como maternal y molesto.

Cuando el hombre siente resentimiento hacia la conducta de la mujer, ella se queda perpleja y confundida.

Por otro lado, es posible que el hombre demuestre tanta aprobación y confianza que la mujer supone que él no se interesa en absoluto por ella y se resiente con él. El hombre da a su compañera confianza y aceptación porque es lo que más necesita de ella. Si ella se molesta, por ejemplo, el hombre quizá le da espacio para que solucione las cosas y la pase completamente por alto. Desde el punto de vista masculino, él le está ofreciendo aceptación y confianza. Él confía en que ella manejará el problema sola y la acepta al no tratar de cambiar las cosas. Sin embargo, ella interpreta esta actitud como un abandono y un rechazo. Siente una total falta de interés y atención por parte de él.

En estos dos ejemplos, como la pareja no entendía del todo las diferentes necesidades de ambos, no lograron brindarse apoyo mutuo cuando no sólo trataban de apoyarse sino que pensaban que lo estaban haciendo.

Esta información es muy interesante. Cuando se la entiende bien, la persona cobra conciencia de por qué es posible que no esté recibiendo el apoyo que merece en la relación. Muchas personas con relaciones informan que dan mucho y, sin embargo, su pareja no les da nada. Sí, están dando, pero no necesariamente lo que la otra persona necesita realmente. Si una persona logra dar, el resultado es que el receptor realmente disfruta devolviendo apoyo. Es muy natural; lo que damos nos lo devuelven. La promesa de toda relación es dar para recibir a cambio.

La principal razón por la que esta regla de oro no siempre funciona en nuestras relaciones es que lo que damos no siempre es lo que la otra persona necesita. Ambas partes piensan que están dando, pero ninguno recibe nada. Esta afirmación y la percepción sólo refuerza que ambas personas son víctimas.

Para darnos cuenta de nuestro poder para crear lo que necesitamos, debemos aceptar que cuando no recibimos, no estamos dando. O más precisamente, no estamos dando lo que la otra persona necesita. Para recibir más en nuestras relaciones, debemos aprender a dar no lo que nosotros necesitaríamos sino lo que nuestra pareja necesita. Cuando logramos satisfacer de verdad sus necesidades, la otra persona espontáneamente empezará a responder a nuestro apoyo apoyándonos a su vez.

El éxito de dar está determinado por la disposición de nuestra pareja de brindarnos apoyo a su vez. Si todo lo que hacemos no afecta a la otra persona, en lugar de tildarla de poco apreciativa, debemos asumir la responsabilidad y explorar formas en que podemos dar con más éxito.

Para la mayoría de las personas, dar es como poner dinero en un parquímetro. Se enojan con el parquímetro porque no acepta billetes cuando sólo acepta monedas. Si queremos lograr dar a nuestra pareja, debemos responsabilizarnos por darle lo que más valora. Cuando no les damos algo que puedan usar, somos como el comerciante que se queja de que sus clientes no compran su producto, en lugar de tratar de averiguar qué necesitan realmente sus clientes y conseguírselo.

Para resumir todo esto, una de las principales causas de frustración y resentimiento en una relación es que los hombres tienden automáticamente a darles a las mujeres lo que ellos necesitan, mientras que las mujeres dan a los hombres lo que ellas necesitan. Espero que este sea uno de los puntos que el lector más recuerde de este libro. Aplicar este conocimiento ha mejorado drásticamente muchas relaciones de la noche a la mañana. En el próximo capítulo examinaremos más profundamente las diferencias entre las necesidades emocionales de hombres y mujeres.

Nuestras principales
necesidades emocionales

Todos los hombres y mujeres tienen una misma necesidad
de amor. Pero con respecto a las otras seis necesidades
básicas, tres son principalmente de los hombres y las otras
tres, de las mujeres. La mayor parte del conflicto y la insatisfacción en las relaciones surge de nuestra incapacidad
de satisfacer estas necesidades primarias. Cuando estas necesidades no están satisfechas, es fácil que nuestros sentimientos resulten heridos, por lo cual culpamos a nuestra
pareja.

El hombre en general se siente herido, ofendido o agotado cuando la mujer no confía, aprecia o acepta sus motivos, capacidades, pensamiento, decisiones y conducta.
Como el hombre tiende a identificarse con sus acciones,
cuando siente que no confían en ellas ni las aprecian o
aceptan, exhibe todos los síntomas de estar herido, ofendido o resentido. En el fondo, empieza a dudar de su sufi-
ciencia y competencia.

La mujer principalmente necesita cuidados, comprensión y respeto. En general se siente herida cuando sus sentimientos no son respetados, comprendidos o atendidos.
Cuando no se siente respetada por alguien que ella ama,
en general empieza a dudar de su valía y sus derechos.

La más importante de las siete necesidades primarias es la necesidad de amor. Amar a alguien es reconocer su bondad. Al amar a una persona despertamos su percepción de su propia bondad innata. Es como si no pudieran saber cuánto valen hasta que se miran en el espejo de nuestro amor y se ven a sí mismos.

Cuando somos "vistos" con amor, cobramos conciencia de nuestra bondad. Entonces podemos conocernos y amarnos más.

A medida que maduramos en esa percepción positiva de nosotros mismos, dependemos menos de los demás para vernos. Sin embargo, aun mientras crezca nuestra percepción de nosotros mismos, siempre vamos a necesitar que nos amen, así como siempre tenemos la necesidad de la supervivencia física. Con el tiempo, esta necesidad de ser amados queda eclipsada por la necesidad de estar al servicio de los demás, así como en una etapa anterior la necesidad de la supervivencia física y la seguridad está detrás de la necesidad de ser amados.

El amor también es un sentimiento de conexión. El amor nos relaciona con otra persona. Dice que tú eres una parte de mí. Cuando un hombre ama a una mujer, puede sentir y conectarse con la bondad de su propio lado femenino. Cuando ella a su vez lo ama, él despierta a la sensación de experimentar la valía de su lado masculino. De la misma manera, cuando ella lo ama, reconoce y experimenta la bondad de su propio lado masculino. Cuando él la ama, ella puede también experimentar el mérito de su propio lado femenino.

Al dar y recibir amor, el hombre y la mujer pueden amarse más plenamente y experimentar su bondad interior. De esta manera se sienten plenos y completos.

El amor es una actitud que abarca al otro como uno se abarcaría a sí mismo. Sostiene, alimenta y apoya. Cada vez que verdaderamente sentimos amor, también emerge un deseo desinteresado de procurar el bienestar de la persona amada.

Sentimos nuestra conexión con nosotros mismos y los demás a través del amor. Cuando somos amados, experimentamos la verdad de quienes somos. Cuando somos amados, nos sentimos dignos y "suficientes". Cuando somos amados, nos resulta más fácil ser nosotros mismos.

BRINDAR EL REGALO DEL AMOR

De niños, todos llegamos a este mundo brindando el regalo del amor a nuestros padres y a todos aquellos que conocemos. Los miramos maravillados y sólo vemos la belleza y la bondad de su alma. Los vemos como seres magníficos, dignos de todo lo que podamos darles. Si ese amor se nos devuelve, entonces podemos amarnos a nosotros mismos. Es como si Dios nos diera la capacidad de amar hacia afuera, pero necesitamos que nuestros padres reflejen ese amor para poder amarnos a nosotros mismos.

Por desgracia, si ese amor no se nos devuelve, empezamos a rechazar o "repudiar" partes de quienes somos. En general, rechazamos, negamos y luego cambiamos para ganarnos el amor y la aceptación de nuestros padres; nos convertimos en otra persona para ser amados. Mientras repudiemos partes de quienes somos, nos resultará difícil amar aspectos similares de otras personas. Una vez que repudiamos partes de nosotros mismos, también es difícil recibir amor.

Para recibir el amor que merecemos, debemos arriesgarnos a volver a colocarnos en el contexto de una relación afectuosa. Al adquirir cada vez más habilidad para recibir amor, se vuelve más fácil darnos de verdad y realizar nuestro mayor potencial.

LA NECESIDAD FEMENINA DE RECIBIR CUIDADOS

Las relaciones son un proceso continuo de dar, recibir y compartir. El éxito de una relación se basa en nuestra capacidad de dar. Sin embargo, esta capacidad está directamente relacionada con nuestra capacidad de recibir. No podemos seguir dando a menos que también recibamos apoyo. Para recibir apoyo primero debemos sentirnos dignos de recibirlo. Para sentirnos dignos de recibir cuidados, necesitamos alguien que se interese por nosotros.

Es esencial que la persona con quien compartimos una relación responda y se interese por nuestras necesidades. La necesidad de recibir cuidados es la necesidad de tener a alguien que responda a nuestras necesidades lo mejor que pueda. Esta actitud nos permite abrirnos y confiar en que somos especiales y merecemos recibir apoyo.

Las mujeres son especialmente vulnerables al cuidado o la falta de él por parte de un hombre. Él es capaz de hacerla sentirse como en el paraíso y luego hacerla caer en un infierno. Cuando el hombre brinda cuidados a la mujer, ella está segura de que sus propias necesidades son válidas y desinteresadas. Pero cuando la mujer está en una relación o ambiente carentes de cuidados, es muy difícil para ella afirmar sus necesidades sin sentirse culpable por estar demasiado necesitada o ser egoísta. Se juzga a sí misma con facilidad como débil y poco digna de expresar sus sentimientos y necesidades.

Los hombres son vulnerables a los cuidados de un modo diferente. Cuando un hombre tiene una relación con una mujer demasiado protectora, es posible que se vuelva débil y dependiente. Ella poco a poco asume la función de madre y él hace una regresión y se comporta como un niño malcriado y exigente. Es posible que cambie y se muestre a veces dependiente y otras, resentido con ese amor agobiante y exageradamente protector.

Como las mujeres son muy conscientes de su necesidades de recibir apoyo y cariño, les resulta más fácil y automático brindar afecto, apoyo y cuidados. Los hombres tienen que esforzarse más para desarrollar esta actitud. Cuando examinemos las siete necesidades emocionales primarias, veremos todo el tiempo que las mujeres pueden dar con facilidad lo que necesitan, pero los hombres deben esforzarse para desarrollarlo, y lo que los hombres necesitan pueden darlo con facilidad, pero las mujeres deben esforzarse para desarrollarlo. Cuanto mejor comprendamos este concepto, más comprensivos, tolerantes e indulgentes podremos ser con nuestra pareja cuando no satisfaga nuestras necesidades emocionales. Podemos empezar a apreciar que lo que para nosotros es fácil de dar quizá no lo es para ellos.

LA NECESIDAD FEMENINA DE SER COMPRENDIDA

La comprensión de los demás es crucial si queremos comprendernos por completo a nosotros mismos. Cuanto más expresamos nuestros sentimientos, más podemos conocernos. Para conocer nuestras necesidades, pensamientos y sentimientos, éstos deben comunicarse a otra persona, que debe comprenderlos totalmente. Comprender significa compartir o adoptar los pensamientos y sentimientos del otro, aunque sean diferentes de los nuestros.

Comprender es compartir y validar el punto de vista de una persona en lugar de juzgarlo inválido. Es estar dispuesto a descubrir por qué ve y experimenta el mundo como lo hace, en lugar de explicarle por qué no debería verlo de esa manera.

Nuevamente, esta necesidad de comprensión es esencial y principal para la mujer. Cuando el hombre no dedica el tiempo y la atención necesarios a entender los sentimientos y necesidades de la mujer, ella se confunde con facilidad y tiende más a tener reacciones exageradas. Mientras la mujer expresa sus sentimientos, si el hombre sólo espera pasivamente esperando que termine pronto, la afecta de una forma que sólo contribuye a aumentar su confusión y su malestar.

Cuando la mujer está molesta y confundida y el hombre empieza a tildarla de loca, para ella es muy fácil empezar a dudar de su cordura. Es posible que muchas mujeres hayan terminado en clínicas psiquiátricas simplemente porque los hombres eran incapaces de entender y validar sus sentimientos perturbados.

Es interesante notar que hasta el diccionario define la demencia como "comportamiento que no está basado en el pensamiento racional y lógico". Si ésta fuera una definición válida, a casi todas las mujeres se les diagnosticaría demencia. La naturaleza normal y sana de la mujer es actuar según sus sentimientos instintivos e intuitivos, en lugar de confiar siempre en sus procesos mentales lógicos y racionales.

Por ejemplo, la mujer no decide tener un hijo sólo porque sopesó los pros y los contras y llegó a la conclusión de que es una buena idea. Aunque piense que es una buena idea, su decisión está respaldada por el *sentimiento* intuitivo de que le llegó el momento de ser madre. Confiando en su intuición, es posible que haga cosas sólo porque así lo siente, y luego más tarde descubra que también había una buena razón para sus acciones.

A la inversa, los hombres tienden a tomar decisiones basadas en la lógica y la razón. Más adelante, es posible que justifiquen sus decisiones asegurándose de que se sienten bien. Así como la lógica del hombre es falible, también lo es la intuición de la mujer. Sin embargo, ambas son formas válidas de saber y decidir.

Cuando las mujeres tratan de pensar como hombres y dan a la lógica más importancia que a sus sentimientos, tienden a frustrarse y confundirse, en especial cuando están molestas y tensionadas para tomar decisiones. En general, cuando la mujer está confundida, trata de tomar una decisión. En cambio, necesita relajar la mente y explorar sus sentimientos. Si se interna en su intuición, puede tomar la decisión correcta.

De un modo similar pero complementario, el hombre necesita rumiar o meditar acerca de un problema antes de llegar a una decisión. Los hombres que dan prioridad a sus sentimientos en lugar de a sus pensamientos se vuelven indecisos y tienden a postergar las cosas. Estos hombres inmovilizados necesitan salir de sus sentimientos e internarse en su mente. Una forma en la que el hombre se beneficia escuchando a la mujer (una vez que se vuelve experto en este arte) es que automáticamente logra dejar de lado sus sentimientos y usa su pensamiento para entender lo que ella siente y por qué lo siente.

Para el hombre o la mujer, el lugar ideal para tomar decisiones está equilibrado en la mente y los sentimientos. Cuando el hombre "escucha para entender", automáticamente logra mayor equilibrio; la mujer lo logra cuando expresa sus sentimientos y se siente comprendida. Esto sólo sucede cuando los hombres aprenden el lenguaje de las mujeres y las mujeres aprenden a hablar de un modo que los hombres puedan oír. Practicar la técnica de la Carta de los Sentimientos (véase el capítulo 13) entrena a las mujeres a expresar sus sentimientos de un modo que los hombres puedan comprender. Escribir también nos ayuda a entender lo que sentimos sin la ayuda de un interlocutor.

En última instancia, entender es esencial para nuestro lado femenino. Nos ayuda a descubrir la verdad que yace en nuestro interior y nos permite liberar los sentimientos negativos y descubrir nuestros sentimientos positivos. Al aprender a comunicarnos con actitudes positivas y afectuosas, podemos cultivar la comprensión que necesitamos a fin de resolver o, mejor aún, evitar un conflicto en una relación.

LA NECESIDAD FEMENINA DE SER RESPETADA

Cuando una persona tiene una relación, es esencial mantener el sentido de identidad de cada uno. Respetar a la otra persona significa no tratar de cambiarla o manipularla, sino más bien ayudarla a ser ella misma y apoyar sus derechos. El respeto honra las necesidades, deseos, valores y derechos de la otra persona. Es dar igual y a veces más importancia al otro.

La necesidad de ser respetado es la necesidad de ser nosotros mismos en una relación sin dejar de ser quienes somos. Cuando una persona se siente respetada no siente que tiene que ganarse sus derechos; no se siente indigna. La necesidad de respeto es la necesidad de justicia y también del reconocimiento que cada uno merece. El respeto reconoce que una persona merece apoyo sin tener que ganárselo.

Gracias a su naturaleza expansiva, las mujeres son especialmente vulnerables a la necesidad de respeto. Para la mujer es difícil mantener su sentido de identidad cuando se expande para amar a un hombre. Necesita que él constantemente le recuerde sus propios derechos y su valía. Cuando un hombre no estima quién es ella ni respeta sus derechos, ella se vuelve insegura de sus derechos y su valía. Cuanto más comprometida emocionalmente está, más susceptible se encuentra al nivel masculino de respeto. Si el hombre no respeta las necesidades, sentimientos y derechos de la mujer, ella terminará cerrándole sus sentimientos amorosos para poder volver a encontrarse a sí misma. La pérdida de interés sexual es común en esta etapa. Tener relaciones sexuales con un hombre la vuelve vulnerable al nivel masculino de respeto hacia ella.

En general, los hombres no son conscientes de lo mucho que las mujeres necesitan ser respetadas, porque cuando ellos no se sienten respetados reaccionan de un modo muy diferente. Cuando las mujeres no son respetadas, tienden a dar más para demostrar su valía. Sin embargo, los hombres tienden a volverse moralistas e indignados acerca de sus necesidades y exigen más de lo que merecen. Es posible que den menos hasta que reciben lo que merecen.

Desafortunadamente, de niños todos éramos muy vulnerables a la capacidad de nuestros padres de respetarnos. Si no respetaban nuestras necesidades, nos resultaba difícil siquiera saber qué merecíamos. Las niñas se sienten especialmente afectadas por la forma en que su padre respeta a su madre y cuánto se respeta ésta a sí misma.

Como ya dijimos, es muy común que el hombre se sienta más digno de respeto cuando los demás no lo respetan. En ciertas circunstancias, es posible que se vuelva violento para ganarse el respeto. Por ejemplo, la mayoría de las peleas empiezan cuando el hombre no se siente respetado. También es interesante comparar este concepto con la instrucción militar básica (que, aunque los tiempos están cambiando, aún está pensada principalmente para la instrucción de soldados hombres). En el campamento de entrenamiento, el recluta es sistemáticamente rebajado como inútil. Esto estimula su agresión para demostrar que es digno de respeto. Se propone ganarse el respeto cada vez con más logros.

Poco a poco siente que realmente es digno de respeto y apreciación.

Mientras que la primera reacción del hombre al no ser respetado en general es la agresión y la dominación, la de la mujer es la sumisión. La mujer es más vulnerable a esta reacción sumisa cuando está en una relación con un hombre que ama. Cuando, al no sentirse respetada, empieza a sentir resentimiento hacia su compañero, es posible que sus papeles empiecen a cambiar. Para compensar su sumisión, la mujer quizá se vuelva más dominante y exigente, mientras que el hombre se vuelve pasivo y dependiente.

LA NECESIDAD MASCULINA DE SER APRECIADO

La necesidad principal de apreciación en general se confunde con la necesidad de respeto. Apreciar a una persona es reconocer que lo que hace o cómo se expresa es de valor para nosotros personalmente, y que eso brinda algún beneficio. Por otra parte, necesitamos respeto para experimentar la validez de nuestras necesidades, sentimientos, valores y derechos. La apreciación es un acto de evaluación, mientras que el respeto valida.

La apreciación reconoce que el valor de nuestras acciones, intenciones, resultados y decisiones —en última instancia, nuestro valor personal, utilidad e importancia— ha sido recibido. Es la respuesta que indica al hombre que su comportamiento sirvió para un propósito. Si él puede sentirse apreciado, entonces está mucho más dispuesto a examinar sus acciones y entender por qué fallaron.

Sin apreciación, una persona empieza a sentirse insuficiente e incapaz de dar apoyo. Sin respeto, una persona tal vez se siente indigna de recibir apoyo.

La apreciación nos permite experimentar nuestras intenciones, decisiones y acciones como valiosas. El apoyo necesario nos inspira a repetir una acción que funciona o nos motiva a cambiar lo que no funciona. Incluso cuando no logramos los resultados que deseamos, siempre hay algo en lo que hicimos que puede apreciarse.

Sin la apreciación suficiente, perdemos nuestra voluntad de dar. Cuando el hombre no logra alcanzar su objetivo, si es incapaz de sentir que sus acciones tenían algo de valor, es posible que se dé por vencido. O tal vez tenga la reacción opuesta y repita tercamente la acción hasta que reciba apreciación.

Los hombres son especialmente vulnerables a esta necesidad de ser apreciados. Si el hombre no recibe apreciación, pierde su motivación y se vuelve pasivo, perezoso, débil, dependiente, inseguro y tiende a postergar las cosas.

Cuando la mujer no se siente apreciada, su reacción es muy diferente. Tiende a estar aún *más* motivada a ganarse la apreciación. Cuando su compañero la pasa por alto, su primer impulso es poner más empeño en complacerlo. Como espera que el hombre haga lo mismo, la mujer se confunde cuando el hombre no se esfuerza por ganarse su apreciación. Supone equivocadamente que no la ama. Cuando la mujer no obtiene bastante del hombre, quizás empiece a manipularlo consciente o inconscientemente para que le dé más sin quitarle su apreciación. Entonces, ella se siente confundida y resentida cuando él reacciona dándole menos todavía.

Cuando las mujeres critican el comportamiento del hombre, no tienen idea de lo dañino que es esto para la fuerza personal masculina. La respuesta del hombre al no ser apreciado es equivalente a lo que la mujer experimenta cuando el hombre juzga o invalida sus sentimientos, necesidades, deseos y derechos. De modo que cuando la mujer empieza a criticar su comportamiento —criticando la forma en que hace las cosas, corrigiendo su forma de pensar, desafiando sus decisiones y sintiéndose insatisfecha con lo que él le da—, el hombre pierde su fuerza. Devuelve estas críticas con juicios negativos y degradantes y falta de respeto, y se aleja de ella. Se le agota la fuerza mágica que le da la afectuosa apreciación de la mujer.

A la inversa, cuando la mujer aprecia al hombre, nada parece poder derribarlo durante mucho tiempo. La principal necesidad del hombre es ser apreciado. Le indica que es diferente; mide su valía a través de su capacidad de marcar una diferencia positiva en la vida de los demás. La apreciación se convierte en un combustible que motiva cada una de sus acciones. Hasta cuando es incapaz de resolver sus problemas laborales, si llega a su casa y lo recibe una mujer agradecida y feliz, puede liberar su tensión por el trabajo con más facilidad.

El mayor impulso de un hombre es el deseo de complacer a una mujer. Este deseo voluntario le da fuerza. Primero se manifiesta como el impulso sexual. Después, cuando el hombre puede fusionarlo con el deseo de amar, respetar, comprender y cuidar a una mujer, se vuelve aún más fuerte. Cuando el hombre puede ser apreciado física, mental, emocional y espiritualmente, entonces su fuerza alcanza el máximo.

CUANDO LAS MUJERES BUSCAN APRECIACIÓN

La mujer se equivoca si busca apreciación para darse cuenta de su valía para recibir apoyo. Sin importar cuánto haya dado, ella merece ser respetada y honrada por ser quien es. Cuando la mujer se encuentra tratando de ganarse la apreciación, muchas veces pasa por alto sus propias necesidades.

Por ejemplo, hace demasiados sacrificios en su trabajo y luego dice que está resentida porque no la aprecian. Lo que realmente toma a mal es dar tanto y luego no recibir apoyo o respeto. Cuando no la respetan, aunque las personas la aprecien, nunca será suficiente. Ciertamente, la mujer en el mundo laboral necesita y merece apreciación por todo su trabajo igual que el hombre, pero, para apoyar su lado femenino, tiene una necesidad mayor de respeto.

En especial en sus relaciones personales, la mujer necesita que respeten sus valores, necesidades, intuición, sentimientos y deseos. Muchas veces la mujer es fuerte en el trabajo y se siente con derecho a recibir respeto en ese ámbito, pero cuando se enamora de un hombre que la pasa por alto, empieza a sentir que no tiene derecho a pedir más apoyo. Este es un signo de que su lado femenino está privado de amor. Debe satisfacer sus necesidades primarias de comprensión, validación y respeto. Al aprender a ser femenina y satisfacer sus necesidades femeninas, ella descubrirá que puede tener más éxito todavía en el trabajo.

Por su naturaleza, la mujer puede descubrir su verdadera dignidad y valía "siendo" más que "haciendo". Al *ser* afectuosa, apreciativa, aprobadora, confiada, respetuosa, comprensiva y cariñosa, se gana el respeto y se vuelve más agraciada. Al cultivar actitudes positivas, manifiesta su poder femenino, el poder de atraer el apoyo que desea. Este poder puede traerle más éxito en su lugar de trabajo cuando está combinado con su poder masculino de crear resultados.

Cuando una mujer desarrolló más su lado masculino que su lado femenino, esto suscita resistencia en la mayoría de los hombres. Éstos no se muestran muy dispuestos a apoyarla. En el fondo, el deseo más fuerte del hombre es satisfacer a la mujer. Se siente seguro cuando sabe que puede marcar una diferencia. Cuando la mujer parece demasiado independiente, el hombre siente que no hay nada que pueda hacer para ayudarla o satisfacerla. Es posible que se sienta ofendido porque ella desconfía de su deseo de apoyarla, y amenazado porque no puede marcar una diferencia y ser su héroe. Si ella puede matar su propio dragón, entonces su caballero romántico no tiene trabajo.

Cuando la mujer logra equilibrar la energía masculina con la femenina, los hombres están mucho más dispuestos a apoyarla, ayudarla y trabajar con ella. Algunas mujeres tienen una gracia especial que les permite tener el poder de poner a los demás a su servicio. Los hombres que tienen sus lados masculino y femenino equilibrados también logran evocar esta clase de apoyo.

El mejor lugar para que la mujer desarrolle su lado femenino es en las relaciones que son personales más que en las laborales. Cuando deposita sus cualidades femeninas en el mundo laboral, donde compite con hombres para que la aprecien, resulta menos amenazadora para los hombres.

Al desarrollar su lado femenino, la mujer también puede mantener el respeto de sí misma y evitar convertirse en una mártir. Cuando trata de mostrar su valía *haciendo* (en un intento por ser apreciada), termina agotada y nunca se siente de verdad digna de recibir respeto o apoyo. Aunque exprese su derecho a recibirlos, tiende a hacerlo con un tono resentido, amargo y exigente. Sin embargo, a través de las cualidades de *ser*, expresadas a través de actitudes afectuosas y sinceras, su presencia puede provocar en el hombre calidez, respeto y el deseo de servir.

El deseo de la mujer realmente es una orden para él. Sin embargo, ella no necesita mandar, porque él quiere servirla y complacerla. La mujer poco agraciada siente la necesidad de mandar al hombre y lo único que obtiene son luchas de poder y rivalidades. En capítulos posteriores, exploraremos más a fondo la forma en que la mujer puede desarrollar sus poderes de "ser".

Cuando la mujer busca apreciación activamente en una relación, sin saberlo compite con el hombre por la oportunidad de servir. Cuando él siente que ella compite, en general abandona la carrera porque no está recibiendo su combustible, que es la apreciación femenina. Empieza a sentirse agotado en la relación cuando ella le exige apreciación. En la mayoría de los casos, es posible que se muestre muy agradecido por sus servicios, pero la lucha de la mujer por ganarse la apreciación masculina tiene el efecto de volverlo perezoso. Cuando ella trata de ganarse medallas al mérito, él se conforma con sentarse y poner "punto muerto".

Esto no significa que la mujer debe servir al hombre a través de sus acciones. Pero cuando ella da a través de las acciones, debe ser sin exigir apreciación. *Cuando ella sirve a su compañero, debe ser con el deseo de expresar su apreciación en lugar de ganarse la de él.*

Las mujeres inconscientemente dan con condiciones cuando no se sienten queridas, comprendidas y respetadas. No entienden que la capacidad de una mujer de apreciar de verdad las acciones de un hombre les da el derecho de satisfacer sus propios deseos.

Cuando el hombre es "aceptado", es recibido de buen grado. Esta actitud cultiva su creencia en sus capacidades. Cuando las acciones de un hombre son aceptadas sin condiciones entonces se siente libre para explorar formas en que puede mejorar esas acciones. Por esta razón, la aceptación es la base de los cambios de conducta en una relación.

La necesidad de aceptación es especialmente importante para los hombres. A veces, las mujeres parecen aceptar a un hombre basándose en su potencial. Sin embargo, esta no es una verdadera aceptación. Están esperando el día en que él cambie, entonces podrán aceptarlo. Pero los hombres tienen que ser aceptados por quienes son hoy, no por quienes serán mañana. El hombre tiende a volverse terco y resistente al cambio cuando siente que no lo aceptan.

Cuando la mujer no acepta al hombre, se siente obligada a cambiarlo. Tiende a ofrecer sugerencias que lo ayudarán a cambiar aunque él no se las haya pedido. Algunos hombres están abiertos a sugerencias siempre que las hayan pedido, pero en general el hombre no se siente aceptado cuando la mujer está preocupada por cambiarlo o "mejorarlo". Ella imagina que está respetando las necesidades masculinas al querer ayudar; él siente que no es respetado ni aceptado y que es manipulado. Cuando el hombre no se siente aceptado, inconsciente o conscientemente se resiste al cambio.

El hombre se siente motivado a cambiar cuando oye y comprende los sentimientos y necesidades de la mujer. Cuando siente que sus intentos de apoyarla van a ser bien recibidos y apreciados, entonces se inspira fácilmente para satisfacer sus deseos. La aceptación de ella le asegura que su fracaso no será recibido con desaprobación sino con gratitud por sus esfuerzos.

La aceptación le permite sentir que la persona que él es hoy es suficiente para complacer y satisfacer a su compañera. Con esta clase de confianza, el hombre está más dispuesto a dar a la mujer el respeto y la comprensión que merece. La mayoría de las mujeres no conocen este secreto acerca de los hombres. Creen equivocadamente que la forma de motivar a un hombre para que cambie es quejarse, sermonearlo o desaprobarlo.

Cuando el hombre siente que sus imperfecciones no son aceptadas, es posible que le tome días poder volver a ser él mismo. Una de las formas en que inconsciente o conscientemente se venga de la falta de aceptación de su compañera es repitiendo la conducta a la que ella se resiste.

La mujer no comprende esto, porque cuando el hombre no acepta su comportamiento, una de sus primeras reacciones es cambiar o mejorar su conducta. En este sentido, las mujeres son mucho más seguras que los hombres; pueden escuchar acerca de la forma en que pueden mejorar su conducta sin tanta resistencia, sensibilidad y sin ponerse tanto a la defensiva. Desde luego, el hombre puede aceptar críticas, pero tiene que sentirse bien consigo mismo y estar dispuesto a oírlas. Pocas veces resulta eficaz criticar o dar consejos a un hombre cuando no los pidió.

El hombre es sensible a las correcciones cuando siente necesidad de ser aceptado; si ya se siente aceptado, puede recibir las críticas con facilidad.

La necesidad masculina de recibir confianza

La confianza es una firme creencia en la capacidad, honestidad, integridad, confiabilidad y sinceridad de otra persona. La necesidad de recibir confianza es la necesidad de un reconocimiento de la otra persona de que uno es una "buena" persona, podríamos decir honrada. Cuando no hay confianza, la gente invariablemente saca conclusiones equivocadas y negativas con respecto a las intenciones de una persona, mientras que la confianza da a cada culpa el beneficio de la duda. La confianza dice: "Tiene que haber alguna buena explicación de por qué pasó esto". La confianza crece en una relación cuando cada uno reconoce que el otro no tiene intención de herir sino que sólo busca apoyo.

La confianza es la tercera necesidad primaria del hombre. Acercarse a un hombre en busca de apoyo con confianza es acercársele sintiendo que puede ayudar y lo hará. Por otra parte, pedirle ayuda sin confiar en él es rechazarlo antes de darle una oportunidad. Cuando no recibe confianza, automáticamente empieza a alejarse. La falta de confianza no sólo le impide responder, sino que lo ofende y lo hiere.

La confianza que la mujer tiene en el hombre lo atrae a ella. Cuando la mujer confía en el hombre, puede sacar lo mejor de él. Por supuesto, si ella confía en que él es perfecto, va a decepcionarse. Pero si ella confía en que él puede y va a ayudarla, entonces él recibe el mensaje de que es valioso y que sus esfuerzos son suficientes para que ella lo acepte y lo aprecie. La confianza femenina sacará de él cada vez mayor grandeza. A través de la confianza y el afecto de la mujer, el hombre se siente apoyado para darse cuenta de sus poderes, capacidades, aptitudes y talentos.

Cuando su compañero no la apoya, la confianza permite a la mujer suponer que tiene que haber alguna razón lógica y que cuando ella le transmita sus necesidades, él va a responder lo mejor que pueda.

Cuando la mujer confía en el hombre, ella se siente segura para expresar sus sentimientos vulnerables. Si este hombre en efecto es digno de su confianza, sentirá que la confianza femenina le da fuerza para apoyarla en un momento tan delicado. Una mujer confiada también intuye cuánto puede apoyarla el hombre y no le exige ni espera más. Puede apreciar y aceptar lo que recibe. No va expresando ingenuamente su vulnerabilidad a cualquiera. Al mismo tiempo, no oculta sus debilidades a las personas que realmente son dignas de confianza.

El tema de la confianza puede complicar mucho la comunicación. Digamos que la mujer no confía al hombre sus sentimientos delicados. Si ella decide hacer una prueba expresando una versión mucho más diluida de sus sentimientos, el hombre sentirá que no confía en él y empezará a alejarse. Entonces ella llega a la conclusión: "Como estos sentimientos diluidos lo alejaron, me alegro de no haber expresado todo lo que siento". De haber sido más honesta, él se habría mostrado más receptivo.

Hay un momento en que el hombre no se aleja por la

falta de confianza, en especial al principio de una relación, pero en general lo hace cuando la mujer retira la confianza que había depositado en él anteriormente. Cuando al principio la mujer no confía del todo en el hombre, para él es un desafío ganarse su confianza. Si nunca probó el néctar de la confianza de la mujer, tratará pacientemente de demostrar su valía. Pero una vez que ella se abre a él y deposita toda su confianza en él, y luego debido a alguna desilusión empieza a perder la confianza, el hombre se siente como si le hubieran quitado algo. De un modo indirecto, está herido emocionalmente.

Muchas veces, la mujer oculta sus sentimientos porque teme que su compañero no esté realmente interesado. Racionaliza su falta de comunicación dándole excusas, pero en su interior duda de que él vaya a responder a sus sentimientos con afecto e interés. Es posible que termine negando sus necesidades, pensando que evitó el rechazo. En realidad, levantó un muro entre ellos.

Cuando la mujer no confía en la intención amorosa del hombre y no le da la oportunidad de volver a ser su caballero romántico, le impide que se sienta atraído hacia ella. El brillo de confianza en los ojos de la mujer hechiza al hombre, lo saca de su absorción y lo incita a responder a las necesidades de ella.

La responsabilidad de la mujer es encontrar, una y otra vez, esa parte confiada de ella. Pero los hombre tienen que compartir esta responsabilidad ganándose su confianza. Si el hombre hiere a la mujer y no se disculpa, sin saberlo está levantando muros. La mayor parte del tiempo, el hombre no se da cuenta de la importancia de la compasión o de una disculpa. La responsabilidad de la mujer es hacerle saber lo que ella necesita oír.

Si bien las necesidades primarias del hombre son ser amado, apreciado, aceptado y recibir confianza, también tiene las otras necesidades primarias, pero para él son secundarias. De la misma manera, las necesidades primarias de la mujer son ser amada, respetada, comprendida y cuidada, pero también tiene las necesidades secundarias de ser apreciada, aceptada y recibir confianza.

En resumen, estas necesidades masculinas y femeninas se enumeran a continuación:

No sólo tenemos necesidades primarias, sino que también tenemos naturalezas primarias y secundarias. La naturaleza primaria del hombre es complementar las necesidades primarias de la mujer. La naturaleza primaria de la mujer es complementar las necesidades del hombre.

Cuando el hombre cultiva sus actitudes afectuosas, comprensivas y respetuosas, puede apoyar mejor a la mujer. Cuando la mujer cultiva su naturaleza femenina, puede apoyar mejor al hombre.

Capítulo 12

El secreto de las naturalezas complementarias

A medida que los hombres y las mujeres maduran, se desarrollan y se expresan en formas diferentes. Cuando el hombre madura y adquiere más poder personal, desarrolla principalmente su naturaleza afectuosa, comprensiva y respetuosa. De ser frío, calculador, egoísta y distante, cambia y es cálido, humano y está presente. Cuando la mujer madura y descubre su poder personal, expresa más su naturaleza aprobadora, apreciativa y confiada. De ser manipuladora, cambia y da fuerza; de ser caótica o frenética, se muestra grácil y fluida.

Cuando el hombre y la mujer aprenden a desarrollar sus naturalezas complementarias en forma equilibrada, aseguran la probabilidad de paz y amor así como un crecimiento dinámico en una relación. Cuando el hombre desarrolla su naturaleza afectuosa, comprensiva y respetuosa, automáticamente apoya las necesidades primarias de la mujer, que son ser cuidada, comprendida y respetada. Cuando la mujer desarrolla su naturaleza de aceptar, apreciar y confiar, automáticamente apoya las necesidades emocionales primarias del hombre. Al aprender a apoyarse mutuamente, ambos tienen que alimentar estas actitudes que aumentan su poder personal y su madurez. Observemos los tres grupos de naturalezas complementarias.

Cuando el hombre demuestra más interés, apoya a su compañera dándole más confianza. Cuando la mujer se vuelve más confiada, apoya a su compañero demostrándole más interés. Muchas veces el hombre está dispuesto a apoyar a la mujer mucho más de lo que ella imagina. Pero cuando las reacciones de la mujer dan a entender que él no merece su confianza o cuando reacciona como si él fuera su enemigo, el hombre automáticamente deja de interesarse por el bienestar de la mujer. La imagen que ella tiene de él se refuerza porque él demuestra muy poco interés y afecto.

A veces, al hombre le parece que está demasiado cansado para interesarse o responder a las necesidades de los demás. Sin embargo, este es un concepto falso. No es que esté demasiado cansado, sino más bien que está demasiado poco interesado para tener energía. La energía, la creatividad y la fuerza surgen del interés. Cuando el hombre empieza a interesarse más, descubre más fuentes de energía y vitalidad en su interior. Cuando no siente interés, se agota con facilidad y no se siente motivado. Por ejemplo, si no recibe confianza en su relación, se le agota la energía y tiene poco vigor. Es posible que cobre vida en el trabajo, donde se confía en sus talentos, pero cuando vuelve a su casa, está exhausto.

Si miramos a un hombre como un "héroe", él siente energía; si lo miramos con desconfianza como "el villano" o "el problema", deja de demostrar interés. Cuando alguien considera que el hombre es el problema, éste no puede convertirse en la solución, no siente motivación para brindar apoyo. Cuando las mujeres aprenden a confiar, dándoles a los hombres el beneficio de la duda en lugar de sacar conclusiones falsas o negativas, encontrarán hombres que demuestran cada vez más interés y brindan cada vez más apoyo.

Una de las razones por las que el hombre puede demostrar tanto interés, consideración y preocupación al principio de una relación es que la mujer lo mira con más confianza, adoración y admiración durante ese tiempo. Ella provoca esos sentimientos en él. Al principio, ella puede confiar en él porque todavía no la decepcionó.

Esta confianza le da fuerza al hombre pero no puede hacerlo perfecto. Como es humano, inevitablemente la va a decepcionar, y ella va a empezar a dudar y a desconfiar de él. Cuando se vuelve más desconfiada, él pierde cada vez más interés. Un hombre desapegado tiene reducida la capacidad de dar y tiende a ser egoísta. Es posible que tenga muchas reservas de energía para sí mismo, pero cuando trata de tener una relación, se agota con facilidad. Tiene que aprender a ser menos egoísta y a demostrar más interés. Una mujer que confíe en él y que lo ame puede hacer maravillas para la fuerza del hombre.

Para el hombre, demostrar más interés no es tarea fácil. Lleva tiempo y apoyo. Desafortunadamente, las mujeres se impacientan con facilidad y no toleran la tendencia masculina a no mostrar interés porque la naturaleza primaria de la mujer es muy diferente. Para ella, demostrar interés es muy fácil; como persona, no es una lección muy difícil de aprender.

El desafío de la mujer en una relación es confiar y luego, cuando se desilusiona, poder volver a apreciar, aceptar y confiar. Desde la infancia, las niñas se acostumbran a brindar afecto y cuidado, mientras que a los niños les gustan los riesgos. Así como para los hombres es difícil aprender a cuidar de los demás, para las mujeres es difícil aprender a confiar.

Cuando una mujer sufrió una desilusión tras otra en una relación, tiende a negar su naturaleza confiada. Además, pronto empieza a desconfiar del amor del hombre cuando él parece no conmoverse y se aleja cuando está perturbada. De la misma manera, el hombre deja de demostrar interés cuando no recibe confianza ni apreciación por sus esfuerzos en una relación. Si siente que dudan de su capacidad de complacer a su compañera, enseguida deja de interesarse por la felicidad de ella.

Estas dos naturalezas primarias, el interés y la confianza, son complementarias en sí mismas. Esto explica el escenario común de la madre que siempre se preocupa por diez cosas a la vez y del padre que se queda sentado en el sillón, como si todo estuviera bien. Ella se interesa demasiado y, por lo tanto, se preocupa; él confía y acepta demasiado, y se vuelve pasivo.

Al interesarse demasiado, esta madre puede volverse fácilmente demasiado cautelosa o desconfiada. Al cuidar de un niño, tiende a ser sobreprotectora. Por otra parte, por ser confiado, el padre puede mostrarse desinteresado con toda facilidad. Quizás es demasiado confiado y supone equivocadamente que todo está bien cuando no es así. En este caso, no se interesa lo suficiente; sus hijas en especial reciben el mensaje de que papá no se interesa por ellas.

El hecho de que al hombre le cuesta demostrar interés y a la mujer le cuesta confiar puede crear muchos problemas a menos que se acepten y se entiendan por completo estas tendencias naturales. Lo que comúnmente sucede en una relación es que el hombre actúa de un modo que no demuestra interés y ella de inmediato supone que está dejando de amarla. Cuando ella desconfía del amor del hombre, él reacciona demostrando menos interés por brindarse a ella. Esto, a su vez, hace que ella confíe menos, entonces él se interesa menos aún. De esta manera, su amor empieza a marchitarse con el tiempo.

Si tomamos conciencia de estas diferencias, en lugar de movernos en una espiral negativa, las relaciones pueden progresar. En lugar de restringirnos, pueden ayudarnos a desarrollar nuestros poderes creativos.

Al expresarse de una forma responsable y con interés, el hombre puede satisfacer la necesidad de la mujer de que le respondan de un modo afectuoso. Como esta es su necesidad primaria, la mujer es capaz de apreciarlo mucho. A medida que empieza a depender del apoyo masculino, su confianza aumenta. Luego, el hombre se siente satisfecho en sus necesidades de apreciación y confianza, e inspirado para ser de mayor servicio. La profunda confianza de la mujer y la necesidad que tiene del hombre aumentan la capacidad masculina de cuidar y dar y lo alientan a interesarse aún más. Cuando la mujer recibe cada vez más apoyo, crece su capacidad de relajarse y confiar, lo cual a su vez enriquece sus poderes creativos.

Para crear esta clase de relación, la mujer debe ser consciente de lo difícil que es para el hombre responder de un modo que demuestre interés cuando las reacciones de ella le indican que no confía en él. De la misma manera, si la mujer conoce las diferencias entre el hombre y la mujer, le resulta más fácil interpretar correctamente su comportamiento frío. Puede aceptarlo y perdonarlo cuando él se olvida de hacer algo o no piensa en cosas que a ella se le ocurrirían en forma automática.

Los hombres que entienden esto pueden aceptar mejor la constante necesidad de la mujer de sentirse segura. En lugar de censurarla, el hombre puede darse cuenta de que es una forma muy importante en que puede apoyarla en su desarrollo y felicidad personales.

Al saber esto, es más fácil asumir la responsabilidad de obtener lo que uno necesita. Antes que nada, si el compañero de una mujer no demuestra interés, ella no tiene que tomarlo como algo personal. De la misma manera, si una mujer necesita sentirse segura, su compañero no tiene que permitir que eso lo frustre.

También podemos ver con claridad cómo pueden recibir más en una relación. En lugar de quejarse por lo que no están *recibiendo*, pueden empezar a concentrarse en lo que no le están *dando* a su pareja. Porque dando más es más probable que reciban.

COMPRENSIÓN Y ACEPTACIÓN

Al expresarse de un modo comprensivo, el hombre, conscientemente, puede dar más apoyo a la mujer. Este apoyo le vuelve directamente porque cuanto más comprendida se siente ella, más puede aceptarlo y estar agradecida hacia él. Al ser comprensivo, él la ayuda a estar más centrada y capaz de aceptarlo tal como es.

Cuando ella puede cultivar una presencia de aceptación, milagrosamente el hombre empezará a cambiar su comportamiento basándose en su creciente comprensión de las necesidades de ella. La verdad secreta es que los hombres se sentirían muy motivados a apoyar a sus mujeres si realmente comprendieran la realidad de la mujer. Con el tiempo, cuando el hombre logra entender realmente sus sentimientos y necesidades, puede hacer cambios sólidos para construir una relación que brinda apoyo mutuo y da fuerza.

Cuando el hombre aprende a "comunicar para entender" en lugar de corregir o arreglar, poco a poco domina el arte de escuchar. Al principio deberá resistirse conscientemente a la tentación de criticar los sentimientos de su compañera. Para esto, debe darse cuenta de que ella no le está pidiendo soluciones y tampoco le está pidiendo que la ayude a sentirse mejor. Le está pidiendo que entienda por lo que está pasando. Le está pidiendo cierta validación por sentirse perturbada.

Cuando la mujer sabe que su compañero no la escuchó, se siente impulsada a tratar de cambiarlo o manipularlo. Pero cuando la mujer se siente escuchada, entonces puede relajarse y confiar en que las cosas no son tan terribles como parecen. También puede apreciar todo lo que hay para disfrutar, en lugar de preocuparse por lo que no funciona. Cuando se siente comprendida, puede aceptar mejor las cosas tal como son, sabiendo que no está sola.

Muchas veces, los hombres se concentran tanto en algo que no ven todos los problemas cotidianos que poco a poco hay que resolver. Mientras el hombre los pase por alto, la mujer se sentirá agobiada por ellos. Simplemente porque los ve, siente la responsabilidad de ocuparse de ellos; siente la presión de resolverlos sola si ve que su compañero no parece percatarse de ellos. Se siente sola con todo ese trabajo y necesita compartir el peso de saberlo. A veces, el hombre logra hacer sentir mejor a la mujer simplemente escuchando y comprendiendo las presiones que ella siente.

Cuando la mujer está perturbada, no exige que su compañero le resuelva todos los problemas antes de poder aceptarlo o apreciarlo. Sin embargo, al verla molesta, puede pensar que es posible que ella le esté exigiendo soluciones para sus problemas antes de poder sentirse mejor. Después de todo, cuando el hombre está perturbado por un problema, en general no se siente mejor hasta haberlo resuelto o hasta haber planeado una solución concreta. Supone equivocadamente que la mujer piensa de la misma manera.

Las mujeres no exigen soluciones inmediatas si se sienten oídas. El género femenino tiene una increíble capacidad de aceptar la imperfección y lo incompleto y ellas pueden expresar enteramente sus sentimientos, si se sienten oídas y validadas. Cuando la mujer acepta la imperfección, el hombre tiene una de las experiencias más renovadoras. La mayoría de los hombres no imagina que tienen el poder de obtener esta clase de apoyo de una mujer.

Siempre recuerdo la reveladora experiencia de cuando llevé a mi madre en auto por Los Angeles. No estaba familiarizado con las autopistas y en un momento me di cuenta de que estaba totalmente perdido. A mi madre no le importó perderse y apenas lo notó; simplemente estaba disfrutando del paisaje. En un instante me di cuenta de que había sucedido algo muy especial. Me sentí como si me hubieran librado de una cadena perpetua. Experimenté la libertad y la tranquilidad interior de ser completamente aceptado.

En mis relaciones íntimas de aquella época, estaba acostumbrado a recibir una mirada desaprobadora cada vez que parecía distraído. En contraste, el paseo con mi madre fue una experiencia tan profunda de sentirme aceptado que en ese momento decidí con humor poner a prueba a cualquier mujer con la que alguna vez considerara casarme para ver cómo reaccionaba si yo me perdía.

Al aprender a cultivar su aceptación interior, la mujer se asegura de que su hombre esté más motivado y sea capaz de oírla y comprenderla. Cuando las mujeres aprenden a aceptar a sus hombres sin tratar de cambiarlos, poco a poco ellos se vuelven más comprensivos de las necesidades únicas de la mujer y quieren darle más. Cuando los hombres aprenden a entender a las mujeres, empiezan a experimentar la increíble capacidad que tienen ellas de perdonar errores y aceptar al hombre tal cual es.

De la misma manera, cuando el hombre aprende a respetar los derechos de la mujer reconociendo su igualdad en la relación, experimenta una mayor apreciación por parte de ella por lo que él le da. Para respetar los derechos de una mujer, el hombre tiene que honrar sus diferencias. Ella tiene derecho de ser imperfecta y tener reacciones exageradas a veces sin que eso constituya una ofensa grave para el hombre. Respetarla significa saber que a veces tendrá sus momentos en que se sienta agobiada o confusa, y que merece el apoyo masculino cuando eso suceda.

Respetar sus derechos significa incluirla en todas las decisiones que la afectan de algún modo importante. Cuando el hombre toma una decisión, debe pedirle su opinión. Su pedido puede ser tan simple como: "¿Te parece bien?" o "Me gustaría _____, ¿qué te parece?" o "Creo que debemos _____, ¿qué te gustaría?".

Cada vez que surge un desacuerdo, el hombre, por respeto a su compañera, reconocerá la necesidad de seguir con la discusión hasta que descubran una solución equitativa.

Respetar a una mujer supone tomarse el tiempo de aprender sus necesidades especiales y tratar lo mejor posible de adelantarse a ellas sin esperar siempre a que ella lo pida.

Respetar a una mujer también significa apoyarla para cumplir sus sueños y aspiraciones. Por respeto, el hombre reconoce y apoya a la mujer para que se sienta digna, especial y con derecho a hacerse valer ella misma y hacer valer sus sentimientos.

Sentirse especial es una de las necesidades más importantes de la mujer. Hacerla sentir especial es la esencia del romance. Por ejemplo, cuando el hombre sorprende a la mujer llegando a su casa con una flor, está respetando y honrando su femineidad.

El compromiso y la monogamia sexual son probablemente las formas más poderosas y básicas en que el hombre respeta la femineidad. El compromiso demuestra a la mujer que es muy especial para él. La monogamia sexual asegura que van a seguir compartiendo algo muy especial y precioso para ambos.

A cambio de este respeto, la mujer se relaja. No siente el impulso de demostrar que es igual, sino que automáticamente se siente igual. No se preocupa por recibir apreciación por lo que hace, sino que podrá concentrarse en apreciar y valorar al hombre y todo lo que él hace para que su vida sea más fácil. Cuando ella sirve al hombre, lo hace sin condiciones, todos sus regalos son una expresión de su apreciación y gratitud.

Apreciar al hombre significa hacer todo lo que la mujer puede para que la vida del hombre sea más fácil. Ella crea un ambiente pacífico y bello en donde él se siente importante, valorado, especial y competente para hacerla feliz.

Cuando la mujer aprecia al hombre, lo desea sexualmente y se toma tiempo para ponerse atractiva para él. En cierto sentido, lo trata como al huésped real de su palacio.

A partir de su apreciación, la mujer procesa sus sentimientos para poder estar de buen humor para él cada vez que sea posible. Hace un esfuerzo por comunicar sus sentimientos y necesidades antes de acumular resentimiento. La apreciación la impulsa a transmitir al hombre que cuando está molesta o abrumada, no es culpa de él.

Apreciar al hombre significa sentir un verdadero gozo porque ese hombre es parte de su vida. Una mujer apreciativa se refrena antes de expresar opiniones críticas a menos que su compañero se lo pida. Apreciar al hombre requiere recibir realmente su apoyo para que ella no se sienta demasiado cansada.

LOS BENEFICIOS DE AMAR

Al aprender a cultivar nuestras naturalezas primarias, nos aseguramos de poder dar y recibir más apoyo en nuestras relaciones. Aunque estuvimos concentrándonos en relaciones románticas, estos principios se aplican a todas las relaciones: profesionales, familiares y amistosas. Entender la naturaleza complementaria del apoyo emocional nos da un nuevo poder para crear más apoyo en nuestra vida. Si queremos más confianza, entonces necesitamos demostrar más interés. Si queremos que nos demuestren interés, debemos esforzarnos por ser lo bastante confiados como para pedir apoyo.

Cuando el hombre no recibe el apoyo que quiere, lo primero que debe preguntarse es cómo puede demostrar más interés, empatía, comprensión, valoración, respeto, consideración y compasión. Estas siete cualidades, el arco iris de nuestra naturaleza primaria, surgen de las tres cualidades primarias: interés, comprensión y respeto.

Es importante reconocer que al desarrollar estos rasgos, el hombre no sólo da apoyo a su compañera, sino que también se beneficia directamente. Al expresar y desarrollar estas cualidades amorosas, combinadas con su programación básica masculina, el hombre logra equilibrio y fuerza. La herramienta más eficaz del hombre para "desestresarse" y encontrar su fuerza es actuar, pensar o decidir con una actitud de interés, comprensión y respeto.

A veces, todo lo que el hombre necesita para sentirse mejor es hacer algo que respete las necesidades de otra persona. Cuando hace algo para apoyar a otro, puede marcar una diferencia. Pero si no es respetuoso, entonces cuando actúe, no va a marcar una diferencia positiva. Como resultado, se sentirá menos inspirado y sólo estará dispuesto a servirse a sí mismo. Al servirse a sí mismo, nunca puede sentirse completamente satisfecho.

El hombre debe tener un propósito al que servir, una causa o una dirección. Cuando deja de interesarse, empieza a agotarse. Prisioneros de guerra declararon que pensar en las personas que más les importaban era lo que les daba fuerzas para vivir. Cuando el hombre no siente interés, se apaga, está vacío y carece de un propósito.

Cuando el hombre pierde el interés, su vida también se vuelve aburrida. Para liberarse temporariamente de su aburrimiento, es posible que empiece a arriesgarse en actividades tales como correr carreras de autos, practicar montañismo, romper con tabúes sociales, violar leyes, jugar por dinero, hacer inversiones de alto riesgo, etcétera. Cuando el hombre está a punto de perder la vida escalando una montaña, o a punto de perder todo su dinero o su libertad, de pronto empieza a preocuparse por su vida, su dinero o su libertad. En esos momentos, siente un fuerte flujo de adrenalina similar al que se experimenta con una droga. Por desgracia, este sentimiento de felicidad es sólo una ilusión temporaria que lo deja todavía más aburrido, deprimido e insatisfecho. Para crear una felicidad más duradera, el hombre tiene que cultivar las relaciones y desarrollar su capacidad de interesarse por otras cosas.

Al cultivar relaciones afectuosas, el hombre no tiene necesidad de asumir riesgos o crear emergencias y momentos dramáticos para sentir interés. Cuando escucha y entiende los sentimientos de los demás, toma más conciencia de sus distintas necesidades y siente un deseo mayor de servir. Al respetar sus necesidades, mediante el servicio, puede sentir que él se basta, sin competir por ser mejor, para tener más y hacer más que los demás.

Cuando el hombre está casado, tiene la oportunidad de sentirse fortalecido. En una relación especial, se preocupa más por su compañera y su familia que por cualquier otra persona. Este especial interés le da capacidad para ser más generoso y estar más motivado en su vida. Si su matrimonio no es afectuoso, es posible que le quite esa capacidad.

De la misma manera, cuando la mujer practica amar a su hombre cada vez con más apreciación, aceptación y confianza, no sólo se beneficia el hombre sino que ella también lo hace directamente. La confianza le permite a la mujer entrar en contacto con su fuente interior de fuerza y autoestima. La aceptación le permite relajarse y cultivar sus actitudes positivas. Mediante la apreciación, puede abrirse y recibir la abundancia que merece. Al confiar, aceptar y apreciar, la mujer gana el poder de disfrutar y deleitarse completamente en su vida.

Cuando la mujer se esfuerza por liberar sus sentimientos negativos a fin de alimentar sus actitudes positivas y afectuosas, no sólo obtiene y suscita el apoyo de los demás, sino que también se conecta consigo misma.

Cuando da amor en esta forma tan importante y difícil,

empieza a expresar todo el espectro de sentimientos positivos que más apoyan al hombre. Estos son: confianza, aprobación, aceptación, reconocimiento, apreciación y admiración. Cuando la mujer puede sentir estas disposiciones de ánimo, el hombre se siente favorecido con su amor. De la misma manera, ella florece y puede realizarse como la persona que es verdaderamente en el fondo de su ser.

Capítulo 13

La técnica de la carta de los sentimientos

La técnica de la carta de los sentimientos es probablemente el método más importante que puede aprender una persona para tener una relación amorosa exitosa y duradera. Esta técnica la ayudará a liberarse del resentimiento y otros sentimientos negativos para concentrarse en las actitudes positivas del amor, la comprensión y el perdón. Salvó miles de matrimonios y ayudó a otros a experimentar el divorcio de un modo más afectuoso y pacífico.

Desde que se publicó en 1984 en mi primer libro, *What You Feel, You Can Heal*, la técnica de la carta de los sentimientos ha sido escrita otra vez en tres libros exitosos de otros autores y es usada por numerosos terapeutas, grupos de autoayuda, programas de doce pasos, grupos de parroquias, cursos universitarios de ayuda y cientos de otros grupos de apoyo. Esta técnica de la carta de los sentimientos es el último método para procesar y transformar los sentimientos negativos en positivos.

En resumen, la carta de los sentimientos tiene dos partes. La primera consiste en escribir toda la verdad acerca de lo que sentimos mientras imaginamos que nos oyen y nos entienden. La segunda, en escribir una respuesta afectuosa a nuestra carta. En esta respuesta debemos imaginar a la persona a quien escribimos la carta y responder con el corazón abierto. Debemos escribir una respuesta expresando los sentimientos y reconocimientos que necesitamos oír.

El propósito de escribir una carta que expresa los sentimientos cuando estamos perturbados es expandir nuestra percepción, incorporar sentimientos positivos y afectuosos sin tener que reprimir nuestras emociones negativas. Nos permite abrir el corazón.

Escribir estas cartas nos ayuda a incorporar todas las estrategias nuevas y afectuosas de este libro. Por mucho que sepamos sobre tener una buena relación, si nuestros sentimientos están heridos es difícil brindar amor y apoyo.

La carta de los sentimientos nos ayuda a darnos el apoyo que necesitamos cuando nuestra pareja no puede hacerlo. Cuando escribimos una carta expresando nuestros sentimientos, nos tomamos el tiempo de escucharnos a nosotros mismos con amor, interés y comprensión. Si no estamos dispuestos a tomarnos el tiempo para amarnos escuchando nuestros propios sentimientos, no podemos esperar que los demás lo hagan por nosotros. Cuando sentimos la necesidad de apoyo emocional pero no lo recibimos, es un signo de que necesitamos dárnoslo a nosotros mismos escribiendo una carta con nuestros sentimientos.

El propósito de la carta de los sentimientos no es arrojar a nuestra pareja resentimiento, juicios y críticas. No se escribe para tratar de cambiarla ni corregirla, y tampoco para señalar sus defectos. Si se usa de esta manera, no sirve. La carta de los sentimientos es útil sólo cuando se escribe para sentirnos más afectuosos.

LO QUE LOGRA LA CARTA DE LOS SENTIMIENTOS

Cuando nuestra pareja no presta atención a nuestros sentimientos, es fundamental que por lo menos nosotros lo hagamos. Entonces, una vez que se expresan, es esencial que imaginemos la respuesta que necesitamos para sentirnos apoyados y oídos. Escribir una carta expresando los sentimientos nos ayuda a apartar los obstáculos que nos impiden dar y recibir amor. Cuando experimentamos y exploramos toda la gama de nuestros sentimientos, la negatividad se libera casi en forma automática.

Al escribir la carta de respuesta, nuestro subconsciente siente y oye el apoyo que merece. Al asumir la responsabilidad de expresar lo que necesitamos oír, abrimos el corazón para sentir y aceptar el apoyo que sí existe. La carta de respuesta también ayuda al destinatario de nuestra carta de los sentimientos a saber lo que necesitamos de él en respuesta a nuestra carta.

La estructura precisa del formato de la carta de los sentimientos nos ayuda a experimentar y sentir niveles profundos de emoción. Al escribirla, nuestra percepción se expande espontáneamente hasta que descubrimos los sentimientos positivos que siempre están allí pero en general permanecen ocultos.

Cada vez que estamos molestos o perturbados es porque nuestra percepción está concentrada en el lado negativo de las cosas. Pero al examinar nuestros sentimientos negativos, nuestra percepción empieza a expandirse y ver el lado bueno de las cosas. Instantáneamente nos liberamos de la influencia absorbente de las emociones negativas. De pronto somos conscientes de una gran cantidad de emociones y sentimientos positivos.

Para producir esta catarsis y esta transformación, hay cuatro niveles de emociones negativas que debemos experimentar o sentir conscientemente. Luego, como resultado, podemos sentir las emociones que estaban bloqueadas por la negatividad. De ese modo, después de escribir los cuatro niveles de perturbación, siempre terminamos la carta escribiendo el quinto nivel, el nivel del amor. Cuando escribimos estas emociones, las experimentamos más conscientemente y por lo tanto podemos liberarlas mejor. Estos niveles son:

Nivel 1: Ira
Nivel 2: Tristeza
Nivel 3: Temor
Nivel 4: Remordimiento
Nivel 5: Amor y otras actitudes positivas

Si seguimos este mapa emocional, podemos explorar la profundidad de las emociones negativas y redescubrir los sentimientos de amor que se olvidan con tanta facilidad durante los momentos de estrés. Cuando nuestra carta de los sentimientos está terminada, debemos escribir otra como respuesta. Debemos incluir expresiones de disculpa, comprensión, aceptación, reconocimiento, amor y gratitud. En respuesta a nuestra carta de los sentimientos, debemos escribir lo que necesitamos oír, lo que nos haría sentir bien, y cuál pensamos que sería la respuesta de la otra persona si pudiera oírnos y responder con el corazón abierto.

CÓMO ESCRIBIR LA CARTA DE LOS SENTIMIENTOS

Al redactar la carta de los sentimientos, escribimos los sentimientos de un nivel y, naturalmente, nuestra percepción se desplaza a sentimientos del siguiente nivel. Hay que empezar escribiendo los sentimientos de ira. Mientras sigamos sintiendo ira, debemos seguir escribiendo en el nivel uno. En algún momento, notaremos que nuestra percepción se ablanda. Entonces estamos listos para examinar los sentimientos del nivel dos.

Escribamos nuestros sentimientos de tristeza. Al examinar totalmente el nivel dos, nuestra percepción cambiará automáticamente y experimentará los sentimientos más profundos y vulnerables del nivel tres. Escribamos nuestros sentimientos de temor. Al escribir los sentimientos de los primeros tres niveles, es posible que notemos que las emociones se vuelven más intensas. Es un signo de que estamos liberando esos sentimientos y se está produciendo una catarsis.

En forma espontánea empezaremos a experimentar un sentimiento de responsabilidad. A esta altura, debemos pasar al nivel cuatro. Debemos escribir los sentimientos de remordimiento y disculpa. Este cambio nos liberará muy eficazmente de aferrarnos a cualquier sentimiento negativo. Va a surgir una oleada de sentimientos positivos y de amor.

A esta altura, es probable que nos sintamos mucho mejor. Sin embargo, todavía es vitalmente importante escribir nuestros sentimientos positivos. Debemos expresar amor, apreciación, respeto, comprensión, aceptación, interés y confianza. Establecer los sentimientos positivos los hará durar más. Cada vez que escribamos una carta expresando sentimientos, estaremos reforzando nuestra capacidad de mantener una actitud positiva y amorosa, en especial durante momentos estresantes y perturbadores.

Al escribir una carta con nuestros sentimientos, imaginemos que estamos compartiéndolos con alguien que realmente nos escucha y está dispuesto a apoyarnos. Si estamos molestos con una persona, podemos dirigir la carta a esa persona. Pero tengamos en cuenta que estamos compartiendo los sentimientos con ella; no estamos tratando de hablarle a esa persona de ella misma. No estamos criticando a esa persona. Más bien, estamos compartiendo nuestros sentimientos con ella para que comprenda mejor cómo apoyarnos.

Podemos beneficiarnos al escribir una carta con nuestros sentimientos a alguien aunque no se la demos. Si alguien no puede apoyar nuestros sentimientos, debemos escribirle la carta pero sin dársela. Al escribir la carta, nos sentiremos mejor. Es mucho más efectivo poder compartir nuestros sentimientos con la persona a quien le estamos escribiendo, pero si esa persona no puede escuchar nuestros sentimientos con amor y comprensión, expresarlos sólo nos perturbará a ambos.

Para ayudarnos a descubrir toda la gama de nuestros sentimientos, el formato de la carta de los sentimientos incluye frases hechas para cada nivel. Debemos escribir las frases hechas y luego completar la oración. Esta técnica de completar la oración ayuda a expresar nuestros sentimientos. Las frases hechas son especialmente útiles cuando no estamos seguros de cómo expresar lo que sentimos.

Estas frases hechas no sólo nos ayudan a expresar los sentimientos sino que también nos llevan a niveles cada vez más profundos de emoción. Podemos elegir usar sólo una, la misma en cada nivel, o podemos usarlas todas. De nosotros depende usar las frases que nos ayuden mejor a expresar nuestros sentimientos. La mayoría de las frases hechas son "oraciones en primera persona", que nos ayudan a mantenernos en nuestros sentimientos.

Cada vez que nos sintamos perturbados, busquemos una lapicera y un par de hojas y empecemos a escribir. Escribir lo que sentimos siempre nos ayuda a centrarnos más. Seguir el formato de la carta de los sentimientos nos garantiza que pronto volveremos a encontrar nuestro centro afectuoso.

FORMATO DE LA CARTA DE LOS SENTIMIENTOS

Querido/a_____:

Te escribo esta carta para liberar mi resentimiento y mis emociones negativas y para descubrir y expresar los sentimientos positivos que te mereces. También la escribo para pedirte apoyo sin exigírtelo.

Nivel 1: Ira
No me gusta...
Siento resentimiento hacia...
Siento frustración...
Siento ira...
Siento furia...
Quiero...

Nivel 2: Tristeza
Me duele...
Me decepciona...
Estoy triste...
Soy infeliz...
Deseo...

Nivel 3: Temor
Es doloroso...
Me preocupa...
Tengo miedo...
Me asusta...

Necesito...

Nivel 4: Remordimiento y disculpas
Pido disculpas...
Me incomoda...
Siento mucho...
Me avergüenza...
Estoy dispuesto/a...

Nivel 5: Amor, comprensión, gratitud y perdón
Amo...
Aprecio...
Me doy cuenta...
Perdono...
Me gustaría...
Confío...

Con amor,

_____

Cuando nos cueste demostrar amor, recordemos que es el momento de escribir una carta con nuestros sentimientos. Seguir el formato de la carta de los sentimientos nos ayudará a procesar completamente nuestros sentimientos negativos y hacer surgir los sentimientos verdaderos y amorosos que están dentro de nosotros.

Démonos tiempo para examinar cada nivel. Aunque parezca que los sentimientos no están allí, inspiremos profundamente, relajémonos y busquémoslos. Aceptemos lo que surja y escribámoslo. Tratemos de pasar la misma cantidad de tiempo en cada nivel. Cuando falta un nivel, a veces ese nivel necesita más análisis que los demás.

En general, escribir cartas de los sentimientos lleva veinte minutos. Tomémonos unos cuatro minutos para examinar cada uno de los cinco niveles. No nos preocupemos por la ortografía ni la puntuación. Lo importante es sentir la emoción al escribir. Cada vez que nos estanquemos, empecemos a escribir las frases hechas. Luego es bueno escribir cualquier sentimiento o pensamiento que surja, aunque ese sentimiento no esté relacionado con la frase hecha ni con el destinatario de la carta. Escribir esta carta es una herramienta para abrir el corazón. Al usar esta herramienta, podremos desarrollar gradualmente la capacidad de mantener el corazón abierto en todo momento.

LA CARTA RESPUESTA

Después de escribir la carta de los sentimientos, tomémonos unos minutos adicionales para escribir una respuesta. Para muchas personas, esto permite que la carta de los sentimientos surta más efecto. Al formular la respuesta, nos damos el amor que merecemos. En general nos molestamos porque nos decimos que de alguna manera estamos sufriendo cierta clase de abuso. Escribir una carta de respuesta es decirnos lo que merecemos oír en respuesta.

Después de escribir la carta de los sentimientos, nuestra parte que siente está bien abierta para recibir una respuesta positiva. La carta de respuesta nos permite asumir la responsabilidad de afirmar el amor y el apoyo que merecemos. La carta de respuesta debe incluir:

1. Disculpas expresadas de una forma que nos haga sentir oídos y apoyados.

2. Afirmaciones que transmiten comprensión y validación y expresan calidez y compasión por nuestros sentimientos.

3. Afirmaciones de amor que encomian, aprecian y reconocen lo que merecemos.

4. Cualquier otra cosa que necesitemos oír para sentirnos bien.

Además de ser una buena manera de asumir la responsabilidad de nuestro bienestar emocional, las cartas de respuesta enseñan a las personas de nuestra vida a saber lo que necesitamos para sentirnos apoyados. A lo largo de este libro, hemos examinado lo diferentes que somos todos, de modo que para este momento es probable que todos sepamos que no es realista esperar que nuestros seres amados conozcan las palabras adecuadas. Al escribir una carta de respuesta y compartirla, damos a la otra persona la oportunidad de expresar amor y apoyo a través del canal que sea más eficaz y satisfactorio para nosotros. Para obtener más información acerca de cómo funcionan las carta de los sentimientos y por qué, sería bueno leer el capítulo acerca de las cartas de los sentimientos en *Los hombres son de Marte y las mujeres son de Venus*.

Índice